中國學術思想 研究輯刊

十六編

林慶彰 主編

第 16 冊

古代人生哲學在晚清民國的生存狀態
——以梁啓超爲中心

彭樹欣 著

花木蘭文化出版社

國家圖書館出版品預行編目資料

古代人生哲學在晚清民國的生存狀態——以梁啓超為中心／
彭樹欣 著—初版—新北市：花木蘭文化出版社，2013〔民
102〕
目 2+208 面；19×26 公分
（中國學術思想研究輯刊 十六編；第 16 冊）
ISBN：978-986-322-141-8（精裝）
1. 梁啓超　2. 學術思想　3. 人生哲學
030.8　　　　　　　　　　　　　　　　　102002269

ISBN-978-986-322-141-8

9 789863 221418

中國學術思想研究輯刊
十六編　第十六冊　　　　　　ISBN：978-986-322-141-8

古代人生哲學在晚清民國的生存狀態
——以梁啓超爲中心

作　　者	彭樹欣
主　　編	林慶彰
總 編 輯	杜潔祥
出　　版	花木蘭文化出版社
發 行 所	花木蘭文化出版社
發 行 人	高小娟
聯絡地址	235 新北市中和區中安街七二號十三樓
	電話：02-2923-1455／傳眞：02-2923-1452
網　　址	http://www.huamulan.tw 信箱 sut81518@gmail.com
印　　刷	普羅文化出版廣告事業
封面設計	劉開工作室
初　　版	2013 年 3 月
定　　價	十六編 25 冊（精裝）新台幣 42,000 元

古代人生哲學在晚清民國的生存狀態
——以梁啓超爲中心

彭樹欣　著

作者簡介

彭樹欣，男，漢族，1968 年 10 月生，江西蓮花人，江西財經大學人文學院副教授，文學博士，哲學博士後，碩士生導師，校中青年骨幹教師。1989 年 6 月畢業于吉安師範專科學校（現爲井岡山大學），獲中文專科文憑；2001 年 6 月畢業于蘇州大學，獲文學碩士學位；2007 年 6 月畢業於華中師範大學，獲文學博士學位；2010 年 7 月于武漢大學博士後流動站出站，獲哲學博士後證書。出版專著《梁啓超文獻學思想研究》，整理點校《劉元卿集》，在《光明日報》（國學版）、《人文論叢》、《大學圖書館學報》等發表學術論文 30 餘篇。

提　　要

　　古代人生哲學一直是中國人安身立命之本，然而在晚清民國日漸流失和衰退。當然，也有一些思想家（主體爲文化保守主義者）力挽其頹運，挺立它在修養身心、培養人格等方面的現代價值，盡力維繫著其生存命脈。其中，梁啓超是一個典型代表。梁氏用生命行爲踐行這一哲學，成就了一生的人格；並推己及人，以自己的人格、現代教育、出版傳媒等將其推向家庭、學校、社會，造就了不少德業兼備的優秀人才。同時，他以體證躬行之研究路向對其進行現代闡釋，極力挖掘其修養論或修身功夫。最後，在此哲學的基礎上他建構了自己的人生哲學，使其獲得了新的生命力。梁啓超爲古代人生哲學如何在現代中國生存，提供了一個生動而成功的範例。他所展示的思路和方向，對當今人格教育、道德建設仍有很大的參考價值。

目次

緒　論

一、人生哲學和中國古代人生哲學的内涵

　　人生哲學這一概念在中國現代學術界出現較晚，但很快就成爲「五四」時期一個重要的哲學概念。同時，其研究也得到了較大的發展。然而至今爲止，關於這一概念的内涵及其内在體系仍沒有一致看法。在討論問題之前，先對此概念作一個界定。本研究回到梁啓超的時代語境，以他對人生哲學的界定和理解作爲研究的前提。1923 年，梁氏在《治國學的兩條大路》中將國學分爲兩類：一是文獻的學問，一是德性的學問。在他看來，文獻的學問，就是近人所講的「整理國故」的這部分事業，屬知的範圍，要用客觀的科學方法去研究。德性的學問，即身心性命之學，也就是「人生哲學」，屬行的範圍，要用内省和躬行的方法去研究。〔註1〕1927 年，梁氏在《儒家哲學》中，對這一概念進行了進一步界定。他認爲 philosophy 這一西方概念不適合中國，若勉強借用，只能稱爲人生哲學，並認爲中國哲學就是人生哲學。他將中國哲學界定爲：「中國哲學以研究人類爲出發點，最主要的是人之所以爲人之道，怎樣才算一個人，人與人相互有什麼關係。」〔註2〕其實，這也是對人生哲學的界定。概言之，梁啓超所說的「人生哲學」，是一門講什麼是人以及如何做人的學問，是行的學問，即是一門人生修養（或人格修養）的學問，要用内省和躬行的方法去研究。

〔註 1〕 梁啓超：《治國學的兩條道路》，《飲冰室合集·文集之三十九》，中華書局 1989 年版，第 111～118 頁。

〔註 2〕 梁啓超：《儒家哲學》，《飲冰室合集·專集之一百三》，中華書局 1989 年版，第 2 頁。

中國古代人生哲學（即德性的學問），按照梁啓超的說法，是國學裏頭最重要的一部分，人人都應當領會。〔註3〕這部分學問是國學的精華，是中國古人立身處世的智慧的精煉概括，是他們精神信仰和追求的提煉昇華。一個民族有一個民族的根，中華民族的根就在這裡。這種哲學使中國人不斷從中獲得生命的智慧和力量，支撐著中華民族生生不息，日新又新。

中國古代人生哲學可分為以下兩個部分。

第一部分體現在古人的修身涵養、實踐行為和生命運動中。這是一種鮮活的人生哲學。古代哲人，其人生智慧不只是表現在語言文字中，更重要的是體現在生命實踐中。孔子「無終食之間違仁，造次必於是，顛沛必於是」（《論語・里仁》）；莊子「心齋」、「坐忘」，「耳目內通」，同於大道。墨子主兼愛，摩頂放踵以利天下；孟子申仁義，遊說諸侯以施仁政。可以說，中國古代哲人，都不是純粹的形而上思辨哲學家，而是走出書齋的實踐者和道德家。他們的學問是以生命為中心而展開的，往往不由思辨而得，而是來自個人的內外體證，「成聖成佛的實踐與成聖成佛的學問是合一的」〔註4〕。如陸九淵曾言「在人情、事勢、物理上作工夫」，又曾言自己年輕時管理家務的二年，學問大進。〔註5〕同時又主靜坐，教弟子半日讀書，半日靜坐。王陽明的學問，也主要得力於靜坐和事上磨練，如龍場悟道就得益於他的靜坐體驗，而軍戎生涯也使他學問有進。所以他教弟子靜坐，又教從事上得以磨練，使動與靜、內與外相結合。不僅儒家重踐履，道家（道教）和佛教亦是如此。道教煉形煉精，內丹、外丹兼修，以整個生命為實踐的對象，追求生命的不朽。禪者言語道斷，最高生命存在（即佛性）不在語言和思辨中，而在心性的悟解和證得中。因此，中國古代人生哲學實際上是生命哲學，古代哲人用生命在行道，悟道，證道。孔子「朝聞道，夕死可矣」（「聞」有實行之意〔註6〕）；莊子受楚相而不拜，逍遙於天地間，體悟生命的大道；慧能聽《金剛經》而悟道，並在日用間體證道。儘管三家「道」的含義不盡相同，但用生命去證悟、實踐則同。

〔註3〕 梁啓超：《治國學的兩條道路》，《飲冰室合集・文集之三十九》，中華書局 1989 年版，第 114 頁。

〔註4〕 牟宗三：《中國哲學的特質》，上海古籍出版社 2007 年版，第 5 頁。

〔註5〕 陸九淵：《陸九淵集》，中華書局 1980 年版，第 485 頁。

〔註6〕 廖名春：《〈論語〉「朝聞道，夕死可矣」章新釋》，《清華大學學報》（哲學社會科學版）2009 年第 6 期，第 154 頁。

　　中國古代人生哲學也是變易哲學、流動哲學，其精髓體現在生命的流程中，生生不息，並且走向終極的目標和境界。如儒家講「天行健，君子以自強不息」(《周易‧乾》)，講「生生之謂易」(《周易‧繫辭上》)，講「士不可以不弘毅，任重而道遠」(《論語‧泰伯》)，都是強調生命的生生眞機。而這種生命的眞機又不是盲目的，而是有著終極的追求：在道德上，是明明德，成聖人；在事功上，是親民 (即治國平天下)，成聖王；在哲學的最高境界上，是物我不分，人己不分，天人合一，將個體的小生命融入群體的大生命中，同時又保持個體的人格獨立性。佛教和道教的生命修煉分階段性，也是在不斷地行進中，終極目標是成佛或成仙。道家哲學的最高境界是回歸「無」之生命本源，佛教則是涅槃、散化於無限的時空中 (「南無阿彌陀佛」之意，就是皈依無量光即無限的空間中、無量壽即無限的時間中)，其本質都是天人合一。

　　第二部分藏在書冊中，那也是古人活生生的人生哲學的總結，不是知識之學，而是心性之學、德性之學。如儒釋道三家的經典，其人生哲學的精髓均來自古代哲人個體的生命體驗和感悟；經典的內容是鮮活的。因此，對於這部分學問，按梁啓超的說法是要用內省和躬行的方法去研究。古人對於這種學問，首先是誦讀 (如古代私塾一般是從小就開始背誦經典)，然後不斷地優游涵泳，切己體察，著緊用力。古人爲學，大都採用這種方式。《中庸》提出的「博學之，審問之，愼思之，明辨之，篤行之」，最能體現這種爲學精神。宋儒對此極爲推崇，周敦頤說：「聖人之道，入乎耳，存乎心，蘊之爲德行，行之爲事業。」程頤說：「『博學之，審問之，愼思之，明辨之，篤行之。』五者廢其一，非學也。」〔註7〕所以古代哲人反對徒爲記誦之學，而不知內省和躬行。如程頤認爲不必多看書，多看而不知其約，只是書肆而已，「須是將聖人言語玩味，入心記著，然後力去行之，自有所得。」程顥則批評「以記誦博識爲玩物喪志」。〔註8〕陸九淵詩云：「書非貴口頌，學必到心齋。」〔註9〕這些哲人都強調對古人之學的體悟和踐行。

　　因此，對於古代人生哲學經典，「讀者須脫訓詁和條理的眼光，直透大義，反向自心」〔註10〕，以自己的心靈和生命去證會、力踐。治中國古代人生哲

〔註7〕　朱熹、呂祖謙編：《朱子近思錄》，上海古籍出版社2000年版，第45、36頁。
〔註8〕　朱熹、呂祖謙編：《朱子近思錄》，上海古籍出版社2000年版，第55、41頁。
〔註9〕　陸九淵：《陸九淵集》，中華書局1980年版，第484頁。
〔註10〕錢穆：《陽明學述要‧序》，九州出版社2010年版，第1頁。

學固然離不開訓詁、分析、思辨，但根本法乃是以心會心，以心證心。捨此內省、躬行之法，無由入其之奧堂。

中國古代人生哲學的主體是儒釋道三家，儘管其內容在不同時代也在發展變化，但作爲生命的學問、行爲的學問這一特點沒有變。

二、中國古代人生哲學資源在晚清民國的流失

古代人生哲學一直是中國人安身立命的行爲指導和精神源泉，然而自晚清以來，遭遇著不測的命運，日漸衰落和流失，並逐漸淡出中國人的日常生活和精神世界。今人對於古代人生哲學知之甚少（當然除了專門的研究者），對其體悟並能躬行則更少。古代人生哲學資源的這種流失現象，值得我們深思。

古代人生哲學與古代教育和學術有著血肉的聯繫，並主要通過它們傳承下來。儘管古代教育和學術有變化，古代人生哲學也有所變化，但後者的主要精神和內容還是一脈相承。在社會上起主導作用的人生哲學，先秦主要是儒道墨等諸子哲學，漢魏主要是儒道二家哲學，之後主要爲儒釋道三家哲學。但到了晚清，古代人生哲學作爲一門行爲的學問，隨著社會的變遷，特別是教育和學術的現代轉型，其生命力逐漸衰落；民國時期，隨著現代教育和學術體系的建立，則進一步衰落。

鴉片戰爭以後，伴隨西學東漸的步伐，新式學堂逐步建立，現代知識體系逐漸創建，於是中國教育和學術發生現代轉型。這種轉型是以西方教育和知識體系進入中國教育和學術領域，並成爲主流爲特點。教育轉型的過程是一個西方教育體系逐步進入，最後完全建立，而中國古代教育體系逐步消融，最後完全崩潰的過程。學術轉型的過程，亦大抵如此。從時間上看，1840 年以後的晚清是一個漸變（量變）的過程，新文化運動時期，則發生質變。

古代教育的內容包括德性的學問（人生哲學）和知識的學問，所謂「尊德性而道問學」。相對而言，古代教育家更重前者，注重人格教育。如大教育家孔子儘管也傳授「六藝」（禮、樂、射、御、書、數）這樣一些技術性和知識性的學問，但其教育的核心還是教授人之所以爲人之道，培養道德人格。孔子所謂「好學」，是指顏回的「不遷怒，不貳過」這類德性的涵養，而非知識技能的學習。孔子的這一教育思想對後世產生了深遠的影響。古代書院明顯繼承了這一傳統，其教育目的不僅在傳授知識，更重要的是培養人格。正

如書院研究專家李才棟所說，「修德是書院的中心任務」。〔註11〕所以，書院在課程的設置上多注重有利於身心修養的經典的學習，多注重行為規範、道德心性的講求。儘管也有一些技術性和知識性方面的課程，但這些課程或者是附屬性的，或者是讓一些層次稍低的書院生徒修習的。〔註12〕如宋代理學家呂祖謙在浙江金華創辦麗澤書院，雖然重視經世致用之學，但從其訂立的學規（即教育宗旨）看，仍重在生徒德性的涵養。學規中規定：以「孝悌、忠信、明理、躬行」為準則，凡生員中有「親在別居、親沒不葬、因喪婚聚、宗族訟財、侵擾公私、喧噪場屋、游蕩不檢」等行為者，即令其退學。學規還規定：生員以「講求經旨、明理躬行為本，肄業必有常，……怠慢苟且，雖漫應課程而全疏略無敘者，同志共擯之，不休士檢，鄉論不齒者，同志共擯之。」〔註13〕

晚清隨著教育的現代轉型，新式學堂〔註14〕轉而重知識的學問，特別是西學。維新變法時期，有的新式學堂幾乎全是西學，如1897年在北京創辦的通藝學堂分文學和藝術兩大門類，文學門包括：輿地志、泰西近史、名學（邏輯學）、計學（理財學）、公法學、理學（哲學）、政學、教化學、人種學；藝術門包括：算學、幾何、代數、三角術、化學、格物學、天學、地學、人身學、制造學。這些科目幾乎都是西學。這種學堂重在知識的傳授，意在培養西學人才，德性的學問（特別是中國古代人生哲學）幾乎是可以忽略不計的。但當時許多新式學堂還是中西兼顧，在重西學的同時，仍保留了中學的內容，德性的學問仍有一定程度的體現。不過和古代書院相比，其分量已大為下降，而且隨著現代教育的發展，越來越少。到清末「新政」時，隨著新學制的建立，德性的學問的內容只保留在修身和讀經講經這樣固定的課程中，但也已轉變為一種知識性的講授，由行為的學問變成了知識的學問。因此，真正的德性的涵養是很難實現的，中國古代人生哲學的精華已基本丟失。1912年民國建立，教育進一步改革，現代教育體系基本建立，全國全面廢止讀經，德性的學問在教育中的主要載體也已經消失。「五四」新文化運動時期，「德先

〔註11〕李才棟：《中國書院研究》，江西高校出版社2005年版，第251頁。
〔註12〕金敏、周祖文：《儒家大學堂：長江流域的古代書院》，浙江大學出版社2005年版，188頁。
〔註13〕張彬主編：《浙江教育史》，浙江教育出版社2006年版，第129頁。
〔註14〕按：新式學堂有兩種：一是新辦的，一是由古代書院轉變而成的。

生」和「賽先生」將孔夫子打得體無完膚，傳統的教育體系完全崩潰，學校教育完全美國化（知識化），學校幾乎變成了梁啓超所說的「販賣知識的雜貨店」〔註 15〕，德性的學問在學校教育中連形式也幾乎不見了，幾無立足之地（只存在大學的相關系科及國學院的研究和教學中，但也主要轉變爲一種知識之學）。

同時，學術的現代轉型也使中國古代人生哲學在晚清民國漸漸流失。中國古代學術有自己的內在體系和研究方法。但晚清民國時期，這種學術體系逐漸被打破，如四部之學（經、史、子、集）被七科之學（文、理、法、商、醫、農、工）所替代。中國學術的現代轉型過程，大致可分爲兩個階段：第一階段是西方學術被引進，中西學術並存、雜糅；第二階段是中國古代學術被消融到西方現代學術體系中，現代學術體系得以建立。學術轉型一個重要內容就是用西方現代體系和方法對中國古代學術進行整理。這種整理，在從 20 世紀初就開始了。到 1919 年，興起了「整理國故」運動，國學成了用西學全面整理的對象。後來又有許多大學設立國學院，「國故整理」得到了進一步的展開。

中國古代學術一旦用西學體系和方法來整理時，就存在著一個轉化問題。因爲中國古代的學術分類和西方現代的學術分類並不對接。一般的做法是將中國古代學術強行納入西學體系中，並用西方的科學方法進行整理。中國古代人生哲學在這一轉化的過程中，精華基本喪失。

首先，通過古代哲人的道德人格和生命行爲相傳的活的人生哲學，無法進入現代學術體系中。這種以身傳身、以心傳心的活的學問是無法納入死的學術構架中的。其次，古代人生哲學的整體性被肢解了。現代學術研究主要是一種分科研究，如廈門大學國學院分爲歷史古物、博物、社會調查、醫藥、天算、地學、美術、哲學、文學、經濟、法政、教育、神教、閩南文化等十四個研究組，將國學進行分科研究。中國古代人生哲學儘管有各家各派，但都有內在的思想體系，是一個整體。然而在國故整理的過程中，其內容被分解到哲學、倫理學、教育學等學科中。這樣，其內在的整體性就被肢解了，因而在研究中有可能存在盲人摸象的現象。再次，古代人生哲學一旦轉化到現代的哲學、倫理學、教育學等學科中，就變成了知識之學，主體性的學問

〔註15〕梁啓超：《爲學與做人》，《飲冰室合集·文集之三十九》，中華書局 1989 年版，第 109 頁。

變成了客體性的學問。其鮮活的生命和靈性也就喪失了。因爲德性的學問主要來自古代哲人個體的生命體驗和感悟，本應用內省和躬行的方法去研究。研究應是主體與主體（前一主體是研究者，後一主體是古人）的生命交融，而不是將古人的生命和靈魂客體化、異己化。但當現代學者用西學的體系和方法去研究時，古人的生命和靈魂完全成爲研究的客體，其研究成果當然只能成爲知識之學，而不是心性之學、行爲之學了。於是，活的學問就變成了死的學問。

總之，中國古代人生哲學，作爲活的學問、行爲的學問，在這一學術轉型中，基本上是消失了。於是「學」不再包括「尊德性」和「道問學」兩方面，僅僅是知識之學。王國維 1911 年在《國學叢刊序》中論現代學術，就已經把行的學問排除在外。他說：「古人所謂學兼知行言之，今專以知言。則學有三大類：曰科學也，曰史學也，曰文學也。」〔註 16〕可見，王國維已意識到了行爲的學問是難以眞正地進入現代學術體系的。

不可否認，中國教育和學術的現代轉型取得了巨大的成就。但負面的影響也是明顯的，其中之一，就是德性的學問逐漸流失，最後幾乎消失，難以成爲一個鮮活的存在。從一個側面看，這一轉型的過程，就是知識的學問驅走德性的學問的過程，最後前者全面勝利，後者節節敗退。

三、中國古代人生哲學在晚清民國的生存命脈

古代人生哲學在晚清民國是一個逐步衰落和流失的過程，但是在這一過程中也存在另一個走向，那就是仍有人在挺立古代人生哲學，盡力維繫著其生命和活力。在晚清前期（即 1895 年前），中國人還沒有眞正出現價值的危機和精神的迷失，古代人生哲學（特別是儒家人生哲學）依然是中國人的行動指南和精神支柱。但是也開始受到一定的衝擊，如太平天國運動對儒家倫理道德的衝擊。於是，同治時期，曾國藩帶領一班人維護儒家倫理道德觀念，用以對抗太平天國的倫理道德觀念，在當時造成了一股社會風氣，出現了「同治中興」的局面。曾國藩可以說是儒家人生哲學的一個眞正實踐家，不僅自己嚴格依此立身處世，同時要求自己的家人和身邊的同僚也如此，互相提撕，互相影響。如他的家書和家訓的一大主要內容就是與家人談如何以儒學立身處世。再如這一時期西學已開始衝擊中學（包括對人生哲學的衝擊），但仍有

〔註 16〕王國維：《觀堂集林》（外二種），河北教育出版社 2001 年版，第 875 頁。

不少教育家依然在堅守古代書院德性教育的傳統。1891 年，康有爲在廣州創辦萬木草堂，雖然他在教學中加進了西學的內容，但是他對學生德性的培養跟古代書院的要求是一樣的。其學規是儒家的「志於道，據於德，依於仁，游於藝」。「志於道」包括格物、厲節、辨惑和慎獨，「據於德」包括主靜出倪、養心不動、變化氣質和檢攝威儀，「依於仁」包括敦行孝弟、崇尚任恤、廣宣教惠和同體饑溺，這些都是人格修養的內容；「游於藝」包括義理之學、經世之學、考據之學和詞章之學，這些才是知識之學。〔註 17〕所以康有爲的教學還是首重德性的學問。

　　1895 年後，中國古代人生哲學開始受到較大衝擊。按照美國學者張灝的說法，中國人此時出現了「意義危機」。傳統的世界觀、人生觀、價值觀、道德觀受到衝擊，人們賴以安身立命的精神支柱開始動搖，價值取向變得無所適從，對人生意義和人活著是爲了什麼變得迷惘。〔註 18〕這時，有思想家想調和中西，在吸收西學的同時，極力維護中國傳統的倫理綱常、人生哲學。張之洞是這一思想代表，他的「中學爲體，西學爲用」的主張大致體現了這一思想傾向。他在 1897 年的《勸學篇》中說：「中學爲內學，西學爲外學。中學治身心，西學應世事。不必盡索於經文，而必無悖於經義。如其心聖人之心，行聖人之行，以孝弟忠信爲德，以尊主庇民爲政，雖朝運汽機，夕馳鐵路，無害爲聖人之徒也。」〔註 19〕「中體西用」思想在當時有較大的影響。因此古代人生哲學在新式教育中仍得到一定程度的體現。如在維新變法時期創辦的京師大學堂，中西學並重，德性的學問在其學堂規條中仍得到一定的體現：「記誦詞章不足爲學，躬行實踐乃謂之學，《五經》《四書》如日月經天、江河行地，歷萬古而常新，又如布帛菽粟不可一日離。學者果能切實敦行，國家何患無人才，何患不治平，隨勝殘去殺皆可做得到，豈僅富貴云爾哉！」〔註 20〕1897 年，梁啓超主講湖南時務學堂，儘管這是一個新式學堂，但他的教學仍保留了古代書院的一些特色（如仍有靜坐的課程），仍重德性的學問。

〔註 17〕 康有爲：《長興學記　桂學答問　萬木草堂口說》，中華書局 1988 年版，第 6 ～12 頁。

〔註 18〕 轉引：劉長林《中國人生哲學的重建——陳獨秀、胡適、梁漱溟人生哲學研究》，華東師範大學出版社 2001 年版，第 4 頁。

〔註 19〕 張之洞：《勸學篇》，上海書店出版社 2002 年版，第 71 頁。

〔註 20〕 《京師大學堂規條》，湯志鈞等編《中國近代教育史資料彙編·戊戌時期教育》，上海教育出版社 2007 年版，第 244 頁。

　　民國建立後，特別是「五四」以後，古代人生哲學在學術和教育中幾乎消失。此時維繫古代人生哲學的生存就極爲艱難，只有少數學者在從事這一沒落的事業，欲力挽其頹運。這些學者大都屬於文化保守主義者的陣營，其中，以梁啓超和新儒家人物如梁漱溟、馬一浮、熊十力等爲代表。

　　梁啓超在民國時期發現，在現代教育轉型中，德性的學問（人生哲學）在消失。教育本應包括智育、情育、意育三部分，但當時的教育體系中只剩下了智育，情育和意育（屬於德性的學問）幾乎付之闕如。同時，又發現在現代學術轉型中，這種學問受到了極大傷害。當用西學科學方法來研究這一活的學問時，會產生謬誤，甚至喪失其精華。此外；「一戰」後歐遊的特殊經歷使他的思想全面轉向了中國傳統文化、哲學。在此背景下，梁啓超逆時代潮流而動，全面張揚古代人生哲學。

　　梁漱溟是一個踐履型思想家，早年信仰佛教，後來又改宗儒學。他和梁啓超一樣批評現代教育只重知識的傳授，而忽視德性的培養。於是他進行教育改革，主張師生之間應像孔孟和他們的弟子一樣，形成一種親密的關係。老師不僅要傳授知識，更要在人格上影響學生。梁漱溟在山東菏澤中學進行教學改革，指導思想就是儒家人生哲學，注重整個人格的教育，即智、仁、勇「三達德」兼備，而不是像西式教育那樣只重知識的傳授和訓練。梁漱溟還推動「鄉村建設」運動，將儒學融入鄉村社會。此外，他保持了宋明士人的生活習慣，如靜坐、習太極、反躬自省等。梁漱溟終身踐行古代人生哲學（1921 年以後主要是儒家的），解放後甚至文革時也不例外，一直保持著聖人的身份和儒者的氣質。〔註 21〕

　　馬一浮也是一個踐履型思想家，一生出入儒、釋、道、西學，最終歸宗「六藝之學」。「他一生不標榜講學和著述，主張聖人語默，學問之道在親躬力行，不在言語文字上面糾纏。」〔註 22〕故其一生沒有代表性的哲學著作，其哲學之作大都爲講稿。馬一浮又是一個隱者型哲學家，因不滿現代教育的弊病，拒絕蔡元培聘其爲北大文科學長之請，一直隱居在杭州。直到抗戰時期，才出任浙江大學教職，主持復性書院。在浙大，他以張載的「爲天地立心，爲生民立命，爲往聖繼絕學，爲萬世開太平」爲宗旨，鼓勵學生做一個有責任、有擔當的君子。在復性書院，則欲恢復宋明書院自由講學之風氣，

〔註21〕〔美〕艾愷著，王宗昱、冀建中譯：《最後的儒家——梁漱溟與中國現代化的兩難》，江蘇人民出版社 2003 年版，第 237 頁。
〔註22〕滕復：《馬一浮思想研究》，中華書局 2001 年版，第 4 頁。

並使來學者以成聖賢自期待。復性書院的學規「主敬爲涵養之要，窮理爲致知之要，博文爲立事之要，篤行爲進德之要」〔註23〕，切近宋明理學的教育精神。馬一浮以生命力踐古代人生哲學，最終成「千年國粹，一代儒宗」（梁漱溟的評價）。

熊十力則是一個學院派思想家。除早年參與革命活動外，一生經歷主要致力於學問，以教書、著書爲業。熊十力自學成才，沒有經過現代教育的洗禮，其思想和行爲仍是儒家和佛教的。他融彙儒佛，創建了自己的哲學體系。儘管他重視中國哲學的形而上學建構，但仍重視傳統的人格修養，認爲道德人格的建立是解決中國問題的根本所在。在修養方法上，他主張「向內用力」的冥悟證會，也即主張從生命體驗入手來進行自我修煉。〔註24〕熊十力主要是在書齋中踐行儒佛人生哲學，沒能像梁啓超、梁漱溟那樣盡力將其向社會推廣，故影響主要在學界。

四、本研究的意義、相關綜述和研究思路

隨著國學的重要資源——古代人生哲學的流失，中華文化的優秀傳統越來越被淡化，中國人的人文素養也越來越在下降。因此近二十年有了復興國學的強烈呼聲，並出現了所謂的「國學熱」。但是復興國學任重道遠，不是僅憑一股熱潮就能達到目的。而且在「國學熱」背後存在著嚴重的問題：國學可能只進入了學術研究的層面，甚至被淪爲利益追逐的工具，而國學特別是其核心部分——人生哲學，並沒有真正進入人們實際的生活世界。至今，古代人生哲學的流失依然是一個嚴重而又被忽略的問題，當然更是一個沒有得到解決的問題。因此，晚清民國的思想家對此問題的思考和探索，在當代仍富價值和啓迪。本書的問題意識是：以梁啓超爲中心，探討晚清民國的思想家如何面對和解決這一問題，以維繫古代人生哲學的生存命脈；並爲當前國學復興以及中國人道德、價值、信仰的重建提供借鑒。

關於中國古代人生哲學在晚清民國的生存狀態這一問題的研究，已有成果主要包括三個方面：

一是總體的論斷。牟宗三認爲，近五十年（大致相當於晚清民國時期），

〔註23〕馬一浮：《學規》，《中國現代學術經典‧馬一浮卷》，河北教育出版社 1996 年版，第 94 頁。

〔註24〕關於熊十力的以上內容，參考了武東生的《現代新儒家人生哲學研究》（遼寧大學出版社 1994 年版）第 37、47、167 頁的相關內容。

「中國思想界大體是混亂膚淺而喪失其本」，其總的原因是在「生命學問」（即古代人生哲學）的喪失。牟氏指出，「自辛亥革命以來，很少有人注意這種學問。」〔註25〕張灝則認為，1895 年以後，由於西方思想的大量湧入，中國人出現了「意義危機」，陷入了嚴重的「精神迷失」境地。〔註26〕這說明中國人安身立命的學問——古代人生哲學從 1895 年後已開始受到猛烈衝擊並日漸衰落。

　　二是個案的研究。有少數學者對晚清民國的思想家、學人踐行古代人生哲學的狀況作了一定的研究。陳來的《梁漱溟與修身之學》一文認為，梁漱溟將東方學術（如佛儒）視作生命的修養之學，不僅對其進行學術的研究，而且自己也學習、實踐其工夫；此外，陳來的《梁漱溟與密宗》一文中又詳述了梁漱溟在 20 世紀 40 年代修習密宗和習靜工夫的過程及其意義。余英時的《陳寅恪與儒學實踐》一文論述了陳寅恪如何以身示範儒家人生哲學，在最艱難的現代處境中發揮出驚人的精神力量。

　　三是相關的研究。在關於晚清民國哲人的哲學思想的專門研究中，有一些內容涉及他們如何闡釋和融化古代人生哲學，如武東生的《現代新儒家人生哲學研究》、劉邦富的《梁啓超哲學思想新論》、郭齊勇的《熊十力哲學研究》和劉長林的《生命與人生——儒學與梁漱溟的人生哲學》等。此外，在關於梁漱溟、馬一浮等人傳記或評傳中，也有零星內容敘及他們如何踐行古代人生哲學，如艾愷《最後的儒家——梁漱溟與中國現代化的兩難》、滕復《一代儒宗：馬一浮傳》等。

　　概而言之，這一研究已引起了學者的注意，有總體的論斷和少量的個案研究，但還屬剛剛起步。因此，無論在廣度還是深度上都有相當大的開拓空間。至於以梁啓超為中心來研究古代人生哲學在晚清民國的生存狀態，還沒有專門的論述。因此這一研究乃屬一個較新的領域。當然，相關的研究也提供了一些背景知識和資料，這也是本研究的一個基礎。

　　本書的主要邏輯思路是：從一個比較廣闊的視野來審視古代人生哲學在晚清民國的生存狀態，然後以梁啓超為核心來展開具體論述。詳言之，緒論部分提出問題：晚清民國思想家如何面對和解決古代人生哲學的流失問題。

〔註25〕牟宗三：《生命的學問》，廣西師範大學出版社 2005 年版，第 30、34 頁。
〔註26〕張灝：《新儒家與當代中國的思想危機》，見封祖盛編《當代新儒家》，生活·讀書·新知三聯書店 1989 年版，第 58 頁。

第一至第六章他們（中心是梁啓超）分別從不同方面作答：第一章、踐行古代人生哲學，以成就自己的人格；第二章、推己及人，將其延伸到更多人的生命和心靈中；第三章、編纂古代人生哲學典籍，以此塑造君子人格；第四與五章、通過對古代人生哲學的現代闡釋，將其精華承傳下來。第六章、創新古代人生哲學，使之獲得新的生命。最後總結全書，得出結論。

第一章 梁啓超對中國古代人生哲學的踐行

　　中國古代人生哲學不僅通過典籍文本傳播下來，而且依靠一代又一代人的踐履實踐承傳下來。晚清民國，這一哲學之所以能一線維繫，不僅靠一些思想家以文字來闡揚，更靠他們以生命來體證躬行。如曾國藩、康有爲、章太炎、梁漱溟、熊十力、馬一浮等，不僅是研究古代人生哲學的思想者，而且更是其踐履者。如梁漱溟被稱爲是「最後的儒家」（艾愷言），馬一浮被稱爲「一代儒宗」（胡喬木言），這顯然主要指他們生命行爲而言。

　　梁啓超也是晚清民國時期古代人生哲學一個典型的踐行者。儘管此期這一哲學在教育體系以及人們的日常行爲中呈衰落趨勢，但梁氏並未受此影響，反而終身力行，成就了一生的人格。著名哲學家賀麟說他：「終身精神發皇，元氣淋漓，抱極健康樂觀的態度，無論環境如何，均能不憂不懼，不爲失望恐怖所侵入。年老而好學彌篤，似亦得力在此。」〔註1〕梁啓超晚年也夫子自道：「我關於德性涵養的工夫，自中年以來很經些鍛煉，現在越發成熟。近於純任自然了。」〔註2〕梁啓超之所以在人格修養上有所成，其根本原因在於他接受了傳統的德性教育，並以此立身處世、進德修業。

一、家庭的教育和影響

　　梁啓超出生於1873年，受教育的時期正是洋務運動時期。此期西方現代

〔註1〕　賀麟：《五十年來的中國哲學》，商務印書館2002年版，第4頁。
〔註2〕　梁啓超：《梁啓超家書》（張品興編），中國文聯出版社2000年版，第542頁。按：
　　　　此言並不意味梁啓超中年以前沒有德性的修養，只是表明中年以後更加用功。

教育已進入中國，但他的童年、少年時沒有機會接受這一新式教育，受到的仍然是傳統的儒家教育。其人格教育首先來自家庭，他的人生修養和一生的事業，與其家庭教育緊密相關。其家庭深受儒學的薰陶，祖父、父親、母親等人無不浸染其中。

梁啓超的家鄉廣東新會屬窮鄉僻壤，歷史上文化一貫不發達，但在明代出了一代心學大家陳白沙（名獻章，字公甫）。陳氏的心學，開有明學術之端。其哲學思想偏重內聖，注重涵養工夫。黃宗羲認爲，「其吃緊工夫，全在涵養。」陳白沙的德性修養，不是從外在的「禮」出發，而是由內在的「心」自證。其學問的得力處不在書本，不在事功，而在靜坐，所謂「從靜坐中養出端倪」。其靜坐的功用在於體驗心之本體，以達到心與理合的境地；本體明，則日用酬作隨吾所欲，而無不合理。靜坐的目的不在寂滅、禪定，而是由博返約，由粗入細，最後回到日用人倫。陳白沙由靜坐用力，曾達二十年之久。其修養最終是爲了追求一種心無掛礙的「自然」境界，所謂「人心上容留一物不得，才著一物，則有礙」；若無掛礙，則可以進入「人與天地同體」、「物我兩忘」的狀態。陳白沙所謂「自得」，就是爲了達到這一境界：「自得者，不累於外物，不累於耳目，不累於造次顛沛，鳶飛魚躍，其機在我。」此外，陳白沙還教人做人「心地要寬平，識見要超卓，規模要闊遠，踐履要篤實」；要砥礪名節，磨練人格。〔註3〕

陳白沙的心學在新會（甚至整個嶺南）流播甚廣，其人格魅力及其人生哲學，深入新會士人。當然，一般的士人和民眾不可能完全像陳白沙那樣用功修煉，也達不到他那種人格境界，但對儒家倫理規範和人格氣節的重視則成了這個地方的一個傳統。如其地風俗，「士人尊師務學問，不逐虛名。仕者以恬淡爲樂，競進爲恥。尙門第，矜氣節，慷慨好義，無所諂屈。」〔註4〕梁啓超的祖父和父親，甚至母親無疑都受到這一傳統的影響，而他們又通過言傳身教薰染著他。而他同時也受到家鄉這一文化氛圍的無形薰陶。

梁啓超的祖父梁維清是一名秀才，曾擔任過新會縣教諭一職，管理一縣的文教事業。作爲一名鄉紳，他稟承明代的心學傳統，在日用酬酢間踐行儒學，砥礪人格。對此，梁啓超曾有如此描述：

〔註3〕 參見：黃宗羲《明儒學案·白沙學案》，中華書局 1985 年版，第 79～88 頁。此節所有引文皆見此書。

〔註4〕 丁文江、趙豐田：《梁任公先生年譜長編》（初稿），中華書局 2010 年版，第 7 頁。

大父每月朔必率子孫瞻祠宇，謁祖先，遇家諱輒素服不飲酒，不食肉，歲以爲常。……大父同父者八人，大父居次，實嫡出。曾王父棄養後，各分財產，有謂嫡子宜多取，大父不聽，率與繼母庶母子均，人多誦之。……若夫勤儉樸實，其行己也密，忠厚仁慈，其待人也周，其治家也嚴，而訓子也謹，其課諸孫也詳而明，此固大父生平之梗概。〔註5〕

梁維清力踐儒家之學，養成了嚴正的家風，對子孫的影響潤物細無聲。不僅如此，他還以先哲言行教化後輩：「以宋明義理名節之教貽後昆」〔註6〕，「日與言古豪傑哲人嘉言懿行，而尤喜舉亡宋、亡明國難之事津津道之」。〔註7〕他不但教孫子們閉戶讀經史之書，而且帶他們到戶外去，進行生動有趣的教育。每年元宵節，他帶領孫子們參觀鄉里廟宇展出的二十四忠臣、二十四孝子的畫像，並給他們作講解。每年清明節，帶兒孫去掃墓，經過南宋失國時舟師覆滅的古戰場，與兒孫們講南宋故事，朗誦陳獨麓的詩，作慷慨悲壯之聲。因此，年幼的梁啓超，其人格受祖父的教誨和感化尤多。〔註8〕

梁啓超的父親梁寶瑛也是一位鄉紳，是一位仁慈方正且熱心公共事業的人，踐履著儒家的內聖外王之道。梁寶瑛以幼子最見父親鍾愛，稟承家學。他甚至形成了自己的人生哲學：

先君子常以爲所貴乎學者，淑身與濟物而已。淑身之道，在嚴其格以自繩；濟物之道，在隨所遇以爲施。〔註9〕

所謂「淑身之道」，即內聖之道。他「生平不苟言笑，跬步必衷於禮，恒情嗜好無大小，一切屏絕；取予之間，一介必謹；自奉至素約，終身未嘗改其度。」〔註10〕所謂「濟物之道」，即外王之道。對於梁寶瑛這樣的鄉紳來說，就是爲當地民眾服務；他做了許多公益事，如禁賭、消除械鬥等。故梁啓超

〔註5〕丁文江、趙豐田：《梁啓超年譜長編》，上海人民出版社1983年版，第7頁。

〔註6〕梁啓超：《哀啓》，《飲冰室合集・文集之三十三》，中華書局1989年版，第127頁。

〔註7〕丁文江、趙豐田：《梁啓超年譜長編》，上海人民出版社1983年版，第6頁。

〔註8〕丁文江、趙豐田：《梁啓超年譜長編》，上海人民出版社1983年版，第6~8頁。

〔註9〕梁啓超：《哀啓》，《飲冰室合集・專集之三十三》，中華書局1989年版，第127頁。

〔註10〕梁啓超：《哀啓》，《飲冰室合集・專集之三十三》，中華書局1989年版，第127頁。

稱他父親近乎孔子的「仁者安仁」。〔註11〕

梁寶瑛教子有方。不僅督促梁啓超讀書學習，而且使他參與勞作，以養成勤勞的習慣。梁寶瑛對作爲長子的梁啓超寄予厚望，要求嚴格。如他「言語舉動稍不謹，輒呵斥不少假借」；常常訓誡自己的兒子：「汝自視乃如常兒乎？」以此要求兒子自當奮勵，做一個出類拔萃的有志之士。梁啓超確以此言自勉，他在《三十自述》中稱，這句話至今不敢忘。〔註12〕梁啓超和他的同胞兄弟及群從昆弟，幼時皆未嘗出外就學，「學業根底，立身藩籬，一銖一黍咸稟先君子之訓也。」〔註13〕

梁啓超的母親趙夫人，知書達理，相夫教子，謹守家風，以賢孝聞名鄉里。〔註14〕當時的兒女婚姻，全憑媒妁之言。如果聽說某位女子跟隨趙夫人習過女工，那麼不待訪問，就相信其德行和人品一定不錯。這在邑中已成爲美談。

趙夫人親自教自己的孩子讀書識字，立身處世。她是一位慈愛的母親，從不輕易打罵孩子。但是，如果孩子背離了儒家基本的倫理道德，則嚴加管教。梁啓超 6 歲時，曾說過一次謊，被發現後，平時終日含笑的母親忽變爲盛怒之狀，命令他跪下，並加以鞭打。她由此教訓兒子道：一個人說謊，無非是做了不該做的事，或者應該做的事而沒有做。這本已是罪過。如果自己不知其過，那還情有可原，他日有改正的可能；說謊則是明知故犯，自欺欺人，還以爲得計。這跟盜竊一樣，天下萬惡，皆由此而起。而說謊之人，終會爲人所知，因而不被人信。既無人信，則最後必落得當乞丐的下場。〔註15〕梁啓超將此言銘記終身，後來回憶這一往事時，仍視母親之言爲千古名言。母親教育兒子，於此可見一斑。應該說，母親的言行教導，點燃了兒子心中的善良之光，照耀著他日後前行的路。

〔註11〕 梁啓超：《哀啓》，《飲冰室合集·專集之三十三》，中華書局 1989 年版，第 129 頁。

〔註12〕 梁啓超：《三十自述》，《飲冰室合集·文集之十一》，中華書局 1989 年版，第 16 頁。

〔註13〕 丁文江、趙豐田：《梁啓超年譜長編》，上海人民出版社 1983 年版，第 8 頁。

〔註14〕 羅檢秋：《新會梁氏·梁啓超家族的文化史》，中國人民大學出版社 1999 年版，第 16 頁。

〔註15〕 梁啓超：《我爲童子時》，《飲冰室合集·文集之十一》，中華書局 1989 年版，第 20 頁。

二、老師的教育和影響

幼年，梁啓超除在家庭接受教育外，還曾於張乙星、周惺吾處受業過。12 歲中秀才後，來到廣州求學，後來拜樸學家呂拔湖、陳梅坪、石星巢等爲師。受到他們學問的薰陶，可能也有德性的教育（只是沒有相關資料佐證）。在人生修養上，於受教的老師中，主要得力於康有爲。

1889 年，17 歲的梁啓超一舉成名，春風得意。次年，在同學陳千秋的引見下，拜康有爲爲師，從此開啓了人生和學問的「新紀元」。剛見面時，梁啓超以少年科第，且對當時爲時流推重的考据學頗有所知，沾沾自喜。然康有爲以大海潮音，作獅子吼，將梁所挾持的清代乾嘉以來的考据學，駁得體無完膚。梁啓超如冷水澆背，當頭一棒，原先建立的知識體系轟然倒塌。於是決然以舉人的身份，拜當時還是秀才的康有爲爲師。

1891 年，康有爲在廣州長興里正式掛起「萬木草堂」的牌子。梁啓超從此在這裡度過了三年的學習時光。梁跟康學習的，既有知識之學，又有德性之學。

我們現在先看康有爲對德性的學問的接受和修證踐履，然後再看其如何在其教學中體現，最後看梁啓超受到了怎樣的影響。

康有爲出身名門望族，從小受到儒學的薰陶，有狂者氣象。他在人生境界上的提升，主要得力於兩個時期，一是受學朱九江時期，二是西樵山獨修時期。

康有爲 19 歲時，開始游學朱九江之門。朱氏之教，德性和學問並重，「以躬行爲宗，以無欲爲尚，氣節摩青蒼，窮及問學，捨漢釋宋，源本孔子，而以經世救民爲歸。」〔註 16〕其授學者「四行五學」。「四行」即是德性之學，包括敦行孝弟、崇尚名節、變化氣質、檢攝威儀；「五學」則屬知識之學。康從朱游學六年，深受「四行」之教的浸潤。乃至晚年辦天游學院，仍以此爲學規。

在此期間，開始習靜坐。他自言：「忽絕學捐書，閉戶謝友朋，靜坐養心，同學大怪之。以先生尙躬行，惡禪學，無有爲之者，靜坐時，忽見天地萬物皆我一體，大放光明，自以爲聖人，則欣喜而笑。忽思蒼生困苦，則悶然而哭。忽思有親不事，何學焉，則即束裝歸廬先墓上。同門見歌哭無常，以爲

〔註 16〕康有爲：《康有爲全集》（第九集），中國人民大學出版社 2007 年版，第 8 頁。

狂而有心疾矣。至多辭九江先生，決歸靜坐焉。」〔註17〕

朱九江卒後，康有爲隱居南海縣西樵山，獨力爲學，達四年之久。期間，他不僅廣閱古今中西典籍，而且以陸王心學和佛學自修自證。「常徹數日夜不臥，或打坐，或遊行，仰視月星，俯聽溪泉，坐對林茫，塊然無儔，內觀意根，外察物相」，以這種體悟方式直透宇宙、人生之大道。於是，康有爲殆如佛陀出世，有「天上地下，唯我獨尊」之概。他將大乘佛教菩薩行和儒家外王之學融爲一片：「以故不歆淨土，不畏地獄；非惟不畏也，又常住地獄；非惟常住也，又常樂地獄，所謂歷無量劫行，菩薩行是也」，於是「縱橫四顧，有澄清天下之志」，以爲除捨身救國救民爲事外，更無所謂佛法。這種以苦爲樂的修身救世法，是康有爲一生重要的修養方法。每當他遭遇橫逆困境，常以此自省：「吾當發願如此，吾本棄樂而求苦，本捨淨土而住地獄，本爲眾生迷惑煩惱，故入此世以拯救。」因此，雖日日憂國、憂天下，然於身世之間常常泰然。〔註18〕康有爲後來（1912 年）曾對梁啓超說，他一生受用在此。〔註19〕

此外，康有爲對儒家的「素位而行」有深切的體悟。他嘗對弟子云「思入無方，行必素位」。「素位而行」典出《中庸》：「君子素其位而行，不願乎其外。素富貴，行乎富貴；素貧賤，行乎貧賤；素夷狄，行乎夷狄；素患難，行乎患難：君子無入而不自得焉。」對此，康氏理解得甚爲確切：

> 君子知是皆有命，故思不出位，任投所遇，安之若素。非徒安之也，凡吾位之外，一切境界事物，可欣可慕者，泊然不能動之。非惟不動，且不願焉。其安而行之，順受自樂如此。故入於富貴，不離哀衣玉食。入於貧賤，不避監門賃舂。入於夷狄，不妨斷髮文身以講周禮。入於患難，可以幽囚著作，行乞清歌。其神明超勝，故無入而不自得焉。〔註20〕

〔註17〕康有爲：《康有爲自編年譜》（外二種），中華書局，1992 版，第 10 頁。

〔註18〕梁啓超：《南海康先生傳》，夏曉虹編：《追憶康有爲》（增訂本），生活·讀書·新知三聯書店 2009 年版，第 4、12、28 頁。

〔註19〕康有爲：《與梁啓超書》，《康有爲全集》（第九集），中國人民大學出版社 2007 年版，第 283 頁。

〔註20〕康有爲：《中庸注》，《康有爲全集》（第五集），中國人民大學出版社 2007 年版，第 375 頁。

康有爲的弟子認爲乃師「生平最受用素位之義，故以長素自號焉。」〔註21〕康氏可謂以此號自勉，終身踐履實行。如他在戊戌變法失敗後，雖經千磨萬難，人不堪其憂，但他卻從容淡定，優遊著述，悠然自樂。

康有爲學有所成，1891 年在萬木草堂正式設帳授徒，以培養人才爲己任。他著《長興學記》以爲學規，內容包括學綱、學科和科外學科。學綱以《論語》「志於道，據於德，依於仁，游於藝」四言爲綱。德性的學問在其中得到了具體的體現。前三者皆爲德性之學，是子弟修學入德之門。

「志於道」，有四目：一曰格物，二曰厲節，三曰辨惑，四曰愼獨。

康有爲認爲，格物是爲學之始，是學者入德第一工夫。所謂「格物」，不是宋儒所說的格物致知之義，而是指扞格外物，即不爲外物所誘惑。康有爲看到成學之難，蓋由學者爲外物所引誘。如「高科美官，貨賄什器，舉目皆是」，非有勇猛之力、精進之功，不能抵禦其誘惑。所以「學者當視之如毒蛇猛虎，大火怨賊」，時時刻刻念記在心，芟除洗伐，然後才能成就金剛不壞身。康有爲認爲，這是爲學之大端，「若大端立，則清明在躬，志氣如神，其於爲學，則思過半矣。若稍有遊移，則終身無入道之日。」〔註22〕

厲節，顯然是來自朱九江所教的「四行」之一——崇尚名節。康有爲將之進一步發揮，從古代典籍中找到了許多「厲節」的人生箴言：《禮記》稱「行有格」，又稱「砥礪廉隅」；《論語》稱「臨大節而不奪」；《左傳》稱「聖達節，次守節，下失節」；宋廣平曰「名節至重」；陳白沙曰「名節者，道之藩籬」；顧涇陽曰「學者宜務從狂狷起腳，從中行歇腳」。康有爲認爲後漢、晚明之儒，崇尚名節，值得傾慕，要求弟子以此自勵。如果卑污柔懦，則終難將人豎起。〔註23〕

辨惑，是要人辯認大道之所在，而不要被小道或邪道所迷惑。康有爲認爲：凡近似於道而實非道者，積習既久，最容易迷惑人，故學者要嚴辨之。孔子、孟子嚴辨道，對於「居之似忠信，行之似廉潔，非之無非，刺之無刺，

〔註21〕陸乃翔、陸敦騤等：《南海先生傳》，夏曉虹編：《追憶康有爲》（增訂本），生活・讀書・新知三聯書店 2009 年版，第 77 頁。另按：一般認爲，康有爲自號「長素」，有長於素王之義，表明康有爲的狂者氣概。但「素位而行之」義似乎更能表明康有爲的人生哲學。其義也許兩者兼而有之。

〔註22〕康有爲：《長興學記　桂學答問　萬木草堂口說》，中華書局 1988 年版，第 6～7 頁。

〔註23〕康有爲：《長興學記　桂學答問　萬木草堂口說》，中華書局 1988 年版，第 7 頁。

自以爲是」者，深惡痛絕。但人易有先入之見，易被小道所惑。況小道持之有故，立之有黨，新學小生往往爲之所蔽。而一旦用力既深，則很難拔除，甚至陷溺其中而終身無悔。故學者不能不辨認大道之所在而後用力。〔註24〕

慎獨，是「志於道」最後之法。康有爲認爲：克己修慝是爲學之要；「然克修於已發之後，不如戒慎於未發之前。」《中庸》的下手處專在慎獨，《大學》亦是如此，是子思的獨傳心法。慎獨本爲聖人的單傳密旨，而子思打開以告萬世，功莫大焉！如果學者能用此，過則有之，但必不會爲惡。康有爲極力稱讚慎獨之法：「美哉吾黨！得子思傳授，欣喜順受，當何如耶？」〔註25〕

「據於德」，是「志於道」的展開，是指具體的修身工夫，也有四目：一曰主靜出倪，二曰養心不動，三曰變化氣質，四曰檢攝威儀。

主靜出倪，是指從容涵養之功。康有爲認爲，強制之功，無優遊之趣，「行道當用勉強，而入德宜階自然」。他以宋明理學家的修養來說明主靜出倪之功，如呂東萊云「非全放下，不能湊泊」；周敦頤以主靜立人極；陳白沙自得之功，全在靜中養出端倪。因此，康有爲認爲，「若能保守（主靜之功），則浩浩萬化，舒卷自在矣。」〔註26〕

養心不動，是指人生在世不因稱譏、苦樂、毀譽、得失而動心。孟子曰「我善養吾浩然之氣」，「我四十不動心」，說的就是這個意思。在康有爲看來，要做到養心不動，「必通天人之故，昭曠無翳，超出萬類」，「將生死患難，體驗在身，在有如無，視危如安。至於臨深崖，足二分垂在外」，乃能從容談笑。吾但行吾心之所安，雖天下人皆謗之而不顧，只有這樣才能當大任。〔註27〕此義可與康氏的「常住地獄，常樂地獄」和「素位而行」互爲發明，是他一生踐行的重要修養法門。

變化氣質，直承朱九江「四行」之教而來，是指學有所成後，乃有氣質之偏，需要進一步打磨浸潤，以達到中和之境地。什麼是變化氣質呢？康有爲舉例說：呂東萊少年時氣質極粗，讀到《論語》「恭自厚而薄責於人」，於

〔註24〕康有爲：《長興學記　桂學答問　萬木草堂口說》，中華書局 1988 年版，第 7～8 頁。
〔註25〕康有爲：《長興學記　桂學答問　萬木草堂口說》，中華書局 1988 年版，第 8 頁。
〔註26〕康有爲：《長興學記　桂學答問　萬木草堂口說》，中華書局 1988 年版，第 8 頁。
〔註27〕康有爲：《長興學記　桂學答問　萬木草堂口說》，中華書局 1988 年版，第 9 頁

是痛自變改，這就是變化氣質；「后夔教冑，惟以聲樂，曰剛而無虐，簡而無傲」，也是變化氣質；明代何瑭認爲《大學》正心修身之傳，正是變化氣質之學。至於如何變化氣質？康有爲認爲，劉元城七年不妄語，謝上蔡三年治一「矜」字，薛文清二十年治一「怒」字，都是變化氣質之法。〔註28〕

檢攝威儀，也承朱九江「四行」之教而來，是指注重外在的言行舉止。康有爲認爲，檢攝威儀與養心也是密切相關的，所以古人對此非常重視，如「孔子貴動之以禮；曾子貴動容貌、正顏色，詩詠彼都人士；北宮文子稱容止可觀、進退可度」。康有爲受朱九江影響，非常講究自己的舉止威儀。因此，在教學中也嚴格要求弟子：「當暑不得袒裼，相見必以長衣，容止尚溫文，語言去樸鄙，出入趨翔，尤宜端重。」〔註29〕

「**依於仁**」，是「志於道」的進一步展開。如果說「據於德」是指身心修養的內聖工夫的話，那麼「依於仁」則是指推己及人的外王工夫。合起來，則是修己安人，內聖外王。「依於仁」，也有四目：一曰敦行孝弟，二曰崇尙任恤，三曰廣宣教惠，四曰同體饑溺。

敦行孝弟，來自朱九江「四行」之教之首，是行仁之始，爲人之本。康有爲認爲，這是不待教而能者，如果有人背離這一根本的爲人之道，不足與其共學。

崇尙任恤，是指將仁道從親人推至朋友、鄉黨。康有爲認爲，「其人能任於朋友，必能忠於其君也；能恤於鄉黨，必能惠於其國也。若坐視朋友姻黨之患難，甚或深言正色以陰勸之，則亦將賣國而不動其心也。其人不任者，必不忠；不恤者，必不厚，吾不欲觀之矣。」〔註30〕

廣宣教惠，是指將仁道推至整個天下。康有爲強調，要「能群」、「善群」，而不能獨善其身。即使如佛氏求空寂，但也行菩薩行，普度眾生。他批評「後世以老、楊之學託於孔氏，於是下者營私，上者獨善。出而任事者，皆貪狡無恥之人，而生民無所託命」。於是主張應推原周孔之本意，行仁道於天下，以改變人情澆薄之世風，認爲這是每個志士仁人的天職。〔註31〕

〔註28〕康有爲：《長興學記　桂學答問　萬木草堂口說》，中華書局1988年版，第9頁。

〔註29〕康有爲：《長興學記　桂學答問　萬木草堂口說》，中華書局1988年版，第9～10頁

〔註30〕康有爲：《長興學記　桂學答問　萬木草堂口說》，中華書局1988年版，第10頁。

〔註31〕康有爲：《長興學記　桂學答問　萬木草堂口說》，中華書局1988年版，第10

同體餓溺，是指提倡互助精神。其方法是，先反問自己豈無餓溺之時？「我有餓溺，望人拯之；人有餓溺，我坐視之，雖禽獸其忍之哉？」同體餓溺，不過此心推廣而已；強調人類同命運，共呼吸，因而需要有互助精神。〔註32〕

康有爲這一修身入德的學綱，是在其師朱九江的基礎上，進一步發揮、擴展而成，是一個更爲詳細而有體系的學綱，是《長興學記》的核心內容。梁啓超說，康有爲在教學中，尤重德育，其爲教，德育居十之七，智育居十之三。〔註33〕其實，從這一學記中，也可以大致看出。康有爲將此學綱貫徹在具體的教學活動中。如他在功課簿之外，還設一本「蓄德錄」，要求各人每日錄幾句古人格言、名句在上面，同時還用小紙寫出，貼在大堂板壁上。其意在提起各人的警惕，引起各人的興趣，藉以修身立德。康有爲每隔三五個月，拿去翻閱一次，藉以檢驗各人的思想趨向。〔註34〕

梁啓超在萬木草堂受教時期，在德性修養上，最得力的就是康有爲的《長興學記》。梁氏曾自云：「稍長，游南海康先生之門，得《長興學記》，俛焉孜孜從事焉。」〔註35〕另梁氏在小說《新中國未來記》中，也說到《長興學記》對主人公毅伯的影響。毅伯外出游學的時候，他父親瓊山先生給他一部《長興學記》，說是其老友南海康君發揮先師的微言大義，來訓練後學的，此書可以當作他將來立身治事的模範。後來毅伯常對人說，他一生的事業，大半是從《長興學記》和譚嗣同《仁學》而來。〔註36〕其實，這也可看作是梁啓超的夫子自道。甚至在1900年致康氏書中，梁氏談及修身問題，說自己日日自省，但未能自克，所以現在設功課日記簿，乃按照《長興學記》的方式進行修養，並打算每一個月仍寄信給康有爲，請他予以教誨。〔註37〕

～11頁。

〔註32〕康有爲：《長興學記　桂學答問　萬木草堂口說》，中華書局1988年版，第11頁。

〔註33〕梁啓超：《南海康先生傳》，夏曉虹編：《追憶康有爲》（增訂本），生活·讀書·新知三聯書店2009年版，第7頁。

〔註34〕梁啓勳：《「萬木草堂」回憶》，夏曉虹編：《追憶康有爲》（增訂本），生活·讀書·新知三聯書店2009年版，第191頁。

〔註35〕丁文江、趙豐田：《梁啓超年譜長編》，上海人民出版社1983年版，第27頁。

〔註36〕丁文江、趙豐田：《梁啓超年譜長編》，上海人民出版社1983年版，第27頁。

〔註37〕丁文江、趙豐田：《梁啓超年譜長編》，上海人民出版社1983年版，第232頁。

三、自身的人生修養實踐

梁啓超踐行古代人生哲學，進德修業，除家庭和康有爲的影響外，還在與朋友甚至古人的心靈交流以及實際的生活中，逐漸有了自己的體悟和修行之道，並成就了自己的人格。

很小的時候，因讀《曾文正公家訓》，就受到了很大的刺激。稍大一點，讀了全祖望寫的黃宗羲、顧炎武兩篇墓誌銘，又受了大的刺激。〔註38〕這是心靈初受古人生命和靈魂之電光石火之照耀。

1896 年（24 歲），受夏曾祐等人影響，不斷致力於佛學，並以此修身。在與夏曾祐書中言及此：

> 超自夏間聞君説法，復次雁舟（按：梁氏之友），演述宗風，頗發大心，異於曩時。亦依君説，略集中經論，苦爲賊縛，無從解脱。賊念發時，悼君窮逼，善念發時，羨君自在。想自根淺，宿業未盡，故此今世，爲佛所棄。唯別以來，頗守戒律，鬼神之運，久致太平。
> 〔註39〕

1899 年（27 歲），經歷了戊戌變法失敗之磨難的梁啓超自撰《養心語錄》，以調整自己的身心。這説明他已經體驗到了養心修身的重要性。他説：

> 人之生也，與憂患俱來，苟不爾，則從古聖哲，可以不出世矣。種種煩腦（按：爲「惱」字之誤），皆爲我練心之助：種種危險，皆爲我練膽之助：隨處皆我之學校也。我正患無就學之地，而時時有此天造地設之學堂以餉之，不亦幸乎！我輩遇煩惱、遇危險時，作如是觀，未有不灑然自得者。〔註40〕

梁啓超眞正開始在修養上著意用功，是 1900 年因偶讀曾國藩家書而發。〔註41〕是年，在分別致康有爲和葉湘南等人之書中，均提到此事，當時感覺

〔註38〕 梁啓超：《讀書法講義》，《〈飲冰室合集〉集外文》（下），北京大學出版社 2005年版，第 1358 頁。

〔註39〕 丁文江、趙豐田：《梁任公先生年譜長編》（初稿），中華書局 2010 年版，第33 頁。

〔註40〕 梁啓超：《自由書・養心語錄》，《飲冰室合集・專集之二》，中華書局 1989 年版，第 15 頁。

〔註41〕 按：關於梁啓超受曾國藩的影響，請參看吳銘能的《梁啓超研究叢稿》上篇第一章第四部分《曾國藩的影響——一個易被忽略的重要因素》，臺灣學生書局 2001 年版，第 27～39 頁。

是「猛然自省」。〔註42〕這在梁啓超的人生修養中，似乎是一個標誌性的事件。他開始深刻反省自己：

> 弟子前此種種疑忌肆謬，今皆自省之，願自改之，此皆由於打疊田地不潔淨之故，不誠不敬，以致生出許多支節，蓋弟子求學而不求道之日多矣。前兩旬偶讀《曾文正集》，瞿然自省，覺事事不如彼，愈益內觀則疵累愈益多。追念去年一年情事，事事皆無地自容，今誓以強力自克或者有救。——致康有爲書〔註43〕

> 自顧數年以來，外學頗進，而去道日遠，隨處與曾文正比較，覺不如遠甚。今之少年，喜謗前輩，覺得自己偌大本領，其實全是虛僞，不適於用，眞可大懼。養心立身之道斷斷不可不講。去年長者來書，責以不敬，誠切中其病，而弟不惟不自責，乃至並不受規，有悻悻之詞色，至今回想，誠乃狗彘不如，慚汗無極。其大病又在不能慎獨戒欺，不能制氣質之累也。——致葉湘南、麥孺博、麥曼宣、羅孝高書〔註44〕

借用禪宗的說法，梁啓超似乎因此而頓悟，覺得「養心立身之道斷斷不可不講」。1900 年，梁啓超曾設日記自修，「以曾文正之法，凡身過、口過、意過皆記之，而每日記意過者，乃至十分之上。」〔註45〕此後（即在宣統及民國期間），梁啓超仍曾以曾國藩的修養方法進行自我修養。〔註46〕

通過自己的探索，並借鑒曾國藩和宋明儒者的修身經驗，梁啓超最終形成了自己的修身之法，一生主要以五事自課：一曰克己，二曰誠意，三曰主敬，四曰習勞，五曰有恒。〔註47〕雖然也有過荒廢之時，但越到晚年工夫越見純熟，人格也越趨完善。

〔註42〕丁文江、趙豐田：《梁啓超年譜長編》，上海人民出版社 1983 年版，第 227、230 頁。

〔註43〕丁文江、趙豐田：《梁啓超年譜長編》，上海人民出版社 1983 年版，第 232 頁。

〔註44〕丁文江、趙豐田：《梁啓超年譜長編》，上海人民出版社 1983 年版，第 227 頁。

〔註45〕丁文江、趙豐田：《梁啓超年譜長編》，上海人民出版社 1983 年版，第 227 頁。

〔註46〕參見：吳銘能《梁啓超研究叢稿》，臺灣學生書局 2001 年版，第 28 頁。又據筆者長期閱讀《飲冰室合集》和《〈飲冰室合集〉集外文》的印象，梁啓超提及最多的兩個歷史人物是王陽明和曾國藩。

〔註47〕按：1900 年 4 月 21 日，梁啓超在友人葉湘南、麥孺博、麥曼宣、羅孝高之書，提到「近日以五事自課：一曰克己，二曰誠意，三曰主敬，四曰習勞，五曰有恒。」（見《梁啓超年譜長編》第 227 頁）。其實，縱觀梁啓超的一生，此五法實爲他一生的修養法門。

克己，是「專用懸崖勒馬手段，以心制物」〔註48〕，其意在克服自己固有的毛病。梁啓超最重克己，1917 年他在對清華學校的學生的演說中說，爲人的要義，最重要的就是「反省克己」。〔註49〕克己最難，並不能輕易取得成功。如梁啓超曾向康有爲承認，「今日日自省，而克則未能也，蓋道心之無力久矣。」〔註50〕但他還是一生致力於此。

梁啓超一生欲自克者，主要是二事：一是流質易變之本性，一是起居無時之習性（尤喜晚睡晚起）。對於前者，康有爲及梁之朋輩時有規勸，梁自己也有深刻的認識：「若其見理不定，屢變屢遷，此吾生之所短。南海先生十年前，即以流質相戒，諸畏友中，亦頻以爲規焉。此性質實爲吾生進德修業之大魔障，吾之所以不能抗希古人，弊皆坐是。」梁啓超也想改變這一本性，但「日思自克而竟無一進者，生平遺憾，莫此爲甚」。〔註51〕就梁氏一生而言，儘管他常欲自克此本性，但最終並未成功。〔註52〕

對於後者，梁啓超中年時亦欲自克之，而成效不大，到了晚年終獲成功。起居無時之習性，對於身體健康極爲不利。1902 年，梁啓超似欲改變，曾與黃遵憲商量日課，但似未見成效。於是黃氏再爲他斟酌一課程：「除晨起閱報，晚間治學，日日不輟外，就寢遲則起必遲，見光少則熱亦少，而身弱矣，於月、火、水、木四曜日草文，於金曜作函，於土曜見客，於日曜遊息。此實爲養生保身第一善法，萬望公勉強而行之，久則習慣矣。若興居無節，至於不克支持，不幸而生疾，棄時失業尤多，及近自暴自棄矣，烏得以自治力薄推諉哉？」〔註53〕不知他是否曾以此而自課，但至少未能堅持。所以 1908 年，徐佛蘇在梁氏生病期間，致信勸他注意作息調養：「每日以三時看書，三時作文，三時遊覽物景，三時靜坐，則尊體自可日趨健實。」〔註54〕但從 1910

〔註48〕丁文江、趙豐田：《梁啓超年譜長編》，上海人民出版社 1983 年版，第 226 頁。

〔註49〕梁啓超：《在清華學校之演說》，《〈飲冰室合集〉集外文》（中），北京大學出版社 2005 年版，第 673 頁。

〔註50〕丁文江、趙豐田：《梁啓超年譜長編》，上海人民出版社 1983 年版，第 232 頁。

〔註51〕丁文江、趙豐田：《梁啓超年譜長編》，上海人民出版社 1983 年版，第 334 頁。

〔註52〕按：此種情況，需作具體分析。梁啓超對此未能自克，不僅因爲本性難移，也因爲他的政治和學術思想常在發展變化中。對此，他實際上是矛盾的，一方面否定之，如上文所說，另一方面也有所肯定，如他說自己「不惜以今日之我，難昨日之我」。對於性格而言，常常變易是缺點，但對於思想而言，常常變易，如是順應時代的發展，則是進步的表現。

〔註53〕丁文江、趙豐田：《梁啓超年譜長編》，上海人民出版社 1983 年版，第 293 頁。

〔註54〕丁文江、趙豐田：《梁任公先生年譜長編》（初稿），中華書局 2010 年版，第

年梁氏《雙濤閣日記》來看，依然故我。梁啓超主觀上還是想改變，只是做起來艱難，這從他致徐佛蘇書可知：「至日用飲食，則一年以來，雖力思自矯，求爲有規則的活動，然二十年結習，革之實難，興居之節，尤莫能自主，晚睡晏起之時終多，達旦不臥亦常有之，無如何也。」〔註55〕然而，梁啓超畢竟欲自克之，直到 1918 年，終於改變了長期的積習。這從此年 5 月 5 日致籍亮儕之書中可知：「吾每日晨六時前必起，十一時必睡，似此已多旬矣。吾用決心強制，欲剗制三十年來惡習，緣此致病數日。」從後五日致蹇季常之書看，他並未因生病而故態復萌，「弟頃早起已成新習慣，每日起居規則極嚴。」〔註56〕1925 年 8 月 3 日，在給孩子們書中說：「我每天總是七點鐘以前便起床，晚上睡覺沒有過十一點以後，中午稍微憩睡半點鐘。」〔註57〕可見，梁啓超晚年日常起居已經很有規律了。

誠意和主敬，也是梁啓超的重要的修身方法。1900 年三四月間，梁氏反思自己身上的毛病，發現其根本原因「總從不誠不敬生來」，「不誠不敬，以致生出許多支節」。〔註58〕因此，他決心以誠意和主敬自課。

誠意，其方法是「專求勿自欺，蕩滌意惡，每一發念記之於日記」。〔註59〕1900 年 4 月，梁啓超致葉湘南、麥孺博、麥曼宣、羅孝高書，告訴他們自己如何「誠意」：「近設日記，以曾文正之法，凡身過、口過、意過皆記之，而每日記意過者，乃至十分之上。甚矣，其墮落之可畏也。弟自此洗心滌慮，願別爲一人（乃另起頭），不敢有迂視講學之心，不敢有輕視前輩之意，惟欲復爲長興時之功課而已。」〔註60〕梁啓超之所以以誠意修身，一方面來自《中庸》的啓發和曾國藩的影響，另一方面幼時母親的誠信教育也起了很大的作用。對梁氏而言，克己甚難，而誠意則易。因此，他也就成了一個心胸坦蕩和眞誠可愛之人。對此，他自己並不諱言。1909 年曾對人說：「雖然僕自問一生無他長，惟心

236 頁。
〔註55〕 丁文江、趙豐田：《梁啓超年譜長編》，上海人民出版社 1983 年版，第 509 頁。
〔註56〕 丁文江、趙豐田：《梁啓超年譜長編》，上海人民出版社 1983 年版，第 862、863 頁。
〔註57〕 丁文江、趙豐田：《梁啓超年譜長編》，上海人民出版社 1983 年版，第 1049 頁。
〔註58〕 丁文江、趙豐田：《梁啓超年譜長編》，上海人民出版社 1983 年版，第 231、232 頁。
〔註59〕 丁文江、趙豐田：《梁啓超年譜長編》，上海人民出版社 1983 年版，第 226 頁。
〔註60〕 丁文江、趙豐田：《梁啓超年譜長編》，上海人民出版社 1983 年版，第 227 頁。

地之光明磊落，庶幾可以質諸天地鬼神，胸中不能留一宿物。」〔註61〕他人也有類似評價。梁好友林誌鈞說：「任公爲人款摯而坦蕩，胸中豁然，無所蓋覆，與人言傾困竭廩懇懇焉，惟慮其不盡。世每稱其文字閎豁通徹，感人特深，實其性情使然。」〔註62〕梁漱溟說他：「有些時天眞爛漫，不失其赤子之心。其可愛在此，其偉大亦在此。」〔註63〕

主敬，是指面對外境的刺激，收斂身心，提起精神，使不爲外境所奪，是儒家的一種重要修身方法。梁啓超認爲，面對艱難危殆的環境，應以主敬之法處之。1900 年 3 月，在致葉湘南、麥孺博書中說：「孺弟近何所爲，常讀東書否？望刻刻提起，勿稍懶散，我輩稍鬆緊，則更無面目復見天下。今日眞乃背水陣，眞乃八十老翁過危橋，望日日以敬畏之心行之。」同年 4 月，在致葉湘南、麥孺博、麥曼宣、羅孝高書中又說：「老子曰：『兩軍相對，哀者勝矣。』我輩現在處當哀之時，有一毫之肆慢，則是一落千丈，主敬一關，實不可不刻刻提起。」〔註64〕梁啓超後又以「主一無適」爲主敬。他認爲，「古今言治心之法，不出兩派，一曰應無所住，二曰主一無適。」應無所住，是禪宗之法，梁曾以此用功，但始終無所入。主一無適，是宋儒之法，梁認爲，此法「似平實而最切於用」，所主者有大德、有小德，關鍵是足乎己而無待於外，無入而不自得。作爲一個愛國志士，梁所主者爲「究當世之務，以致用於國家。爲學日益之功，固在是；即爲道日損之功，亦在是。」〔註65〕梁啓超一生致力於愛國、救國而心中坦蕩，實基於這一修養工夫。

習勞，可以說是梁啓超一生奉行的生活原則。幼時，他父親梁寶瑛常讓他參與勞作，以養成勤勞的習慣。這一習慣一直保持到他生命的終結。我們只要想一想，梁啓超只活了 56 歲，大量的時間還在從事政治活動，卻爲我們留下了 1400 萬字左右的著述，就可知道他是多麼的勤奮了！我們也可以看看他生活中點點滴滴，以瞭解他是如何習勞的。1896 年《時務報》初辦時，梁

〔註61〕丁文江、趙豐田：《梁啓超年譜長編》，上海人民出版社 1983 年版，第 497 頁。

〔註62〕林誌鈞：《飲冰室合集序》，第 4 頁，見梁啓超《飲冰室合集》（第 1 冊），中華書局 1989 年版。

〔註63〕梁漱溟：《紀念梁任公先生》，夏曉虹編《追憶梁啓超》（增訂本），生活・讀書・新知三聯書店 2009 年版，第 219 頁。

〔註64〕丁文江、趙豐田：《梁啓超年譜長編》，上海人民出版社 1983 年版，第 215、227～228 頁。

〔註65〕丁文江、趙豐田：《梁任公先生年譜長編》（初稿），中華書局 2010 年版，第 372 頁。

啓超幾乎一人承擔該報的全部編撰工作，當時「六月酷暑，洋燭皆變流質，獨居一小樓上，揮汗執筆，日不遑食，夜不遑息。記當時一人所任之事，自去年以來，分七八人始乃任之。」〔註66〕1921年在東南大學講學時期，學生去拜訪他，見他治學勤懇，連星期天也有一定日課，不稍休息。但是，「精神飽滿到令人吃驚的程度——右手在寫文章，左手卻扇不停揮，有時一面在寫，一面又在答覆同學的問題。」他每日固定要讀的日文和中文書籍，縱在百忙中也不偷懶。經常以「萬惡懶爲首，百行勤爲先」來勉勵同學。〔註67〕在生命的最後兩三年，雖病患在身，但仍不辭辛勞，在清華、燕京講學不輟，興味盎然。甚至在臨終前幾個月，住院在北京協和醫院，只要身體稍好些，就在從事《辛稼軒年譜》的寫作。可謂生命不息，著述不止。

有恒，是指持之以恒地做某一或某些事。梁啓超通過日有常課的方法（如每日規定一定的時間練字、讀書），來鍛煉自己的心性，磨練自己的意志。這種做法主要受曾國藩的影響，曾氏在軍務繁忙中仍然堅持習字、讀書。梁氏重視這一養心法門，在致長女梁思順書中說：「吾十日半擲日力於字課，此吾頻年所用養心之良法。」〔註68〕梁啓超日有常課，大概是從1909年7月初開始。此年7月18日，在致其弟梁啓勳書中說：「年來貧徹骨，而爲學日有常課，精神日用則日出，而心境泰然，其樂無極也。」次年2月底，在致徐佛蘇書中說：「今每日平均作文五千言內外，殊不以爲苦。文大率以夜間作，其日間有一定之功課，則臨帖一點鐘，讀佛經一點鐘，讀日文書一點半鐘，課小女一點鐘，此則自去年七月初一日（從是日起每日用日記，誓持以毅力，幸至今未間斷）至今未嘗歇者也。心境常泰，雖屢遇拂逆，未嘗以攖吾胸，精神充足，過於前此，（湘言，精神愈用則愈出，此誠名言。弟體驗而益信之。）吾兄勿爲我多慮矣。」〔註69〕另從1910年1、2月的《雙濤閣日記》看，儘管梁啓超的日常生活起居無時，但每日讀書、臨碑習字卻堅持著。

梁啓超日有定課，後來一直堅持，力行不輟。如1916年2月8日，在致梁思順書中說：「吾近來心境之佳，乃無倫比，每日約以三四時見客治事，以

〔註66〕梁啓超：《創辦〈時務報〉原委記》，載戈公振《中國報學史》，生活·讀書·新知三聯書店1955年版，第137頁。

〔註67〕黃伯易：《憶東南大學講學時期的梁啓超》，夏曉虹編：《追憶梁啓超》（增訂本），生活·讀書·新知三聯書店2009年版，第266頁。

〔註68〕梁啓超：《梁啓超家書》（張品興編），中國文聯出版社2000年版，第81頁。

〔註69〕丁文江、趙豐田：《梁啓超年譜長編》，上海人民出版社1983年版，第491、509頁。

三四時著述，餘暑則以學書（近專臨帖不復摹矣），終日孜孜，而無勞倦，斯亦憂患之賜也。」〔註70〕上文提到，1921 年，梁啓超在東南大學講學時，「連星期天也有一定日課」。1927 年，在致孩子們書中提到，儘管忙得沒有時間，但習字還是堅持著，只是近一個月來少些而已。〔註71〕

　　以上所述，當然只是梁啓超踐行古代人生哲學的主要方面。其實，還有一些面向：如依康有為《長興學記》修行；再如下一章「梁啓超對中國古代人生哲學的推揚」，也涉及他的踐履方面，因為教育學生和子女修養身心，不僅僅在言論，也在親躬感染。

　　總之，梁啓超是一個不斷磨煉自己人格的人，特別是越到晚年，越發注重德性的涵養，不斷完善自身，人格漸趨完善。以至他的朋友認同其精神、人格，對他給予厚望。如張君勱等人欲創辦松社，以為講學之業，「而以羅羅山、曾文正之業責先生（按：指梁啓超）」，〔註72〕希望他轉移一時之士風。再如蔣百里論辦中國公學，以為其中的高等學院方面「第一要緊把任公的活活地一個人格的研究精神做基本」，才有點生氣。〔註73〕

〔註70〕梁啓超：《梁啓超家書》（張品興編），中國文聯出版社 2000 年版，第 225 頁。
〔註71〕丁文江、趙豐田：《梁啓超年譜長編》，上海人民出版社 1983 年版，第 1108 頁。
〔註72〕丁文江、趙豐田：《梁任公先生年譜長編》（初稿），中華書局 2010 年版，第 447 頁。
〔註73〕丁文江、趙豐田：《梁任公先生年譜長編》（初稿），中華書局 2010 年版，第 487 頁。

第二章　梁啓超對中國古代人生哲學的推揚

中國古代思想家往往走內聖外王之路，己立立人，己達達人，一面作個人修身的工夫，一面作推己及人的工作，而且常是二者打成一片。晚清民國信奉古代人生哲學的思想家也大體如此，如曾國藩不僅自己以儒學克己修身，而且推及家人、朋友，以至整個天下，再如梁漱溟也是除自己修身外，還將儒家人生哲學融入現代教育和鄉村運動中。甚至以隱者自處的馬一浮，在抗戰時也出山辦起了復性書院。這樣，古代人生哲學不僅在少數思想家那裡有了生存的空間，而且延伸到更多人的生命和心靈中。

梁啓超是一個有著巨大思想號召力的人，其言行曾影響一個時代。不僅其變法思想和「新民說」風行一時，而且也以古代人生哲學塑造了許多英傑（其中包括學生、子女和私淑者）。

他主要是通過現代教育來推揚古代人生哲學，使之成爲現代人修身養性之具。其現代教育包括學校教育、家庭教育和社會教育

一、學校教育

梁啓超在學校教育中推廣、弘揚古代人生哲學，主要有兩個時期：一是19 世紀末時務學堂時期，二是 20 世紀 20 年代講學清華學校等時期。

1897 年，湖南時務學堂創辦，梁啓超任總講習。他不僅在此講學，而且參與創辦的相關事務，如制定學約等。19 世紀末，新式學堂已經興起，以講西學爲主（甚至有的學堂幾乎都是講西學，如北京的通藝學堂），德性的學問

開始流失。儘管時務學堂也是一個新式學堂，但梁啓超的辦學主張是「兼學堂、書院二者之長」〔註1〕，即知識之學和德性之學並重，西學和中學兼顧。也就是說，在西學的衝擊下，梁氏依然堅持傳統書院重德性之學的辦學特色。

梁啓超不僅重新刻印刊行了康有爲的《長興學記》，而且仿照此書作了《湖南時務學堂學約》一文。〔註2〕在此文中，德性的學問得到了體現。《學約》共十章，一曰立志，二曰養心，三曰治身，四曰讀書，五曰窮理，六曰學文，七曰樂群，八曰攝生，九曰經世，十曰傳教。其中，立志、養心、治身屬人生修養，讀書、學文、窮理屬知識學習，樂群是互相學習、討論，攝生是體育鍛煉，經世、傳教是治國平天下。「學約」中，人生修養是根本，其內容屬古代人生哲學的範圍。

梁啓超首重立志。他首先列舉古人立志之言以說明其重要性：「《記》曰：『凡學士先志。』孟子曰：『士何事？曰尙志。』朱子曰：『書不熟，熟讀可記，義不精，細想可精，惟志不立，天下無可爲之事。』又曰：『學者志不立，則一齊放倒了。』」然後反思當時中國衰落的原因，在於「四萬萬人，莫或自任，是以及此」。因此，他要求學生樹立大志，如歷代大人物那樣：「己欲立而立人，己欲達而達人，天下有道，丘不與易，孔子之志也。思天下之民，匹夫匹婦，不被其澤，若己推而納之溝中，伊尹之志也。如欲平治天下，當今之世，舍我其誰，孟子之志也。做秀才時，便以天下爲己任，范文正之志也。天下興亡匹夫之賤，與有責焉，顧亭林之志也。」這樣，「先立乎其大者，則其小者不能奪也。」至於如何立志，梁氏認爲功課有三：一曰擴大見識，見識日廣，則志亦日大；二曰養志不衰，像句踐復仇那樣，時時提醒自己；三是志定之後，以學問相敷，否則成爲虛語，久之亦必墮落。〔註3〕

其次是養心。梁啓超認爲，古代聖賢重養心：「孔子言仁者不憂，智者不惑，勇者不懼。而孟子一生得力，在不動心。此從古聖賢所最兢兢也。」而養心，於當今學者尤爲重要：「學者有志於道，且以一身任天下之重」，然目前的富貴、聲色、遊玩等各種誘惑隨時足以奪志，稍不自立，則一落千丈。他日任事，「利害毀譽，苦樂生死，樊然淆亂」，各種動搖心志者更是多得不可數。「非有堅定之力，則一經挫折，心灰意冷；或臨事失措，身敗名裂。」

〔註1〕 丁文江、趙豐田：《梁啓超年譜長編》，上海人民出版社1983年版，第86頁。

〔註2〕 解璽璋：《梁啓超傳》，上海文化出版社2012年版，第78頁。

〔註3〕 梁啓超：《湖南時務學堂學約》，《飲冰室合集·文集之二》，中華書局1989年版，第23～24頁。

非有入地獄之手段和治國如烹小鮮之氣象，否則不能成功。故養心乃治事之根本。至於養心之法，梁氏認爲有二：一曰靜坐之養心，二曰閱歷之養心。然學生在學堂中，無所謂閱歷，只有先行靜坐之養心。而靜坐之養心又可分二：「一斂其心，收視返聽，萬念不起，是清明在躬，志氣如神；一縱其心，遍觀天地之大，萬物之理，或虛構一他日辦事艱難險阻，萬死一生之境，日日思之，操之極熟，亦可助閱歷之事。」梁啓超要求學生每日當有一小時或兩刻鐘的時間靜坐。〔註4〕

再次是治身。治身，是指注重自己的言行舉動，使之無過失。梁啓超認爲，古人重治身：「顏子請事之語，曰：非禮勿視，非禮勿聽，非禮勿言，非禮勿動。曾子卒之言曰：定容貌，出辭氣。孔子言：忠信篤敬，蠻貊可行。」故不得以小節視之，須「掃除習氣，專務篤實，乃成大器」，不得學名士狂態，洋務擅習。至於治身之功課，乃「每日於就寢時，用曾子三省之法，默思一日之言論行事，失檢者幾何，而自記之，始而覺其少，苦於不自知也，既而覺其多，不可自欺，亦不必自餒，一月以後，自日少矣。」〔註5〕

德性的學問，還體現在時務學堂的具體教學中，其重要內容是陸王的修養論。梁啓超曾說：「我們的教學法有兩面旗幟，一是陸王派的修養論；一是借《公羊》、《孟子》發揮民權的政治論。」〔註6〕可見，此在教學中的分量。又說：「時務學堂，於精神教育，亦三致意焉」。〔註7〕所謂「精神教育」，即以陸王的修養論進行人格教育。梁氏從康有爲那裡接受了陸王心學，其思想的根柢也主要是陸王心學〔註8〕。所以，他重陸王的修養論，認爲其方法「最穩當最簡捷最易收效果」〔註9〕，故以此教學生實踐用功。

梁啓超將陸王的修養方法概括爲四個方面：

〔註4〕 梁啓超：《湖南時務學堂學約》，《飲冰室合集·文集之二》，中華書局1989年版，第24～25頁。

〔註5〕 梁啓超：《湖南時務學堂學約》，《飲冰室合集·文集之二》，中華書局1989年版，第25頁。

〔註6〕 丁文江、趙豐田：《梁啓超年譜長編》，上海人民出版社1983年版，第84頁。

〔註7〕 梁啓超：《三十自述》，《飲冰室合集·文集之十一》，中華書局1989年版，第18頁。

〔註8〕 賀麟：《五十年來的中國哲學》，商務印書館2002年版，第4頁。

〔註9〕 梁啓超：《陸王學派與青年修養》，《〈飲冰室合集〉集外文》（中），北京大學出版社2005年版，第1021頁。按：關於梁啓超在時務學堂時期如何用陸王的修養論來教學，沒有見到相關的文獻，但是從1927年的一篇文章《陸王學派與青年修養》中，我們可瞭解到陸王心學修養論的具體內容。

一是致良知。「致良知」是王陽明思想的核心內容。王陽明說：「良知原是完完全全，是的還他是，非的還他非，是非只依著他，更無有不是處。這良知還是你的明師。」〔註10〕梁啟超認為：這和康德的「服從良心第一個命令」旨趣相同；「致良知」，就是推致良知於事事物物上，「吾人每日做事，常常提醒此心，恰如操舟者全副精神注重管舵」，「天天訓練，平時固毫不費力，縱遇大風大浪，稍用點心，亦可過去。」這一修養方法，不必依靠宗教、玄學、禮法等，只靠心中一點良知，簡捷易行，上自大聖大賢，下至婦女孩提，皆可適用。〔註11〕

二是重實驗。所謂「重實驗」，是指注重學問的實際應用，也即本心或良知的具體應用。陸九淵23歲時，從人情事變上致力學問，如在管理家務時，將本心推致於具體事務上。這曾使他學問大進。王陽明作為一個軍事家和政治家，其軍事、政治活動，得力良知之學。同時，其良知之學，亦因經軍事、政治活動的磨煉而更加完善。梁啟超認為：陸王學派對於書本上的學問，「雖不十分攻擊，但總視為第二層的學問：他們的意思，要在實際上作去，凡一言一動，能把自己的良心運用到上面去，就無往而非學問。」〔註12〕

三是非功利。所謂「非功利」，不是絕對不要利益和事功，而是反對只顧自己的毀譽得失利害的功利行為，主張「無我」。梁啟超認為：陸九淵在白鹿洞書院講「君子喻義小人喻利」章，講的就是反對以自己為本位，凡專為自己打算，不但貪財好色要不得，就是學問文章虛榮利祿等，也都要不得。這是拔本塞源之論，故陸王主張澄清本源，然後再作學問。〔註13〕

四是求自由。所謂「求自由」，是指為求得良心的絕對自由，得大自在，大安樂。梁啟超認為：良心的自由不易得到，自己的精神，往往作了軀殼的奴隸，為低等欲望所控制，「一天到晚，一生到死，都在痛苦之中，莫由自拔」。而陸王心學，就是教我們從沉淪苦海中救拔出來，「對內求良心絕對自由，不作軀殼的奴隸；對外不受環境的壓迫和惡化。無論環境如何引誘，總持以寧靜淡泊，寂然不動；因為得利（按：『利』字應是『到』字之誤）絕對自由，

〔註10〕 王陽明：《王陽明全集》，上海古籍出版社2011年版，第120頁。
〔註11〕 梁啟超：《陸王學派與青年修養》，《〈飲冰室合集〉集外文》（中），北京大學出版社2005年版，第1021～1022頁。
〔註12〕 梁啟超：《陸王學派與青年修養》，《〈飲冰室合集〉集外文》（中），北京大學出版社2005年版，第1022頁。
〔註13〕 梁啟超：《陸王學派與青年修養》，《〈飲冰室合集〉集外文》（中），北京大學出版社2005年版，第1023頁。

所以同時也得到絕對的快樂。」〔註14〕

　　應該說，梁啓超在時務學堂的德性教育、人格教育是非常成功的。他培養出來的學生，都是人格健全的人，後來均成了社會的棟梁，如蔡鍔、唐才常、林圭、李炳寰、范源濂、張伯良、楊樹達等。其中，蔡鍔是一個典型的例子。梁啓超說蔡鍔：「他一生最得力的，是陸象山、王陽明的學問，見人講話，便引到陽明、象山，他又對他的鄉先輩曾文正、胡文忠很佩服，拿來作他的模範人格；⋯⋯他在青年時，約當十五，十六，十七這幾年，旁的學問沒有，惟一心學曾文正、王陽明，得的工夫，到是不少，後來出外留學，學識增加，先有底子，以後學的愈多，學得愈有力量，他個人的性格同修養大概如此。」〔註15〕蔡鍔十五歲進入時務學堂，後來又到日本跟隨梁啓超，十五、十六、十七歲時，正是他受學梁啓超時期。

　　20世紀20年代，梁啓超基本上放棄了政治活動，主要致力於教育和文化事業。他曾承辦中國公學、擬辦文化書院，並在南開大學、東南大學、清華學校、燕京大學、司法儲才館等學校講學，其中，在清華任教時間最長，爲四大導師之一。此期，梁氏依然堅持古代書院重德性之學的辦學傳統，融進其精神於現代教育中。

　　梁啓超在中國現代教育的初期，就敏銳地發覺了其中出現的弊端：

　　　　故此種教育（現代教育），其敝也，成爲物的教育，失卻人的教育。
　　　　〔註16〕

　　　　反觀現在的學校，多變成整套的機械作用，上課下課，鬧得頭昏眼花。進學校的人大多數除了以得畢業文憑爲目的以外，更沒有所謂意志，也沒有機會做旁的事。〔註17〕

　　　　現在的學校大都注重在知識方面，卻忽視了智識以外之事，無論大學、中學、小學都努力於智識的增加，智識究竟增加了沒有，那是另一問題，但總可說現在學校只是一個販賣知識的地方。〔註18〕

〔註14〕　梁啓超：《陸王學派與青年修養》，《〈飲冰室合集〉集外文》（中），北京大學出版社2005年版，第1024頁。

〔註15〕　梁啓超：《蔡松坡與袁世凱》，《〈飲冰室合集〉集外文》（中），北京大學出版社2005年版，第1010頁。

〔註16〕　梁啓超：《自由講座之教育》，《飲冰室合集・文集之三十六》，中華書局1989年版，第35頁。

〔註17〕　丁文江、趙豐田：《梁啓超年譜長編》，上海人民出版社1983年版，第1138頁。

〔註18〕　梁啓超：《清華研究院茶話會演說辭》，《飲冰室合集・文集之四十三》，中華

> 現代（尤其是中國的現在），種種缺點，不能爲諱，其最顯著者，學
> 校變成「智識販賣所」。……再講到修養身心、磨煉人格那方面的學
> 問，越發等於零。〔註19〕

> 現在的學校，表面雖好，卻如作買賣的雜貨店，教師是賣貨者，學
> 生是買貨者，師弟間不發生關係，造就一班水平線的人才則可，要
> 想造就特別的人才，是難能的。〔註20〕

梁啓超的主要意思是說，現代教育嚴重物化、機械化，學校成了一個販賣知識的場所，而身心修養之學則嚴重缺失。梁氏認爲，這是引進西式教育而丟失傳統教育的結果。

針對現代教育只重知識之學的弊病，梁啓超認爲，教育應該成就如孔子所云「知者不惑，仁者不憂，勇者不懼」三者兼具之人，或者《中庸》所謂「知、仁、勇」三達德兼備之人。梁氏因之將教育分爲智育、情育和意育三部分，認爲只有三者具備，才算是完整的教育。而情育、意育屬於德性的教育，已在現代教育中缺失。因此，現代教育是不完整的，需要在體系和內容等方面加以完善。

同時代的章太炎，也看到了學校教育中的身心修養之學的缺失。他說：「學校裏邊，只有開人思想的路，沒有開人感情的路。……學校裏邊，修身的教訓，不過是幾句腐話，並不能使人感動。再高了，講到倫理學，這不過是研究道德的根源，總是在思想上，與感情全不相關，怎麼能夠發生道德出來？況且講倫理講修身的講習，自己也沒有什麼道德，上堂厚了臉皮，講幾句大話，退堂還是吃酒狎妓。」〔註21〕

章太炎認爲，現代學校只能成就智育，不能成就德育，於是主張乾脆取消德育教育，不必再裝門面了。〔註22〕梁與章不同，他欲承繼古代書院的傳統，在現代教育中融入人生修養的內容。其實，這和時務學堂的教育精神是一脈相承的。如梁啓超曾在 1923 年發起創辦文化學院，「採用半學校半書院

書局 1989 年版，第 5 頁。

〔註19〕梁啓超：《王陽明知行合一之教》，《飲冰室合集·文集之四十三》，中華書局 1989 年版，第 23 頁。

〔註20〕梁啓超：《湖南教育界之回顧》，《〈飲冰室合集〉集外文》（中），北京大學出版社 2005 年版，第 920 頁。

〔註21〕章太炎：《章太炎學術文化隨筆》，中國青年出版社 1999 年版，第 289 頁。

〔註22〕章太炎：《章太炎學術文化隨筆》，中國青年出版社 1999 年版，第 289 頁。

的組織，精神方面，力求人格的互發；智識方面，專重方法的指導。」〔註23〕儘管文化學院最終沒有創辦成功，但這一教育精神在梁啓超任清華國學研究院導師時得到了一定的貫徹：

> 我們研究院的宗旨，諸君當已知道，我們覺得覺得校中呆板的教
> 育不能滿足我們的要求，想參照原來書院的辦法——高一點說，
> 參照從前大師講學的辦法——更加以最新的教育精神，各教授及
> 我自己所以在此服務，實因感覺從前的辦法有輸入教育界的必
> 要。……我所最希望的，是能創造一個新學風，對於學校的缺點
> 加以改正。固然不希望全國跟了我們走，但我們自己總想辦出一
> 點成績讓人家看看，使人知道這是值得提倡的。至少總可以說，
> 我們的精神可以調和現在的教育界，使將來教育可得一新生命，
> 換一個新面目。〔註24〕

所謂「想在這新的機關之中，參合舊的精神」，具體來說，包括兩方面的內容：一是在學校功課中融進儒家德性之學的內容。梁啓超說：「把中國儒家道術的修養來做底子，而在學校功課上把他體現出來。在以往的儒家各個不同的派別中，任便做那一家都可以的，不過總要有這類的修養來打底子。自己把做人的基礎先打定了，吾相信假定沒有這類做人的基礎，那末做學問並非爲自己做的。」，二是把科學研究也當作人格修養的工具。梁啓超說：「至於知識一方面，固然要用科學方法來研究，而我所希望的，是科學不但應用於求知識，還要用來做自己人格修養的工具。……一面求知識的推求，一面求道術的修養。」兩者結合起來，就是「在求知識的時候，不要忘記我這種做學問的方法，可以爲修養的工具；而一面在修養的時候，也不是參禪打坐的空修養，要如王陽明所謂在事上磨練」。〔註25〕

至於修養的法門，梁啓超曾教給清華學生二法：「一是因自己性之所近的來擴充；二是就自己所短的來矯正。第一法是孟子的主張，第二法是荀子的主張。」梁氏認爲，應二法並用。一方面要看出自己的長處，極力去發揮，

〔註23〕　梁啓超：《爲創設文化學院事求助於國中同志》,《〈飲冰室合集〉集外文》（中），
　　　　　北京大學出版社 2005 年版，第 928 頁。
〔註24〕　梁啓超：《清華研究院茶話會演說辭》,《飲冰室合集・文集之四十三》，中華
　　　　　書局 1989 年版，第 5 頁。
〔註25〕　丁文江、趙豐田：《梁啓超年譜長編》，上海人民出版社 1983 年版，第 1138
　　　　　～1139 頁。

便容易成功；另一方面要注意自己的短處，勇於改正，缺點自己不易知，但一經師友告知，應立刻改正。〔註26〕

梁啓超不僅言傳，而且身教，「拿自己做青年的人格模範」。〔註27〕住在清華時，50 多歲的他仍堅持修身，並希望自己的起居談笑能起到春風化雨、潤物無聲的效果。1927 年，他曾對學生說：「（我）五十餘歲的人，而自己訓練自己的工作，一點都不肯放鬆，不肯懈怠，天天看慣了這種樣子，也可以使我們同學得到許多勇氣。所以我多在校內一年，我們的部分同學可以多得一年的薰染，則我的志願已算不虛了」〔註28〕其實，這也是梁啓超所推崇的曾國藩的方法。曾國藩等一班人在惡劣的社會環境中堅持以儒家修身，「最先從自己做起，立個標準，擴充下去，漸次聲應氣求，擴充到一般朋友，久而久之便造成一種風氣。」〔註29〕梁也希望能像曾一樣，一面修養自己，一面推廣至學生和身邊的人。

清華國學院，不僅造成了「適應新潮的國學」，更造就了「不逐時流的新人」，〔註30〕培養了一批人格與學問均爲一流的學者，如謝國楨、吳其昌、姚名達、劉節、馮國瑞、蔡尚思等。這些人在清華求學，不是純粹的求知活動，其目的也不僅僅爲謀生。正如今日清華國學院副院長劉東說：「『做學問』對於這些人來說，就既是生命體驗、又是社會義務，既是開智過程、又是踐行活動，而無論如何都不會是褊狹鄙俗、充滿機心的謀生行當。」〔註31〕德性的教育，可謂是當年清華國學院的靈魂，是其神話般成就的關鍵所在。又如劉東說：「其實唯有那不言自明的操行和文化，才是早期國學院的眞正謎底，足見梁先生當年挑明的德性問題，即使對清華校園的內部事務而言，也絕不是不著邊際的空論，而是『惟此爲大』的要緊事。」〔註32〕

〔註26〕梁啓超：《清華研究院茶話會演說辭》，《飲冰室合集·文集之四十三》，中華書局 1989 年版，第 7 頁。

〔註27〕丁文江、趙豐田：《梁啓超年譜長編》，上海人民出版社 1983 年版，第 1133 頁。

〔註28〕丁文江、趙豐田：《梁啓超年譜長編》，上海人民出版社 1983 年版，第 1140 頁。

〔註29〕丁文江、趙豐田：《梁啓超年譜長編》，上海人民出版社 1983 年版，第 1141 頁。

〔註30〕丁文江、趙豐田：《梁啓超年譜長編》，上海人民出版社 1983 年版，第 1144 頁。

〔註31〕劉東：《照照任公留下的人格鏡子——梁啓超〈德育鑒〉新序》，《清華大學學報》（哲學社會科學版）2011 年第 5 期，第 11 頁。

〔註32〕劉東：《照照任公留下的人格鏡子——梁啓超〈德育鑒〉新序》，《清華大學學報》（哲學社會科學版）2011 年第 5 期，第 11 頁。

二、家庭教育

梁啓超一生養育了九個子女，滿門俊秀（有建築學家、考古學家、詩詞專家、圖書館學家、經濟學家、火箭控制系統專家等），一門三院士（梁思成、梁思永、梁思禮）。他們的成才有多方面的原因，其中之一，即得力於良好的家庭教育。其主要內容是梁啓超以古代人生哲學引導和教育他們立身處世、志學向道。具體而言，大致包括以下四個方面。

一是通過自己平時的言行舉止（當然，這些言行舉止體現了古代人生哲學的精神）潛移默化地影響子女。梁啓超曾對子女說：「我自己常常感覺要拿自己做青年的人格模範，最少也要不愧做你們姊妹兄弟的模範。我又相信我的孩子們，個個都會受我這種遺傳和教訓，不會因爲環境的困苦或舒服而墮落的。」〔註33〕1916 年，梁啓超和蔡鍔一起討伐袁世凱時，歷經艱難險阻，卻坦然視之。他寫有《從軍日記》，並希望以此來教育自己的子女。他寫信致大女兒思順說：「此《記》（按：即《從軍日記》）無副本，宜寶存之，將來以示諸弟，此汝曹最有力之精神教育也。」〔註34〕梁啓超身上有一種不厭不倦和坦然面對憂患的樂觀精神（這也是孔子的一種精神），這從他治學和日常生活中都能體現出來。他常以這種精神影響著子女的學習和生活。

二是以書信的方式教育子女。「梁啓超一生寫給孩子們的書信非常多，有人統計這些書信幾乎占到他著作總量的十分之一，總數或有百餘萬字，其中寫給梁思順的書信最多。」〔註34〕。信的一項重要內容，是以儒家人生哲學教導子女立身、治學。下面略加列舉，以見其一斑。

如以孟子「生於憂患，死於安樂」的精神砥礪子女的人格。梁啓超認爲，「處憂患最是人生幸事，能使人精神振奮，志氣強立。」〔註35〕又說：「人之生也，與憂患俱來，知其無可奈何，而安之若命，是立身第一要訣。」〔註36〕他曾以自己爲例對思順說：「兩年來所境較安適，而不知不識之間德業已日退，在我猶然，況於汝輩，今復還我憂患生涯，而心境之愉快視前此乃不啻天壤，此亦天之玉成汝輩也。」〔註37〕因此，他在致子女書中，常常提撕這

〔註33〕丁文江、趙豐田：《梁啓超年譜長編》，上海人民出版社 1983 年版，第 1133 頁。

〔註34〕梁啓超：《梁啓超家書》（張品興編），中國文聯出版社 2000 年版，第 236 頁。

〔註34〕解璽璋：《梁啓超傳》，上海文化出版社 2012 年，第 26 頁。

〔註35〕梁啓超：《梁啓超家書》（張品興編），中國文聯出版社 2000 年版，第 218 頁。

〔註36〕梁啓超：《梁啓超家書》（林洙編），中國青年出版社 2009 年版，第 104 頁。
按：此言，兼具孟子和莊子的精神。

〔註37〕梁啓超：《梁啓超家書》（張品興編），中國文聯出版社 2000 年版，第 218 頁。

種精神，希望子女保持寒士家風，生活環境不要太安逸。當思順和她丈夫在國外生活清貧的時候，當思成遭遇車禍的時候，當林徽音的父親遇難的時候，都以此勉勵他們。梁啓超常與子女言孟子的「生於憂患，死於安樂」，認爲憂患磨難正是磨煉人格的好機會。他與思順書說：「現在處這種困難境遇正是磨煉身心最好機會」。〔註38〕與思成書說：「汝生平處境太順，小挫折正磨練德性之好機會」。〔註39〕與思忠書說：「爹爹雖然摯愛你們，卻從不肯姑息溺愛，常常盼望你們在苦困危險中把人格磨練出來。」〔註40〕

又如教育子女以曾國藩「莫問收穫，但問耕耘」的心態做事。梁啓超深受曾國藩的影響，常用曾氏之家書、家訓教育子女。「莫問收穫，但問耕耘」，是一種無功利而又執著的做事精神，是曾國藩奉行的行事哲學。梁氏希望子女能學習這一精神。他與孩子們書說：「我生平最服膺曾文正兩句話：『莫問收穫，但問耕耘。』將來成就如何，現在想他則甚？著急他則甚？一面不可驕盈自慢，一面不可怯弱自餒，盡自己能力做去，做到那裡是那裡，如此則可以無入而不自得，而於社會亦總有多少貢獻。我一生學問得力專在此一點，我盼望你們都能應用我這點精神。」〔註41〕梁啓超還與子女書說，他做事之所以興會淋漓，就是抱著一種「有一天做一天」的主義。梁氏強調，這「不是『得過且過』，卻是『得做且做』」。〔註42〕其實，這也是曾國藩「莫問收穫，但問耕耘」的精神體現。

再如用儒家爲學方法教子女治學。儒家爲學、治學，最講究所謂「工夫」。如朱熹提出爲學如烹肉，要先用猛火煮，然後用慢火溫，二者並用。他特別強調要先用猛火煮，即必須經過一番猛烈煎煮研習的過程，然後用慢火溫，才能學有所成。如果一開始就用微火，則是不可能熟的。後來，曾國藩在其家書中，對其子弟言學也強調二者並用。〔註43〕梁啓超也用此法教孩子治學，要求「猛火熬」和「慢火燉」二者交替並用。但梁啓超因材施教，看到思成和思莊太用功，於是與朱熹略異，更強調後者之功。他致書思成說：「你生來

〔註38〕 梁啓超：《梁啓超家書》（張品興編），中國文聯出版社 2000 年版，第 440 頁。
〔註39〕 梁啓超：《梁啓超家書》（張品興編），中國文聯出版社 2000 年版，第 323 頁。
〔註40〕 梁啓超：《梁啓超家書》（張品興編），中國文聯出版社 2000 年版，第 475 頁。
〔註41〕 梁啓超：《梁啓超家書》（張品興編），中國文聯出版社 2000 年版，第 447 頁。
〔註42〕 梁啓超：《梁啓超家書》（張品興編），中國文聯出版社 2000 年版，第 455 頁。
　　　 按：同一意思還見同書第 459 頁。
〔註43〕 唐浩明：《唐浩明評點梁啓超輯曾國藩嘉言鈔》，嶽麓書社 2007 年版，第 62 頁。

體氣不如弟妹們強壯，自己便當格外撙節補救，若用力過猛，把將來一身健康的幸福削減去，這是何等不上算的事呀。……我國古來先哲教人做學問方法，最重優遊涵飲，使自得之。凡做學問總要『猛火熬』和『慢火燉』兩種工作循環交互著用去。在慢火的時候才能令所熬的起消化作用融洽而實有諸己。思成，你已經熬過三年了，這一年正該用燉的工夫。」對思莊也是如此說：「姊姊來信說你用功太過，不時有些病。你身子還好，我倒不擔心，但做學問原不必太求猛進，像裝罐頭樣子，塞得太多太急，不見得便會受益。我方才教訓你二哥，說那『優游涵飲，使自得之』，那兩句話，你還要記著受用才好。」〔註44〕

三是在家裏給子女講儒家的修身之道。最典型的是，1918年暑期，梁啓超在家裏給思順、思成等講《孟子》。他分哲理論、修養論、政治論三部分來講。三部分中，他最重修養論，意在以孟子的修養法指導子女修養身心。梁啓超認為，儘管年齡不大的他們不一定能懂，只不過有一個模糊的印象，但能給他們打一個初步的根基，待「數年之後，或緣心理再顯之作用，稍有會耳」〔註45〕。也就是說，梁啓超講《孟子》，著眼於子女的未來成長。〔註46〕

四是指導子女誦讀古代經典。最典型的例子是，梁啓超曾指導思成讀經典。1912年，思成11歲時，梁啓超教他讀《孟子》，要求熟讀成誦。1923年，思成慘遭車禍，住在醫院，推遲一年時間留美。梁啓超一面安慰他萬不可因此著急失望，招精神上之萎靡，一面又指導他，正好藉此機會誦讀經典。梁啓超要思成在醫院讀《論語》、《孟子》、《資治通鑒》；又要求他在醫院的兩月中，「取《論語》、《孟子》，溫習諳誦，務能略舉其辭，尤於其中有益修養之文句，細加玩味。」〔註47〕。梁啓超讓子女誦讀經典，最重要的目的，是以經典中的人生哲學修養身心，培養人格。

三、社會教育

梁啓超還以社會教育的方式，即主要通過講演和大眾傳播、函授等向公眾傳播古代人生哲學。這三種種方式受眾面較廣，但影響和效果卻不易評說。

〔註44〕梁啓超：《梁啓超家書》（張品興編），中國文聯出版社2000年版，第494~495頁。

〔註45〕丁文江、趙豐田：《梁啓超年譜長編》，上海人民出版社1983年版，第864頁。

〔註46〕關於孟子的修養論（即孟子的人生哲學）請參見第四章第四部分。

〔註47〕梁啓超：《梁啓超家書》（張品興編），中國文聯出版社2000年版，第318頁。

梁氏在晚期十餘年間曾廣泛採用社會教育的方式來傳播古代人生哲學。

講演，是現代一種重要的文化傳播和社會教育方式。梁啓超曾以這種方式來傳播古代人生哲學。1917 年，梁氏與《大公報》記者談他今後的社會事業，認為，「吾國人精神界有二大弱點：一為思想卑下，一為思想浮淺。」因此，欲以周歷講演的形式來救治這種精神界的毛病。而講演的內容，一為人格修養，一為學問研究法。「人格修養者，教人之所以為人，使其有高尚之思想，用以治思想卑下之病也。學問研究法者，教人的自立講學之法，使其有綿密之頭腦，用以治思想浮淺之病也。」按照梁啓超當初的設想，「擬下三年苦功，周歷各處。每處以一個月計算，三年之間，可到二三十處。每處講演三四周，每日講演兩小時。」〔註48〕儘管這一設想後來沒有按完全計劃實行，但由此可見梁氏對講演的重視。從 1912 年歸國到 1929 年病逝這十餘年間，梁啓超作了大量的講演，其中有不少與古代人生哲學相關。至少可以列舉如下相關的講演篇目：

講 演 時 間	講 演 的 題 目
1914 年	《知命盡性》
1914 年	《在清華學校演說詞》
1916 年	《在上海青年會之演詞》
1916 年	《在江蘇教育總會之演說》
1917 年	《學生自修之三大要義——在清華學校之演說》
1917 年	《在各學校歡迎會之演說》
1917 年	《學生之自覺及其修養方法——在廣東高等師範學校之演說詞》
1921 年	《「知不可而為主義」與「為而不有主義」》
1922 年	《教育家的自己田地》
1922 年	《敬業與樂業》
1922 年	《為學與做人》
1922 年	《評胡適之〈中國哲學史大綱〉》
1923 年	《治國學的兩條大路》
1926 年	《王陽明知行合一之教》
1927 年	《陸王學派與青年修養》
1927 年	《學問的趣味與趣味的學問》
1927 年	《知命與努力》

〔註48〕梁啓超：《與〈大公報〉記者談今後之社會事業》，《〈飲冰室合集〉集外文》（中），北京大學出版社 2005 年版，第 685～686 頁。

　　大眾傳播，是現代另一種更為重要的文化傳播和社會教育方式，也是梁啓超所擅長者。他一生創辦或主持的報刊達十餘種之多，最著名者是晚清時的《時務報》、《清議報》和《新民叢報》，曾執言論界之牛耳。在民國時期，創辦了《國風報》、《庸言報》等，並主持《大中華》、《改造》等。他還曾擬創辦《國學報》，只是最終未辦成。因此，梁啓超非常重視通過報刊來廣泛傳播古代人生哲學。他這類文章大都發表在自家的報刊上（偶爾也發表在其他有影響的報刊上）。同時，梁啓超還重視通過圖書出版來傳播古代人生哲學，如他編纂出版了《德育鑒》、《節本明儒學案》和《曾國藩嘉言鈔》三書（按：下一章將論述），也出版了他的講演集、文集、選集等（其中有關於古代人生哲學的文章）。

　　函授，也是現代一種文化傳播和社會教育方式。1923 年，梁啓超應張元濟的邀請，為商務印書館函授社國文科寫有《讀書法講義》〔註49〕的教材。此雖是偶爾為之，但也非常重視對古代人生哲學的傳播。在這一講義中，他向社會青年提醒修養的重要性，他說：

　　　　據我個人的實感，則現代一般青年所應該特別注意者如下：

　　　　一、我們生在這種混濁社會中，外界的誘惑和壓迫如此其屬害，怎
　　　　　　麼樣才能保持我的人格，不與流俗同化？

　　　　二、人生總不免有憂患痛苦的時候，這種境遇輪到頭上，怎麼樣才
　　　　　　能得精神上的安慰，不致頹喪？

　　　　三、我們要做成一種事業或學問，中間一定經過許多曲折困難，怎
　　　　　　麼樣才能令神志清明精力繼續？

　　　　這三項我認為修養最要關頭，必須通過做個人才豎得起。〔註50〕

　　那麼，如何進行修養呢？梁啓超認為：除了靠實際上遇事磨練外，平日需有一點豫備工夫，否則事到臨頭，哪裏應用得起？「平日工夫不外兩種：一是良師益友的提撕督責；二是前言往行的鞭闢浸淫。」然良師益友，可遇不可求。而前言往行，則存在書冊，俯拾皆是。〔註51〕這就是古代人生哲學

〔註49〕按：關於《讀書法講義》寫作和出版情況的考證，請參看：拙著《梁啓超文
　　　　獻學思想研究》，光明日報出版 2010 年版，第 31 頁。

〔註50〕梁啓超：《讀書法講義》，《〈飲冰室合集〉集外文》（下中），北京大學出版社
　　　　2005 年版，第 1357 頁。

〔註51〕梁啓超：《讀書法講義》，《〈飲冰室合集〉集外文》（下中），北京大學出版社
　　　　2005 年版，第 1357 頁。

方面的典籍。梁氏列舉了幾部他生平最愛讀者，如《孟子》、《宋元學案》內的《象山學案》、《明儒學案》內的《姚江學案》《泰州學案》、王陽明的《傳習錄》、顧炎武的《日知錄》（內提倡氣節各條）、王船山《俟解》、戴子高編的《顏氏學記》等。

於是，梁啓超教青年如何以古代人生哲學典籍自修，其方法有守約和博涉兩種，以守約爲主，博涉爲輔。守約法，是所謂「任憑弱水三千，我只取一瓢飲」，關鍵要「飲得透」，具體做法如下：

> 看見一段話，覺得「犁然有當於吾心」，或切中自己的毛病，便把那
> 段話在心中口中念到極熟，體驗到極眞切，務使他在我的「下意識」
> 裏頭濃薰深印，那麼，臨起事來，不假勉強，自然會應用。應用過
> 幾回，所印所薰，越加濃深牢固，便成了一種「人格力」。〔註52〕

博涉法，是所謂「多識前言往行以畜其德」。認定了幾件大節目作修養中堅，凡與這些節目引申發明的話，多記一句，加深印象。最好是備一個隨身小冊子，將自己欣賞的話抄出，常常瀏覽，以便熟記。此外，還可輔以讀名人傳記和信箚。讀名人傳記，是當作修養書來讀，看他們怎樣做人、做事、作學問。讀名人信箚，看他們論事論學，最可益人神智，有助修養。〔註53〕

〔註52〕梁啓超：《讀書法講義》，《〈飲冰室合集〉集外文》（下中），北京大學出版社 2005年版，第1358頁。

〔註53〕梁啓超：《讀書法講義》，《〈飲冰室合集〉集外文》（下中），北京大學出版社 2005年版，第1359頁。

第三章　梁啟超對中國古代人生哲學典籍的編纂

　　中國古代人生哲學，是一門人生修養的學問。中國古代有大量這方面的言論。這些言論是古人修身智慧的結晶，也是古代哲學的核心內容。但這些內容往往是分散的，因此對其加以集中編纂，以用於現代人的修養用功，也是承傳古代人生哲學的一條途徑。但晚清民國的思想家似乎對此並不重視，惟有梁啟超是個例外，用力從事這一沒有多少學術創造但卻很有價值的基礎性工作。

　　梁啟超非常重視古人的修身言論，認為「生當學絕道喪、人欲橫流之會」，而無嚴師畏友夾持，其有志之士「亦惟乞靈典冊，得片言單義而持守之，以自鞭策，自夾輔，自營養，猶或可以防杜墮落而漸進於高明」〔註 1〕但這些言論畢竟散落在浩瀚的文獻叢中，不易找尋，於是他編纂、出版了《德育鑑》、《節本明儒學案》、《曾國藩嘉言鈔》三本「修身錦囊」。這三本書分別代表了三種編纂思路：《德育鑑》按修身的方法和步驟，將先秦至明清的思想家關於修身的言論摘錄出來，並不時加以按語。這可算是一部通代的人生修養言論集。《節本明儒學案》是將黃宗羲《明儒學案》中的修身言論節錄出來，單獨成書。這可算是一部斷代的人生修養言論集。《曾國藩嘉言鈔》則是將《曾文正全集》中的修身言論選錄出來，編輯成書。這是一部思想家個人的人生修養言論集。

〔註 1〕　梁啟超：《曾文正公嘉言鈔序》，《飲冰室合集・文集之三十四》，中華書局 1989
　　　　　年版，第 1 頁。

一、古代人生哲學典籍編纂的思想背景

1898 年戊戌變法失敗後，梁啓超流亡到了日本，繼續探索救國救民的道路，主要從事思想文化的傳播工作。梁啓超認爲，要有新國家，必須先新民。於是在 1902 年提出「新民說」，創辦《新民叢報》，並連續發表《新民說》（共 20 節）。《新民說》意在培養新式現代國民，塑造平民人格。按照梁啓超的設計，新民必須同時具備中西道德、文化素養。他說：「新民云者，非欲吾民盡棄其舊以從人也。『新』之義有二：一曰淬其所本有而新之，二曰採補其所本無而新之，二者缺一，時乃無功。」〔註2〕所謂「淬其所本有而新之」，是將中國傳統的道德、文化發揚光大；所謂「採補其所本無而新之」，是引進西方的道德、文化。但在實際的論說中，《新民說》主要是用西方的道德、法律來塑造國民，並希望全體國民以此自新。因爲梁啓超的目的是要培養現代國民，而作爲一個「國民」，最重要的特點是具備公德以及現代法律觀念。然這些觀念，梁氏認爲在中國傳統中是缺乏的（中國道德「偏於私德，而公德闕如」〔註3〕），因此必須從西方引進。

然而，到了《新民說》寫作的後期，梁啓超認識到了培養現代國民的艱難。正如臺灣學者黃克武所說：「至《新民說》後期，他瞭解到這一民族更新的過程不是一朝一夕可以完成的。」〔註4〕這一認識的產生，當然與梁氏對現實的觀察和思考有關；而他的「新大陸之遊」，則是一個重要的觸媒。

1903 年正月，梁啓超應美洲保皇會的要求，開始遊歷美洲。美洲新大陸之遊使梁氏打開了一個廣闊的世界。以前這一世界只是一個理想化了的世界，如今看到了它的方方面面。既看到了它的文明和繁榮，也看到了它存在的種種問題和弊端。這使他對西方世界不得不重新審視。特別是對舊金山華人區的考察，對他觸動更大。他看到舊金山華人區具備了文明的形式，如報館之多，令他吃驚，各會館也仿照西人黨會之例，非常文明和縝密。然而他也發現，華人只學到了文明的形式，其本質依舊沒有改變，華人區仍然是舊時的中國社會：如華人有族民資格而無市民資格，有村落思想而無國家思想，甚至只能受專制而不能享自由。於是梁啓超認識到「數千年之遺傳根深蒂

〔註2〕 梁啓超：《新民說》，《飲冰室合集·專集之四》，中華書局 1989 年版，第 5 頁。
〔註3〕 梁啓超：《新民說》，《飲冰室合集·專集之四》，中華書局 1989 年版，第 12 頁。
〔註4〕 黃克武：《一個被放棄的選擇：梁啓超調適思想之研究》，中央研究院近代史研究所 1994 年版，第 156 頁。

固」,「而爲國民嚮導者,不可不於此三致意焉。」〔註5〕這一舊金山之行,使梁氏親身體會到了國民改造的艱難,使他不得不重新思考「新民」問題。於是旅行結束後,他寫了一篇《論私德》。這是《新民說》後期的一篇重要文章。這篇文章標誌著梁啓超「新民」思想的轉變。

在《論私德》中,梁啓超認爲道德的革新,不是僅傳播西方的道德學說就可以成功的。即使讀盡西方哲人之書,只能說有「新道德學」,而不能說有「新道德」。道德是行,而非言。〔註6〕西方的新道德要進入國民心裏,不能僅憑口說即可,必須和國民的行爲、心理和社會習俗相結合。因此,驟然輸入西方的新道德,並不能使國民發生改變,起到新民的作用。於是梁啓超說:「欲以新道德易國民,是所謂磨磚爲鏡,炊沙求飯也。吾固知言德育者,終不可不求泰西新道德以相補助。雖然,此必俟諸國民教育大興之後,斷非一朝一夕所能獲。而在今日青黃不接之頃,則雖日日聞人說食,而終不能飽也。」〔註7〕

因此,梁啓超轉而求助於中國傳統的舊道德。如果說《新民說》的前期主要以「採補其所本無而新之」爲主的話,那麼後期在《論私德》中則轉向以「淬其所本有而新之」爲主。在梁氏看來,中國的舊道德主要是屬於私德的範圍。此時,他認同中國傳統的私德:「是故欲鑄造國民,必以培養個人之私德爲第一義。」〔註8〕當然,梁氏又認爲私德和公德密切相關,「公德者,私德之推也,知私德而不知公德,所缺者只在一推。」〔註9〕實際上,梁啓超又回到了儒家的老路上了,將「恕」道(所謂「推己及人」)理解爲公德。但西方的公德和儒家的「推己及人」還是有著本質的區別的。〔註10〕只是梁啓超在這裡暗中作了轉換,使人覺得他由重公德轉向重私德不突兀而已。實際

〔註5〕 梁啓超:《新大陸游記節錄》,《飲冰室合集·專集之二十二》,中華書局 1989 年版,第 122 頁。

〔註6〕 梁啓超:《新民說》,《飲冰室合集·專集之四》,中華書局 1989 年版,第 131 ～132 頁。

〔註7〕 梁啓超:《新民說》,《飲冰室合集·專集之四》,中華書局 1989 年版,第 132 頁。

〔註8〕 梁啓超:《新民說》,《飲冰室合集·專集之四》,中華書局 1989 年版,第 119 頁。

〔註9〕 梁啓超:《新民說》,《飲冰室合集·專集之四》,中華書局 1989 年版,第 119 頁。

〔註10〕 按:如西方的公德實行者是全體國民,而儒家「推己及人」的實行者主要是士人以及道德自覺的鄉紳,即通過他們以「推己及人」的方式去教育百姓。再如公德有許多共同遵守的法則,而且不同的團體有不同的公德法則;而所謂將私德推己及人,只是將私德普及到其他人,每個人遵守的還是私德,並不是具體的公德法則。

上，他的思路已經發生了根本性的轉變。重公德意在培養國民，塑造平民人格，其對象是全體國民。重私德，實質上是培養士人，塑造君子人格，其對象是少數精英。梁啟超看到改變全體國民不是一朝一夕所能成功的，因此把目光轉向了少數精英（主要是新學青年）。

所謂「私德」，按照梁啟超的理解，就是「人人獨善其身」。〔註11〕因此培養私德，其實就是修養身心，屬於古代人生哲學的話題。梁啟超因而回到了儒家「修身齊家治國平天下」的舊思路，即先以修身為本，然後推己及人至家國天下。他希望中等社會的精英分子注重自身修養，磨練自己的人格，先在中等社會形成良好的社會風氣，然後通過宣傳和教育的方式逐漸改造國民的思想與行為。〔註12〕這樣，修身的工夫就是第一位的。此外，當時的德育論者，談論的是「若者為理，若者為氣，若者為太極無極，若者為已發未發，若者為直覺主義，若者為快樂主義，若者為進化主義，若者為功利主義，若者為自由主義」。梁啟超認為，這是屬於智育的範圍，是所謂「智育的德育」，並不能落實到實際的道德行為中。〔註13〕由於學界的這種弊端，也使他重視實際的道德修養。在《論私德》的最後部分，梁氏提出了正本、慎獨、謹小的修養工夫，這是王學修身的簡易工夫。

當然《論私德》一文，只是《新民說》二十節中的一節，《新民說》的核心思想還是以西方的道德、法律觀念來塑造新民。但這一國民改造思想只持續了一段時間，梁啟超最終還是選擇了放棄，而轉向傳統的修身之學。寫於1903年的《論私德》，是這一思想轉變的前奏。之後於1905年，梁啟超編纂了《德育鑒》和《節本明儒學案》二書，盡力從傳統中尋找修身養性的資源。而1916年編纂的《曾文正公嘉言鈔》，則是這一思想的繼續。因此，此三書是《論私德》的進一步豐富和發展，也是對《新民說》的補偏救弊。其實，梁啟超在20世紀初轉向西方尋找國民改造的資源，只是其思想發展中的一個小小的插曲。之前和之後，梁啟超主要還是通過中國古代人生哲學來塑造人、改造人。

〔註11〕 梁啟超：《新民說》，《飲冰室合集·專集之四》，中華書局1989年版，第12頁。

〔註12〕 按：這裡借用黃克武先生提出的「中等社會」的概念及其觀點。請參見：黃克武《一個被放棄的選擇：梁啟超調適思想之研究》，中央研究院近代史研究所1994年版，第157頁。

〔註13〕 梁啟超：《新民說》，《飲冰室合集·專集之四》，中華書局1989年版，第136～137頁。

二、《德育鑒》之編纂及其人生修養論

　　《德育鑒》編纂於 1905 年，發表於《新民叢報》增刊上，並由新民社印單行本發行。此書，丁文江、趙豐田認爲是「廣《論公德》、《論私德》兩篇文章」〔註 14〕，意即《新民說》思想的發展。〔註 15〕梁啓超編纂此書的目的，意在爲欲成君子者提供修身入德之門。他在《例言》中說道：「本編不可以作教科書，其體裁異也。惟有志之士，欲從事修養以成偉大人格者，日置座右，可以當一良友。其甄錄去取之間，與夫所言進學之途徑次第，及致力受用之法門，自謂頗有一日長。」〔註 16〕其編纂方式是，先將古人的修身方法和步驟分爲六類：一、辨術，二、立志，三、知本，四、存養，五、省克，六、應用；再將相關言論輯錄其下，並間加按語。這些修身的言論，來自先秦至明清的思想家（主要是宋明理學家，尤其是王門思想家），爲「治心治身之要」〔註 17〕。按語是梁啓超結合實際情況，對古人言論的進一步引申和發揮。此書可謂是梁啓超對古代人生修養論的一次全面而系統的總結和整理。

（一）辨　術

　　何爲「術」？梁啓超曰：「術者何？心術之謂也。孟子稱仁術，謂有是術然後體用乃有可言；又曰『羿之教人射，必志於彀；學者亦必志於彀』。」〔註 18〕所謂辨術，就是辨別行爲的動機，這是儒家修身的第一步。儒家修身是爲完善自我，這個過程是一個不斷去掉「私心」、「私我」，回歸「本心」、「本我」的過程。在儒家看來，這個「本心」、「本我」就是道德主體，在本質上是爲民眾服務、爲社會盡義務的。辨術的主要內容是辨人己、公私、義利、誠偽，即辨別行爲的動機是自私自利，還是利人利他，其目的是去私而利人，成就「大我」（即「本我」）。梁啓超節錄了相關言論（主要是王學的

〔註 14〕 丁文江、趙豐田：《梁任公先生年譜長編》（初稿），中華書局 2010 年版，第 182 頁。

〔註 15〕 按：此二文是《新民說》之二節，《論公德》發表於 1902 年，《論私德》發表於 1903～1904 年，後者是前者的補充和發展，《德育鑒》又是後者的發展，也即《新民說》的發展。

〔註 16〕 梁啓超：《德育鑒·例言》，《飲冰室合集·專集之二十六》，中華書局 1989 年版。

〔註 17〕 梁啓超：《德育鑒·例言》，《飲冰室合集·專集之二十六》，中華書局 1989 年版。

〔註 18〕 梁啓超：《德育鑒》，《飲冰室合集·專集之二十六》，中華書局 1989 年版，第 1 頁。

言論），並加按語以說明。

梁啓超先節錄孔子、二程、陸、王、王門後學等人的言論，以說明辨術的重要性。其中以陸、王最為代表。在陸九淵看來，「凡欲為學當先識義利公私之辨」，「學者須是打疊田地潔淨，然後令他奮發植立，若田地不潔淨，則奮發植立不得。古人為學，即讀書然後為學可見，然田地不潔淨，亦讀書不得，若讀書則是假寇兵資盜糧。」王陽明則說：「數年切磋，只得立志辨義利，若於此未有得力處，卻是平日所講盡成虛話，平日所見皆非實得。」又說：「學絕道喪，俗之陷溺，如人在大海波濤中，且須援之登岸，然後可授之衣而與之食，若以衣食投之波濤中，是適重其溺也。」〔註19〕也就是說，必須先辨義利公私，即去掉內心的私欲、功利，然後才能為學、求道。這就是所謂「打疊田地潔淨，然後令他奮發植立」，所謂「如人在大海波濤中，且須援之登岸，然後可授之衣而與之食」。

由於 20 世紀初，「所謂權利思想，所謂功利主義，既已成一絕美之名詞，一神聖之學派」，而義利之辨則幾乎無人關注。〔註20〕於是，梁啓超進一步澄清義利之辨的含義。他認為：所謂「義」是「誠」的代名詞，所謂「利」是「偽」的代名詞。如愛國，正需辨誠偽。在所謂愛國者中存在兩種人：一種本無愛國心，而以此為口頭禪自炫於天下，此種人明察其偽而安之，甘為小人，當然完全是為了一己之私利，不待辨而自明白。還有一種人受風潮之刺激，聞先覺之警導而一時產生愛國心。此種人當時愛國之一念似未嘗雜於偽（即無私利），但往往數年間，很快就墮落了，變成了自私自利者。原因在於，這種人當時一念之熱誠，正如孟子所言是由外鑠，而自身所受之種種惡根，正與此成反比，並未從身上拔除。所以一旦進入污濁的社會，「此一念之熱誠者，乃如洪爐點雪，銷歸無有也。」〔註21〕因此，梁啓超認為，真愛國者必須嚴辨誠偽，操練純熟，不然「終是包藏禍機，終是神奸伏伏，他日必有奪其宮而墜諸淵者」。〔註22〕

〔註19〕梁啓超：《德育鑒》，《飲冰室合集·專集之二十六》，中華書局 1989 年版，第 1～2 頁。

〔註20〕梁啓超：《德育鑒》，《飲冰室合集·專集之二十六》，中華書局 1989 年版，第 3 頁。

〔註21〕梁啓超：《德育鑒》，《飲冰室合集·專集之二十六》，中華書局 1989 年版，第 4 頁。

〔註22〕梁啓超：《德育鑒》，《飲冰室合集·專集之二十六》，中華書局 1989 年版，第 4 頁。

梁啓超認為，當今之世，比王陽明之世更為「學絕道喪」，功利之習更為嚴重，而且人挾持自由、平等、破壞之新學說以自飾；「我輩生此間，其自立之難，視王子時又十倍焉。」〔註23〕因此，人己、公私、義利、誠偽之別，不可以已。梁氏抄錄了許多相關言論以辨明這一問題。

至於辨術的下手工夫，是在一念微處切己著實用功。梁啓超認為，辨術的關鍵是反躬自省，發掘自身之「偽」，然後從根本上加以拔除。王陽明曾論「功利之毒」，並說自己也曾陷溺其間幾年，自以為是，實則「包藏禍機，作偽於外」。〔註24〕可見，私利、私欲充斥人心，而人往往作偽於外而又不自知自身陷溺其中。於是，梁引申王之言道：王子之言淋漓沉痛，「吾輩不可不當下反觀」，嚴厲拷問自己能否免於王子之呵斥，如果有一毫未能自信，那麼墮落便指日可待。梁氏又錄劉宗周（蕺山）辨妄、欺、偽之論，並指出：「劉蕺山先生此論，言妄、欺、偽之辨，最可體認。妄者，猶佛說所謂無明，與真如本體相緣，殆人生所不免。欺則心之矣，然欺焉者，其羞惡之心猶有存焉。偽則安之矣，安之則性之矣。人而至偽，更無可救，戒哉！」〔註25〕

至於辨術的具體工夫主要是對治「偽」，「偽」一除，即「誠」，「誠」即回到了「本心」、「本我」。於是，梁啓超摘錄王門言論，嚴批「偽」之典型——鄉愿。鄉愿的最大特點，是投小人之私心，以附於君子之大道，即「偽」也。王龍溪指出，聖賢和鄉愿分明是兩路人：「聖人所以為聖，精神命脈，全體內用，不求知於人，故常常自見己過，不自滿假，日進於無疆；鄉愿惟以媚世為心，全體精神，盡從外面照管，自以為是，而不可入於堯舜之道。」〔註26〕此言指出了聖賢和鄉愿的本質區別，前者只為求道，後者卻為「媚世」（「媚世」即「偽」）。

最後，梁啓超指出，古人辨術目的最終是「為己」。所謂「為己」，是向內求，不斷去私去偽，以求「本心」之誠。梁氏認為，「要之講到真學術，千言萬語，不過歸於此。」為避免誤解，梁啓超進一步指出，「孔子所謂『為己』，

〔註23〕梁啓超：《德育鑑》，《飲冰室合集‧專集之二十六》，中華書局1989年版，第6頁。

〔註24〕梁啓超：《德育鑑》，《飲冰室合集‧專集之二十六》，中華書局1989年版，第2頁。

〔註25〕梁啓超：《德育鑑》，《飲冰室合集‧專集之二十六》，中華書局1989年版，第11頁。

〔註26〕梁啓超：《德育鑑》，《飲冰室合集‧專集之二十六》，中華書局1989年版，第8頁。

與楊朱所謂『爲我』者全異。爲己者，欲度人而先自度也。苟無度人之心，則其所以自度者，正其私也。」〔註27〕因此，「爲己」者實是無私的，與「爲我」者的自私迥異。

（二）立 志

梁啓超認爲，「術既辨，吾之所以學者，爲誠爲僞，差足以自信矣。然而，學或進或不進，或成或不成，則視其志之所以帥之者何如。」〔註28〕故修身的下一步即立志。《德育鑒》以時間爲序節錄從《論語》、《孟子》到宋明理學家有關立志的言論，全面展示古人關於立志的見解，內容非常豐富，涉及立志的意義、如何立志、立志的作用等。梁氏認爲，先哲立志之說意思明晰，無需再作解釋，因此只總括其大要。他曾在《湖南時務學堂學約》中，論及如何立志。〔註29〕在此節的按語中，則主要指出立志的三種作用：

「一曰：必立志，然後能自拔於流俗。」〔註30〕所謂立志，即是樹立爲聖賢、爲大人物之志。如程頤言：「莫說道將第一等讓與別人，卻做第二等，才如此說，便是自棄，雖與不能居仁由義者差等不同，其自小一也。言學便以道爲志，言人便以聖爲志。」〔註31〕如鄒聚所曰：「凡工夫有間，只是志未立得起。然志不是凡志，須是必爲聖人之志，若不是必爲聖人之志，亦不是立志。」〔註32〕在梁啓超看來，既然「常抗心思爲大人物」，當然「不屑屑與庸流（爲）伍」。這樣，「其所以自待者既高，則其所以自責愈不容緩，而無一線可以自恕，日自鞭策，則駑駘十駕，亦必有至焉者矣。」梁氏又引用王夫之之言：人易同於流俗，同於禽獸，「負天地之至仁，以自負其生，此君子所以憂勤惕厲而不容已也。」並認爲曾國藩的「不爲聖賢，便爲禽獸」，正是此意。〔註33〕而立志正要使人脫離流俗或禽獸而趨於聖賢。由此可見，梁啓

〔註27〕梁啓超：《德育鑒》，《飲冰室合集·專集之二十六》，中華書局 1989 年版，第 12 頁。

〔註28〕梁啓超：《德育鑒》，《飲冰室合集·專集之二十六》，中華書局 1989 年版，第 14 頁。

〔註29〕按：參見第二章第一部分的相關內容。

〔註30〕梁啓超：《德育鑒》，《飲冰室合集·專集之二十六》，中華書局 1989 年版，第 14 頁。

〔註31〕梁啓超：《德育鑒》，《飲冰室合集·專集之二十六》，中華書局 1989 年版，第 15 頁。

〔註32〕梁啓超：《德育鑒》，《飲冰室合集·專集之二十六》，中華書局 1989 年版，第 18 頁。

〔註33〕梁啓超：《德育鑒》，《飲冰室合集·專集之二十六》，中華書局 1989 年版，第

超此時的國民改造目標，已從平民人格的養成轉向了君子人格、聖賢人格的塑造；而不是像張灝所說的那樣梁氏只對確立目標（即立志）的一般思想感興趣，而沒有指定內聖外王的目標。〔註34〕

「二曰：必立志，然後他事不足以相奪。」梁啓超先引王塘南之言：「凡人志有所專，則雜念自息。」接著又說：「孔子嘗言，好仁者無以尚之。」〔註35〕（就是說，如果好仁，除了仁之外，其他事情皆不能存其心中，即「他事不足以相奪」）其實，此類言論梁氏摘錄尚多。如陸九淵言：「大凡為學，須有所立。《論語》云：『己欲立而立人。』卓然不為流俗所移，乃為有立。」〔註36〕再如劉兩峰言：「學者無必為聖人之志，故染逐隨時，變態自為障礙。猛省洗滌，從志上著人一己百、人十己千工夫，則染處漸消，逐時漸寡。」〔註37〕梁啓超又聯繫現實，以愛國為例，說如果是真正愛國，志向一定，必然一心一意去愛國，「無論外境若何變異，而不足相易矣」。〔註38〕他實際上渴望志士仁人真正愛國，這樣才能勇往直前，無所畏懼，而不會因外界環境的變化而變質墮落。

「三曰：必立志，然後進學無間斷。」梁啓超說：「人之大患，莫甚無恒，一念之間，浩然與聖賢同位，不移時而墮於流俗、墮於禽獸。惟恃志以帥之，然後能貞之以常。」〔註39〕立志後之所以能進學無間斷，關鍵在於，「志」既立，即能克服氣習。所以他說：「程子（按：此指程頤）謂不責氣習，只須責志，誠一針見血之言也。」〔註40〕也正如王龍溪言：「立志不真，故用力未免間斷。須從本原上徹底理會，種種嗜好，種種貪著，種種奇特技能，種種凡

15、18、20 頁。

〔註34〕〔美〕張灝著，崔志海、葛夫平譯：《梁啓超與中國思想的過渡》，江蘇人民出版社 1993 年版，第 199 頁。

〔註35〕梁啓超：《德育鑒》，《飲冰室合集·專集之二十六》，中華書局 1989 年版，第 20 頁。

〔註36〕梁啓超：《德育鑒》，《飲冰室合集·專集之二十六》，中華書局 1989 年版，第 16 頁。

〔註37〕梁啓超：《德育鑒》，《飲冰室合集·專集之二十六》，中華書局 1989 年版，第 18 頁。

〔註38〕梁啓超：《德育鑒》，《飲冰室合集·專集之二十六》，中華書局 1989 年版，第 20 頁。

〔註39〕梁啓超：《德育鑒》，《飲冰室合集·專集之二十六》，中華書局 1989 年版，第 20 頁。

〔註40〕梁啓超：《德育鑒》，《飲冰室合集·專集之二十六》，中華書局 1989 年版，第 20～21 頁。

心習態,全體斬斷,令乾乾淨淨。此志既眞,工夫方有商量處。」〔註 41〕然後,梁氏又進一步申說:志所以能立,一是在於有勇然後就有志,此爲先哲言之甚多者;一是有知識然後有志願,此爲陸九淵的獨到見解。於是,梁氏發揮陸氏之見解說:「然智識與志願遞相爲果,遞相爲因,無智識則志願固無從立,無志願則智識亦無從增。呂豫石所謂『眼界不開,由骨力不堅,骨力不堅,所以眼界愈不開』,此又與陸子所言相發明也。」〔註 42〕

(三)知 本

術已辨,志已立,接著便是修身從何處入手的問題。首先,梁啓超節錄了《論語》、《孟子》和程顥、陳白沙、王陽明、王龍溪等人的言論,說明爲學需要「一以貫之」、要「立乎其大」、要有一個「著力處」、要有「頭腦」和「主宰」,要有「把柄入手」。〔註 43〕這些言論都是說爲學先要「知本」,知本就知道從何處用功。關於從何處著手用功,梁啓超認爲,宋明理學家主要有兩種路向,一是朱子的路向,一是陸王的路向。

朱熹從外部世界著手,即物窮理。他說:「《大學》始教,必使學者即凡天下之物,莫不因已知之理而益窮之,以求至乎其極。至於用力之久,而一旦豁然貫通焉,則眾物之表裏精粗無不到,而吾心之全體大用無不明也。」梁啓超認爲,朱熹所論類似培根的歸納法,用於科學研究則可,用於道德修養則永無時日(所謂「用力之久,不知久至何時」,「而一無所得者,比比然也」);「爲學(即智育或科學)當日益,爲道(即德育或道學)當日損」,而朱熹誤將智育的方法當作德育的方法。陸九淵則要求回歸「本心」,用易簡工夫,他曾規勸朱熹說:「易簡工夫終久大,支離事業竟浮沉。」王陽明則進一步提出了「致良知」。梁啓超顯然認同陸王,尤其是王氏的「致良知」,並認爲朱熹晚年實際上回到了陸王的路上。由於社會事物日益複雜,各種科學日益增多,今人道德修養的時間比古人大爲減少。面對這種情況,梁啓超認爲,「若不用簡易直切之法門以導之,無論學者厭其難而不肯從事也,即勉而循焉,正恐其太費科學而闊於世用,反爲不學者所藉口。故竊以爲惟王學爲今

〔註 41〕梁啓超:《德育鑒》,《飲冰室合集·專集之二十六》,中華書局 1989 年版,第 17 頁。

〔註 42〕梁啓超:《德育鑒》,《飲冰室合集·專集之二十六》,中華書局 1989 年版,第 21 頁。

〔註 43〕梁啓超:《德育鑒》,《飲冰室合集·專集之二十六》,中華書局 1989 年版,第 21~22 頁。

日學界獨一無二之良藥。」〔註44〕梁啓超的所謂「知本」，就是要求返回王陽明所說的「良知」；其具體工夫，就是「致良知」、「知行合一」、「慎獨」。梁啓超分別摘錄了相關言論，並加按語引申發揮。

關於王陽明的「致良知」，梁啓超指出，這是本於《大學》和《孟子》。其中，「致知」之說，本於《大學》「欲誠其意者，先致其知」；「良知」之說，本於《孟子》「人之所不學而知者，其良知也。」王陽明融合此二者而成。梁氏認爲，「致知」必加以一「良」字，在於指出其本體。人心之靈莫不有此本體，而我們受過去的種種遺傳性和現在社會種種感化力，「知」之昏謬也往往有之。然這不過是後起者，只要「返諸最初之一念」，就能回到「良知」之明。即使「學絕道喪之今日，爲積習薰染，可謂至極，苟肯返諸最初之一念，眞是眞非，卒亦未嘗不有一隙之明」。梁氏又認爲，王陽明以《孟子》釋《大學》，言「良知」而必加一「致」字，在於指出其實踐工夫。良知盡人皆有，並非由此即足，否則天下皆是現成的聖人，何必講學。所以王陽明又以《大學》釋《孟子》。在梁氏看來，「致良知」三字，是王陽明嘔心瀝血研究出來的。〔註45〕下面對「致良知」的工夫，略加例舉：

> 大抵學問工夫，只要主意頭腦的當。若主意頭腦專以致良知爲事，則凡多問多見，莫非致良知之功。蓋日用之間，見聞酬酢，雖千頭萬緒，莫非良知之發用流行也。除卻見聞酬酢，亦無良知可致矣。（王陽明）

梁啓超加按語曰：「子王子提出致良知爲唯一之頭腦，是千古學脈，超凡入聖不二法門。」〔註46〕

> 一點良知，是爾自家的準則。爾意念著處，他是便知是，非便知非，更瞞他一些不得。爾只不要欺他，實實落落依著他做去，善便存，惡便去，何等穩當。此便是致知的實功。（王陽明）

梁啓超加按語曰：「此示致良知之工夫也。人誰不有良知？良知誰不自知？只要不欺良知一語，便終身受用不盡，何等簡易直捷！」〔註47〕

〔註44〕此節所引均爲：梁啓超《德育鑒》，《飲冰室合集·專集之二十六》，中華書局1989年版，第23～24頁。

〔註45〕此節所引均爲：梁啓超《德育鑒》，《飲冰室合集·專集之二十六》，中華書局1989年版，第27頁。

〔註46〕梁啓超：《德育鑒》，《飲冰室合集·專集之二十六》，中華書局1989年版，第24頁。

〔註47〕梁啓超：《德育鑒》，《飲冰室合集·專集之二十六》，中華書局1989年版，第

我輩致知，只是各隨分量所及，今日良知見在如此，則隨今日所知
擴充到底，明日良知又有開悟，便從明日所知擴充到底，如此方是
精一工夫。（王陽明）

梁啟超加按語曰：「此是徹上徹下法門，雖大賢亦只是如此用功，雖不識一字
亦只是如此用功，亦可謂頓之至矣。不然，我輩何有學聖之路。」〔註49〕

王陽明提出「致良知」之後，又提出了「知行合一」。梁啟超認爲，「學
聖之道，『致良知』三字具足無遺矣。然子王子以其辭旨太簡單，恐學者或
生誤會，故又提『知行合一』之旨以補之。惟知行合一，故僅致良知三字即
當下具足也」；〔註49〕知行合一，是「致良知之注腳」。〔註50〕於是，梁氏
又抄錄了「知行合一」方面的言論。其核心的言論爲：「行之明覺精察處便
是知，知之眞切篤實處便是行」；「知是行的主意，行是知的工夫；知是行之
始，行是知之成。」梁啟超認爲，王陽明提「知行合一」，關鍵是策人以行。
其實，致良知也是策人以行。故兩者在本質上是一致的。

良知之教，王陽明之後，分化爲許多學派。梁啟超認爲，「語其大別，不
出兩派：一曰趨重本體者（即注重良字），王龍溪、王心齋一派是也；一曰趨
重工夫者（即注重致字），聶雙江、羅念庵一派是也。」〔註51〕儘管梁氏認爲，
因性之所近，無論從何門入，皆可以至道，也分別摘錄了兩派之言論；但還
是服膺後者，認爲後者糾前者「良知現在說」之流弊，「其注重全在一致字，
不致不能實有諸己，自是姚江功臣。」〔註52〕也正是因爲趨重本體者，提挈
本體偏重，末學逐漸失眞，丟失「致」字工夫。於是，晚明劉宗周專標「愼
獨」，以救王學末流之弊。梁啟超認爲，「其功不在陽明下」，「然倡愼獨非自
蕺山（劉宗周）始」。〔註53〕於是，摘錄了王陽明、季本、鄧定宇、羅念庵、

24～25頁。

〔註49〕 梁啟超：《德育鑒》，《飲冰室合集·專集之二十六》，中華書局1989年版，第
25頁。

〔註49〕 梁啟超：《德育鑒》，《飲冰室合集·專集之二十六》，中華書局1989年版，第
34頁。

〔註50〕 梁啟超：《德育鑒》，《飲冰室合集·專集之二十六》，中華書局1989年版，第
38頁。

〔註51〕 梁啟超：《德育鑒》，《飲冰室合集·專集之二十六》，中華書局1989年版，第
29～30頁。

〔註52〕 梁啟超：《德育鑒》，《飲冰室合集·專集之二十六》，中華書局1989年版，第
34頁。

〔註53〕 梁啟超：《德育鑒》，《飲冰室合集·專集之二十六》，中華書局1989年版，第

萬思默、劉宗周等有關愼獨之言論。在梁氏看來，愼獨與致良知在本質上是一致的，只是因爲王門末流失卻「致」字工夫，「故蕺山專提『愼獨』以還其本意，非謂王子之教有未足，而更從而畫其蛇足也。」於是梁氏認爲學者用功，「守致良知之口訣也可，守愼獨之口訣也可」。〔註54〕

最後，梁啓超進一步發揮王陽明的學說，認爲如果能眞正「致良知」（即「知本」），那麼「爲道」（即德育或道學）與「爲學」（即智育或科學）兩步相妨。「爲道日損」，因此不許有一毫人欲間雜心中（即「致良知」）；「爲學日益」，因此講求許多條理節目。既然有「日損之道」，那麼「日益之學」正是「此道」的應用。也就是說，如果有「日損之道」，自然會生出「日益之學」爲之應用。「如誠有愛國之心，自能思量某種某種科學，是國家不可缺的，自不得不去研究之，又能思量某種某種事項，是國家必當行的，自不得不去調查之。研究也，調查也，皆從愛國心之一源所流出也。」因此，梁啓超認爲，日日入學校習科學，並不妨道學，習道學也不妨科學，而「惟患奪志一語，最當注意，刻刻在學校習科學，刻刻提醒良知，一絲不放過，此學之要也」。〔註55〕這樣，梁啓超就解決了當時人們認爲智育與德育（或科學與道學）互相矛盾的問題。

（四）存　養

梁啓超認爲，「良知之教，簡易直接，一提便醒，固是不二法門」，但必須加以修證的工夫。梁氏將修證的工夫概括爲三：一曰存養，二曰省察，三曰克治。〔註56〕

梁啓超先節錄了《大學》、孟子、荀子和宋明理學家關於存養的言論，「以明存養之功之不可以已也」〔註57〕，然後將其作用概括爲五：

一曰「有存養之功則常瑩明，無之則昏暗」。梁啓超認爲，存養「如明鏡然，時時勤拂拭，勿使惹塵埃」，這樣就能本體瑩然，不爲幻覺所蒙蔽。不然，

---

43 頁。

〔註54〕梁啓超：《德育鑒》，《飲冰室合集・專集之二十六》，中華書局 1989 年版，第46 頁。

〔註55〕梁啓超：《德育鑒》，《飲冰室合集・專集之二十六》，中華書局 1989 年版，第38 頁。

〔註56〕梁啓超：《德育鑒》，《飲冰室合集・專集之二十六》，中華書局 1989 年版，第46 頁。

〔註57〕梁啓超：《德育鑒》，《飲冰室合集・專集之二十六》，中華書局 1989 年版，第52 頁。

「吾人終其身醉夢於此幻覺場中，而無一時清醒白地。」存養就在於，「使吾心常惺惺不昧」，使幻覺無從入。當今社會事物極其複雜，「非智慧增進，不足以察其變而窮其理，研其幾而神其用。」故非本體瑩然則不足以讀書、治事。這樣，存養不僅是德育的範圍，而且又與智育密切相關。〔註58〕

二曰「有存養之功則常強立，無之則軟倒」。就是說，存養之功有助於人保持良好的精神狀態。《禮記》云：「莊敬日強，安肆日偷。」陸九淵云：「精神不運則愚，血脈不運則病。」曾國藩云：「精神愈用則愈出，陽氣愈提則愈盛。」梁啓超引用這些言論以說明存養的這一功用。他還認爲，此「非徒德育之範圍，而又體育所必當有事也」。即人如不加存養之功，不僅志氣會日以消沉，而且體質也會日漸羸弱。〔註59〕

三曰「有存養之功則常整暇（按：即寧靜，安閒），無之則紛擾」。梁啓超認爲，人眞正的快樂「不存於軀殼，而存於心魂」；心魂之樂是人超然於塵俗之外，胸中無一雜念。反之，如果心中雜亂，形骸之欲縱然自滿，人也是苦的。因而，如果「亂其心而不加治者」，則「終身爲僇民」。〔註60〕因此必須時時加以存養之功，使人的心靈趨於寧靜、安閒的境界。這樣，即使人面對紛繁複雜的事物，也能心中不亂。

四曰「有存養之功則能虛受，無之則閉塞」。梁啓超認爲，要使爲學求理想之日新，治事求條理之明晰，必須使胸次洞然無芥蒂才有效。梁引用朋友蔣智由的話說：「吾人意識之區域，若有一種觀念佔有，則他觀念無發生之機。……故必先清靜其心，無逐於外緣，無紛於內擾，使意識之區域，洞然不儲一物，而後理境上之觀念生焉。」也就是說，必須加以「潔除心地之一層工夫」，才能接受新事物、新觀念，否則必然自我封閉。〔註61〕

五曰「有存養之功則常堅定，無之則動搖」。梁啓超認爲：「孟子之得力，在不動心，而其工夫在養吾浩然之氣。」然而，「不動心之義，言之似易，能之實難。」因人受種種外境之刺激，如「富貴、貧賤、威武、造次、顚沛、

〔註58〕梁啓超：《德育鑒》，《飲冰室合集·專集之二十六》，中華書局1989年版，第52～53頁。

〔註59〕梁啓超：《德育鑒》，《飲冰室合集·專集之二十六》，中華書局1989年版，第53頁。

〔註60〕梁啓超：《德育鑒》，《飲冰室合集·專集之二十六》，中華書局1989年版，第53～54頁。

〔註61〕梁啓超：《德育鑒》，《飲冰室合集·專集之二十六》，中華書局1989年版，第54～55頁。

利害、毀譽、稱譏、苦樂」，不知不覺間墮落爲外境的奴隸。因此必須自爲主人，「時時立於能動的地位」，「日兢兢保持此能動之資格，拳拳服膺而勿失」，然後才能達「不退轉之旨」，不爲外境所奪。〔註62〕

總之，在梁啓超看來，「吾輩之生命，本軀殼與心魂二者和合而成」，二者缺一不可，軀殼必日以養之，心魂亦必不可怠。〔註63〕至於用功之法，梁啓超分爲主敬、主靜、主觀三大法門，並分別摘錄先哲的相關言論，且加按語以說明。

主敬〔註64〕，是儒家的一種重要的修身方法。梁啓超認爲，「孔子言存養，率以敬爲主」〔註65〕，程朱派養心之法「率主居敬」，而陸王也不廢「敬」。何爲「敬」？如何主敬？梁氏曰：敬是驅除暮氣、惰力「第一之利器也」；「敬之妙用，全在以制外爲養中之助」；「敬也者，即檢制客賊（按：客賊即外境）而殺其力者也。客力殺，然後主力乃得而增長也，故曰內外交養也。」〔註66〕但梁氏又摘錄程頤之言以說明：「主敬不可過於矜持，過於矜持，則又逐於外也。」〔註67〕

主靜，同樣是儒家的重要存養方法。〔註68〕梁啓超認爲，「孟子、荀子言存養皆以靜爲主」，而莊子稱顏回有心齋之功，則說明主靜派也出自孔門。〔註69〕主靜是脫離外境，直接回歸本心。〔註70〕梁氏認爲主靜之功，必從靜坐入手，「故先儒皆以此爲方便法門」。於是，他摘錄了宋明理學家關於「靜

〔註62〕 梁啓超：《德育鑒》，《飲冰室合集·專集之二十六》，中華書局1989年版，第55～56頁。

〔註63〕 梁啓超：《德育鑒》，《飲冰室合集·專集之二十六》，中華書局1989年版，第56頁。

〔註64〕 按：梁啓超本人修身也用「主敬」工夫，關於此一內容，請參見第一章第三部分的相關內容。

〔註65〕 梁啓超：《德育鑒》，《飲冰室合集·專集之二十六》，中華書局1989年版，第57頁。

〔註66〕 梁啓超：《德育鑒》，《飲冰室合集·專集之二十六》，中華書局1989年版，第58～59頁。

〔註67〕 梁啓超：《德育鑒》，《飲冰室合集·專集之二十六》，中華書局1989年版，第60頁。

〔註68〕 按：其實，「主靜」是儒釋道三家都重視的修身方法，而宋明理學家的靜坐方法還也借助於佛教。

〔註69〕 梁啓超：《德育鑒》，《飲冰室合集·專集之二十六》，中華書局1989年版，第60頁。

〔註70〕 按：「主敬」和「主靜」的區別在於，前者是直接對治外境，加以克治，後者則是脫離外境，直接回歸本心；前者爲積極的存養法，後者爲消極的存養法。

坐說」的相關言論。梁氏非常重視靜坐的作用，認爲「吾輩日日糾縛於外境」，心無一刻閒適，「非有靜坐以藥之，則日爲軀殼的奴隸」。又以自己爲例，說「吾每自驗，苟一日缺靜坐，則神氣便昏濁許多。」〔註71〕因此主張，吾人每日必割出一點鐘或兩點鐘來靜坐，以養人的元神。於是，又抄錄宋明理學家關於靜坐方法之言，以指導人們用功。此外，梁啓超認爲，「主靜」的方法還有入教堂、獨自一人散步等。

　　主觀，梁啓超認爲，此法道家言之甚多，佛教則有天台宗的止觀法門；儒家也有此類言論，但未以此爲宗，其主觀之法，範圍尙狹（但梁氏實際摘錄的還是儒家主觀之論）。主觀法是「舉吾心魂，脫離現境界而遊於他境界」，〔註72〕其用有二：「一曰擴其心境使廣大，二曰瀹其智慧使明細。」〔註73〕梁氏指出，「南海先生之學，多得力於觀，亦常以此教學者。」他曾受益於康有爲的這一法門，並得詩曰「世界無窮願無盡，海天寥廓立多時」。〔註74〕據梁氏自己的經驗，「此法宜於習靜時行之，較諸數息、運氣、視鼻端白、參話頭等，其功力尤妙」；其善有四：「心有所泊，不至如猢猻失枝，其善一也；不至如死灰槁木，委心思於無用之地，其善二也；閒思遊念，以有所距而不雜起，其善三也；理想日高遠，智慧日進步，其善四也。」因此，「與其靜而斷念，毋寧靜而善觀」，「但所謂觀者，必須收放由我」，才是眞「觀」。〔註75〕

（五）省　克

　　省克包括省察和克治，兩者相緣而生，「非省察無所施其克治，不克治又何取於省察？」〔註76〕故梁啓超將兩者放在一起論。梁氏認爲，存養是積極的學問，克治是消極的學問，「既能存養以立其大，其枝葉則隨時點檢而改善之，則

〔註71〕梁啓超：《德育鑒》，《飲冰室合集・專集之二十六》，中華書局 1989 年版，第62 頁。

〔註72〕梁啓超：《德育鑒》，《飲冰室合集・專集之二十六》，中華書局 1989 年版，第73 頁。

〔註73〕梁啓超：《德育鑒》，《飲冰室合集・專集之二十六》，中華書局 1989 年版，第70 頁。

〔註74〕梁啓超：《德育鑒》，《飲冰室合集・專集之二十六》，中華書局 1989 年版，第70 頁。

〔註75〕梁啓超：《德育鑒》，《飲冰室合集・專集之二十六》，中華書局 1989 年版，第73 頁。

〔註76〕梁啓超：《德育鑒》，《飲冰室合集・專集之二十六》，中華書局 1989 年版，第74 頁。

緝熙光明矣。」〔註77〕兩種工夫本應配合應用，但在歷史上，孟子重存養，荀子重克治。這是由於兩人對人性的不同認識造成的。孟子認爲人性本善，故其功專在擴充，在存養（此爲積極的）；而荀子認爲人性本惡，故其功專在矯正，在克治（此爲消極的）。儘管克治是在枝葉上用功，但其功實不易成。因爲先天的無明已盤結在人心，再加上後天種種不良的薰習，如果不勉力而行，不用強力克治，則修養難見實功。正因爲如此，梁啓超希望人們自恃其力，著實用功，從苦中打出。至於用功的步驟，大致是先省察，後克治。

關於省察，梁啓超先是摘抄了宋明理學家的相關言論，然後對其方法進行分類、說明。梁氏認爲，省察的方法大略分爲兩種，一是普通的省察法，二是特別的省察法。普通的省察法又可分爲兩種，一是根本的省察法，二是枝葉的省察法。枝葉的省察法又可再分爲兩種，一是隨時省察法，二是定期省察法。

普通的省察法，是指居常日用時外境沒有大的變化以擾亂我們的心境，而「綿綿密密以用省察之功」。此時，根本的省察法和枝葉的省察法當並用。根本的省察法，就是從心髓的根本處覺照，如「羅念菴所謂以此心微微覺處爲主」，如「王南塘所謂以覺醒照察習氣」，這正是王陽明的「致良知」之功，提起良知，則邪念自滅。此法視頭痛醫頭，腳痛醫腳者，事半功倍，然工夫未純熟時，難保頭腳無痛時。因此，此時需用枝葉的省察法。枝葉的省察法，是指「每一動念、一發言、一應事」，皆以良知自照之，有爲良知所不許者，即立刻消除。其中，隨時省察法，即於省及動念處，隨時致力；定期省察法，即每日於固定的時間，「指定數大節目而省察之」，如「曾子所謂『三省』，朱子所謂『此心幾個時在內，幾個時在外』，曾文正所謂『數本日勞力者幾件，勞心者幾件』」。〔註78〕

特別的省察法，是指當外境突然發生巨大的變化，驟然刺激我們，而平日存養之功掃地以盡之時，下特別的大工夫加以省察。「此種境界，每日不能多逢」，但一旦遇之，正是「天贊我，予我以練心最適之學校」，我輩應「深謝而祗受」，「即當趁勢下火鐵工夫，其機一逸，欲追難矣」，正如勇士赴敵，

〔註77〕梁啓超：《德育鑒》，《飲冰室合集·專集之二十六》，中華書局1989年版，第74頁。

〔註78〕梁啓超：《德育鑒》，《飲冰室合集·專集之二十六》，中華書局1989年版，第82頁。

勝敗間不容髮。因此，善學者於特別的省察法最不肯放過。〔註79〕

關於克治，梁啟超抄錄宋、明、清理學家的相關言論後，然後加以解釋。梁氏先以嚴復譯《天演論》的學說來釋先儒的克治之論。梁引《天演論》曰：「人治有功，在反天行」；「人力既施之後，是天行者時時在在欲毀其成功，務使復還舊觀而已，尚不能常目存之，則歷久之餘，其成績必歸於烏有。」對此二言，梁氏解釋道：

> 此言也，近世稍涉獵新學者所誦為口頭禪也。吾以為治心治身之道盡於是矣。先儒示學者以用力，最重克己。己者，天行也；克之者，人治也。以社會論，苟任天行之肆虐，而不加人治，則必反於野蠻；以人身論，苟任天行之橫流，而不加人治，則必近於禽獸。然人治者，又非一施而遂可奏全勝也。彼天行者，有萬鈞之力，日夜壓迫於吾旁，非刻刻如臨大敵，則不足以禦之。〔註80〕

至於用功之法，梁啟超認為，仍以王陽明的「致良知為一大頭腦」。「陳白沙所謂『才覺病便是藥』，朱子所謂『此欲去之心便是能去之藥也』」，一覺之後，能否去病，「全視其決心與其勇氣」，而其根本之法是返諸「良知」，捫心自問：「向者我之良知，不嘗命我以改乎？我最初之發心，不嘗謂一遵良知之命乎？而今何為若此，是明明我不自為主人而為奴隸也。他惡猶小，而為奴隸之惡莫大。」如果能「以此自鞠，必有蹵然一刻不能自安」，這樣必能生出決心和勇氣去克治。〔註81〕

克治有克大過，有克小過，克大過不易，克小過猶難。因為克治大過我們往往全力以赴，而小過往往不會全力以赴，產生輕視的心態。然而，以客觀論，大過和小過有區別；但以主觀論，兩者無比較，非善即惡，非惡即善，本質上沒有區別。以法律範圍論，過、惡有大小之分，但以道德範圍論，則過、惡無大小可言。因此，梁啟超主張，克治當如獅子用力，「搏虎用全力，其搏兔亦用全力」。並認為，曾國藩的困勉之功，是「一般學者最適之下手法門也」。因為「習染困人，中材什九，非經一番火鐵鍛煉，萬難自拔」。〔註82〕

〔註79〕梁啟超：《德育鑒》，《飲冰室合集・專集之二十六》，中華書局1989年版，第82～83頁。

〔註80〕梁啟超：《德育鑒》，《飲冰室合集・專集之二十六》，中華書局1989年版，第96頁。

〔註81〕梁啟超：《德育鑒》，《飲冰室合集・專集之二十六》，中華書局1989年版，第96～97頁。

〔註82〕梁啟超：《德育鑒》，《飲冰室合集・專集之二十六》，中華書局1989年版，第

（六）應　用

按照儒家的觀點，內在的修養和外在的事功是密不可分的，所謂修齊治平，實爲一體。實際上，前面相關內容已涉及了應用，如存養和省克就有論在事上如何用功的。這種在事上用功，就是道學的應用。梁啓超在此只是就前所未及者加以申說而已，內容主要有二：一是談任事成功的條件，一是論士人如何通過修身影響、轉移世風。

關於如何才能任事成功，梁啓超說：

> 凡任事之成功者，莫要於自信之力與鑒別之識。無自信之力，則主見遊移，雖有十分之才具，不能得五分之用。若能於良知之教受用得親切，則如蕺山所云「見得是處，斷然如此」，「見得非處，斷然不如此」，外境一切小小利害，風吹草動，曾不足以芥蒂於其胸中，則自信力之強，莫與京矣。無鑒別之識，則其所以自信者，或非其所可信。然此識決非能於應事之際得之，而必須應事之前養之。世之論者每謂閱歷多則識見必增，此固然也，然知其一而未知其二也。如鏡然，其所以照物而無遁形者，非特其所照物之多而已，必有其本體之明以爲之原。若昏霾之鏡，雖日照百物，其形相之不確實如故也。〔註83〕

這就是劉宗周所謂「學者遇事不能應，只有練心法，更無練事法」。〔註84〕這樣，梁啓超論治事又回到自我修養上了，並摘錄劉宗周之言以說明。梁批評當時所謂的才智之士，正患在破棄修養之功，無所不爲而無所作爲，故可用劉宗周之藥醫之。

關於如何通過修身影響、轉移世風，梁啓超認同曾國藩的「精英主義」路線。曾氏說：「風俗之厚薄奚自乎？自乎一二人之心所嚮而已。……此一二人之心向義，則眾人與之赴義；一二人之心向利，則眾人與之赴利。……十室之邑，有好義之士，其智足以移十人者，必能拔十人中之尤者而材之；其智足以移百人者，必能拔百人中之尤者而材之。然則轉移習俗而陶鑄一世之人，非特處高明之地者然也。凡一命以上，皆與有責焉者也。」（按：梁抄錄

---

97 頁。
〔註83〕梁啓超：《德育鑒》，《飲冰室合集・專集之二十六》，中華書局 1989 年版，第99 頁。
〔註84〕梁啓超：《德育鑒》，《飲冰室合集・專集之二十六》，中華書局 1989 年版，第99 頁。

了此論）對此，梁氏進一步解釋道：

> 道學之應用，全在於有志之士以身爲教，因以養成一世之風尚，造
> 出所謂時代的精神者。……風俗之變，其左右於時主者不過什之一
> 二，其左右於士大夫者乃什之八九。夫以明太祖、成祖之狠騭，其
> 所以摧助民氣、束縛民德者可謂至矣，而晚明氣節之盛，邁東京而
> 軼兩宋，豈非姚江遺澤使然哉？即曾文正生雍、乾後，舉國風氣之
> 壞幾達極點，而與羅羅山諸子獨能講舉世不講之學，以道學自任，
> 辛乃排萬險、冒萬難以成功名，而其澤且至今未斬。〔註85〕

因此，梁啓超認爲，「曾文正所謂轉移習俗而陶鑄一世之人，必非不可至之業」。〔註86〕於是，他希望當時有志之士能於混濁之世，自拔於流俗，踔屬奮發，勵志修身，嚮導國民，轉移世風。這可以說是道學的最大應用了。此時，梁啓超的修養論，已完全回到了儒家「內聖外王」之路上。

《德育鑒》發表、出版後，產生了深遠的影響。除在《新民叢報》上發表並由新民社出版外，還有多種版本，如 1915 年的廣智書局版、1917 年的商務印書館版、1936 年的中華書局版等。2011 年，還被選爲新的清華國學院的德育教材，由北京大學出版社出版。此書廣播學林，嘉惠後學。如梁漱溟、徐志摩等提到曾受此書的影響。梁漱溟說：「《德育鑒》一書，以立志、省察、克己、涵養等分門別類，輯錄先儒格言（以宋明爲多），而任公自加按語跋識。我對於中國古人學問之最初接觸，實資於此。」〔註87〕又說：「溟十四五以迄十八九間，留心時事，向志事功，讀新會梁氏所爲《新民說》、《德育鑒》，輒日記以自勉勵。」〔註88〕梁啓超的弟子徐志摩說：「讀任公先生《新民說》及《德育鑒》，合十稽首，喜懼愧感，一時交集，《石頭記》寶玉讀寶釵之《螃蟹詠》而曰，我的也該燒了，今我讀先生文亦曰，弟子也該燒了。」〔註89〕

〔註85〕梁啓超：《德育鑒》，《飲冰室合集‧專集之二十六》，中華書局 1989 年版，第
101～102 頁。
〔註86〕梁啓超：《德育鑒》，《飲冰室合集‧專集之二十六》，中華書局 1989 年版，第
102 頁。
〔註87〕梁漱溟：《我的自學小史》，《梁漱溟全集》（第二卷），山東人民出版社 2005
年版，第 682 頁。
〔註88〕李淵庭、閻秉華：《梁漱溟》，群言出版 2011 年版，第 20 頁。
〔註89〕陳從周：《徐志摩年譜》，文海出版社有限公司，1983 年版，第 11 頁。

三、《節本明儒學案》之編纂及其價值取向

　　《節本明儒學案》編纂於 1905 年，並於是年由新民社印行；1916 年，由商務印書館再次出版發行。〔註 90〕此書「是先生（按：即梁啓超）十年來讀《明儒學案》時節鈔之有得部分，多屬治心治身之要」，〔註 91〕是梁啓超十餘年磨劍於《明儒學案》的結果。1891 年梁氏在萬木草堂受學於康有為時，其日課就有黃宗羲的《明儒學案》。此後十餘年來，他以此書為常課，並隨讀隨將精要語圈出。此書節本形成的契機，是 1903 年後梁氏國民改造思的轉向，即從「新民」思想轉向以古人修身之學來造就現代精英。他認為，「以今日學絕道喪之餘，非有鞭闢近裏之學以藥之，萬不能矯學風而起國衰。」所謂「鞭闢近裏之學」，即古代修身之學。而求此種學問於古籍，梁氏認為《明儒學案》最良，然此書卷次浩繁，「讀者或望洋而畏，不能卒業，又或泛泛一讀，迷於蔓枝，仍無心得。」〔註 92〕於是，取舊讀數本，重加釐定，節鈔成《節本明儒學案》一書。

　　節本與原本的最大區別在於：後者主要是一部學術史著作，而前者則完全是一本修身指導書。如何使一部學術史著作縮身而成為一本修身指導書，梁啓超作了一番取捨的工作；而此種取捨，正體現了其良苦用心——處處彰顯節本在修身上的價值取向。

　　其一、捨科學而取道學。在梁啓超看來，科學和道學有明確的分界：「道學者，受用之學也，自得而無待於外者也，通古今中外而無二者也；科學者，應用之學也，藉論辨積纍而始成者也，隨社會文明而進化者也。」所以，「科學尚新，而道學則千百年以上之成言，當世哲人無以過之。科學尚博，道學則一言半句，可以畢生受用不盡。」以老子「為學日益，為道日損」而言，「學」謂科學，「道」謂道學。梁氏將科學分為二，一是物的科學，一是心的科學；而心的科學則包括哲學、倫理學、心理學等，他特別指出，這些皆屬科學而不屬道學的範圍，因為它們屬於日益的方面，讀之只有裨於智育，而無裨於德育。〔註 93〕梁氏看到「近世智育日進，而德育日弊」，〔註 94〕其主要原因在

〔註 90〕　按：不過，1916 年商務版仍標「初版」。此書未收入《飲冰室合集》。

〔註 91〕　丁文江、趙豐田：《梁任公先生年譜長編》（初稿），中華書局 2010 年版，第 182 頁。

〔註 92〕　梁啓超：《節本明儒學案‧例言》，商務印書館 1916 年版，第 1 頁。

〔註 93〕　梁啓超：《節本明儒學案‧例言》，商務印書館 1916 年版，第 1～2 頁。

〔註 94〕　梁啓超：《節本明儒學案》，商務印書館 1916 年版，第 111 頁，見書眉梁啓超的按語。

於人們崇拜科學而蔑視道學，甚至誤認科學爲道學。在梁氏看來，「科學枝葉也，道學根也。」〔註95〕

梁啓超節鈔《明儒學案》，正是「爲德育界饋之糧」，而不是爲了增進智育。然而，他發現，儘管「明儒言治心治身之道備矣」，但「其學說之一大部分則又理也、氣也、性也、命也、太極也，或探造物之原理，或語心體之現象，凡此皆所謂心的科學也，其與學道之功，本已無與」。況且，欲治此種科學，已有西方最新之學說在，而諸儒所言只爲芻狗耳。因此，《節本明儒學案》捨科學而取道學，所鈔「專在治心治身之要（按：即道學的範圍），其屬於科學範圍者，一切不鈔。」〔註96〕

其二、捨辯論之語而取工夫之言。《明儒學案》有許多辯論之語，首先是辨佛。梁啓超認爲，宋明諸儒以辨佛爲一大事，成爲一種習氣，即黃宗羲也在所難免。故《明儒學案》中有大量的辨佛之語（其實，主要是謗佛）。梁啓超年輕時即跟康有爲學習過佛學，此後一直保持對它的興趣，並以之修身，故受佛教特別是大乘佛教影響較深。他認爲，「夫佛固不可謗，謗佛之無傷於日月，不俟論矣」；「抑宋明哲學，何以能放一異彩，其從佛學轉手之迹，顯然共見。」因此，此類辯論無益。即便當時理學果然高於佛學，也在於受用，不在於逞口舌之能。正如他所引羅念菴之言：「此亦是閒話，辨若明白，亦於吾身何干？吾輩一個性命，千瘡百孔，醫治不暇，何得有許多爲人說長道短耶？」亦如他所引劉念臺之言：「莫懸虛勘三教異同，且當下辨人禽兩路。」在梁氏看來，這正是知本之言：重要的是下修證工夫，而不在辨彼此長短。因此，《節本明儒學案》「於辨佛之說，一切不鈔」，而取明儒工夫之言。〔註97〕

但是，明儒言下手工夫，多互相針砭救正，所以言說日多，特別是王陽明之後的各學派之間尤其如此。在梁啓超看來，皆是因病施藥，如王陽明針對當時病原，施以藥方，而後世服藥過度，漸生他病，於是有王龍溪、羅念菴、劉宗周加減藥方以治病，王門後學之方實「藥藥之藥」。而「當今學者並未信己有病，並未肯服藥，則惟保存本來痼疾，若緣藥生病未嘗有也。」因此，「藥藥之藥」並不適用，只要服王陽明的「公共獨步單方」，就夠受用

〔註95〕梁啓超：《節本明儒學案》，商務印書館 1916 年版，第 127 頁，見書眉梁啓超的按語。
〔註96〕梁啓超：《節本明儒學案・例言》，商務印書館 1916 年版，第 2 頁。
〔註97〕梁啓超：《節本明儒學案・例言》，商務印書館 1916 年版，第 2〜3 頁。

—66—

不盡。因此，對王陽明之後各個學派之間的彼此辯論之言，《節本明儒學案》「一概不鈔」。惟因江右王學，多矯正當時放任之弊，而此弊至今學者多犯之，故稍存錄。〔註98〕梁啓超這一取捨原則，有很強的現實針對性，實則是希望學者讀後能當下受用。

其三、捨學術史精妙之論而取平易切實之言及諸儒列傳。在梁啓超看來，黃宗羲著《明儒學案》的目的，一爲示學者以入道之門，一爲創制學術史。作爲學術史，「諸儒之眞面目必須備見，乃爲盛水不漏」，必「其人一生之精神透露編中，乃能見其學術」。黃宗羲於此用功甚多，內容極爲豐富，成就也極高，此書也因之成爲學術史上的千古名作。但是，梁啓超節鈔此書，目的不在展示明代理學的發展歷程，而在「供我輩受用而已」，「所謂憑他弱水三千，我只取一瓢飲」。因此，他「往往將其最精妙之談刪去，而留其平易切實者」。〔註99〕甚至這些平易切實之言，也非學者本人所重視，幾近於買櫝還珠。但在梁氏看來，此卻能示學者以修學入德之門。

明儒知行合一，尤重行，其身教重於言教。梁啓超引日本學者井上哲次郎曰：王學「其人身教之功，比諸言教之功尤大，欲觀其精神，毋寧於其行事求之」；〔註100〕又自言道：「陽明派之人著書率少，其行狀即代著書，且所以感化人者，比著書之效果更大。」〔註101〕其實，此可就有明一代儒而言。梁啓超認爲，《明儒學案》中的諸儒列傳，最能傳明儒精神，故全部鈔錄，「以資高山景行之志」。〔註102〕

其四、詳王學及王學重要傳人而略其他。梁啓超在萬木草堂時從康有爲受陸王心學，故其思想的核心實爲陸王心學〔註103〕。其中，對於王陽明的「致良知」和「知行合一」，尤爲服膺，認爲這是當世學者修學入德的最良法門。故其平日發揮王陽明學說之處甚多，如《王陽明知行合一之教》專論王學（參見本書第五章第一部分），再如《德育鑒》涉及王學之處也甚多（參見本章第二部分），還有其他散見各種文章中的關於王學的內容。《節本明儒學案》也

〔註98〕梁啓超：《節本明儒學案·例言》，商務印書館1916年版，第3～4頁。
〔註99〕梁啓超：《節本明儒學案·例言》，商務印書館1916年版，第4頁。
〔註100〕梁啓超：《節本明儒學案·例言》，商務印書館1916年版，第5頁。
〔註101〕梁啓超：《節本明儒學案》，商務印書館1916年版，第354頁，見書眉梁啓超的按語。
〔註102〕梁啓超：《節本明儒學案·例言》，商務印書館1916年版，第5頁。
〔註103〕賀麟：《五十年來的中國哲學》，商務印書館2002年版，第4頁。

主要在傳播王學（包括王門後學）。賀麟說：「他曾選有《節本明儒學案》，其重心當然在揭示王學的精要。」〔註104〕梁氏自己也認爲，「《明儒學案》，實不啻王氏學案也」，前乎王氏者，皆王學先河，後乎王氏者，皆王學後裔；而並時而起者，或互相發明，如湛若水之類，或互相非難，如羅欽順之類，而其中心點則是王學。〔註105〕因此，《節本明儒學案》在材料的裁剪上就詳王學及王學重要傳人而略其他。

原書「姚江學案」（即王陽明學案）純爲劉宗周所輯《陽明傳信錄》，梁啓超認爲此「已極精粹」，於是乾脆全部鈔錄下來。對於王門後學，梁氏認爲，「江右之學，最得王門眞傳；蕺山（按：即劉宗周）則如孔之有孟、荀，佛之有馬鳴、龍樹也。」因此，「姚江學案」外，惟有此二學案所錄獨多。而對於「止修學案」和「甘泉學案」，儘管原書至爲浩繁，但由於非王門，梁啓超又認爲「其精粹者，他案盡之矣，而大部分皆陳言也」，故所錄獨少。對於「諸儒學案」亦是如此。〔註106〕

此外，梁啓超還以按語的形式來強化節本的修身指導作用。梁啓超在此書的書眉加了少量按語，這是他疇昔自課時的筆記。雖然他認爲這些按語「毫無精論」，但「或可以促讀者注意而助其向上之心」。〔註107〕具體而言，其作用主要有三：

其一、指出學者弊病，期以引起正視之。梁啓超觀察到，當時社會道德淪喪，關鍵在於不講修身之學：「近世智育日進，德育日敝，皆坐此也。」〔註108〕因此，他希望學者正本清源，「本源不清，則學識不爲益而反爲害，可不懼哉？」〔註109〕而正本清源，是先要認識到自身的病源，故其按語多言及此，如：

我輩宜常常自審病根。〔註110〕

今世傲狠險戾之徒侈然以平等自由口頭禪相號者，正以有成說使之

〔註104〕賀麟：《五十年來的中國哲學》，商務印書館2002年版，第4頁。
〔註105〕梁啓超：《節本明儒學案·例言》，商務印書館1916年版，第5頁。
〔註106〕梁啓超：《節本明儒學案·例言》，商務印書館1916年版，第5～6頁。
〔註107〕梁啓超：《節本明儒學案·例言》，商務印書館1916年版，第6頁。
〔註108〕梁啓超：《節本明儒學案》，商務印書館1916年版，第111頁，見書眉梁啓超的按語。
〔註109〕梁啓超：《節本明儒學案》，商務印書館1916年版，第170頁，見書眉梁啓超的按語。
〔註110〕梁啓超：《節本明儒學案》，商務印書館1916年版，第116頁，見書眉梁啓超的按語。

自信、自安也。此段（按：即王陽明說自身修養上的病痛一段）眞語語警切，所謂殺人從咽喉處著刀也，以先生之賢而猶云有神奸攸伏，猶云包藏禍心，作僞於外，吾儕自審根器視先生何如？學力視先生何如？其可以一刻自恕耶？〔註111〕

有時指出具體的病根：

此（按：即好名）是小子一生大病根。〔註112〕

然則以此（按：即功利之心）談愛國者何如？〔註113〕

懶散，精神暮氣耶，氣者，鬼氣也。〔註114〕

有時針砭時人不肯去病：

當時學者以去病爲第二義，其弊既若彼，今之學者以病爲不必去，且明目張膽以保任擁護之，又將何如？〔註115〕

一針見血道破人情，豈終日有一言一行之過而終身文之者矣，葬身奴隸之域，可不哀哉！〔註116〕

其二、指明受用之方，望學者以此修行。梁啓超最重王學，認爲其「致良知」和「知行合一」之教，最能醫時人之病。故其按語多云此：

拔去病根，陽明之藥最良也。〔註117〕

千言萬語只是發揮此兩句（按：即王陽明的「致良知」和「知行合一」），以此兩句爲工夫便有安心立命處，終身受用不盡。〔註118〕

〔註111〕梁啓超：《節本明儒學案》，商務印書館1916年版，第121～122頁，見書眉梁啓超的按語。

〔註112〕梁啓超：《節本明儒學案》，商務印書館1916年版，第130頁，見書眉梁啓超的按語。

〔註113〕梁啓超：《節本明儒學案》，商務印書館1916年版，第111頁，見書眉梁啓超的按語。

〔註114〕梁啓超：《節本明儒學案》，商務印書館1916年版，第592頁，見書眉梁啓超的按語。

〔註115〕梁啓超：《節本明儒學案》，商務印書館1916年版，第259頁，見書眉梁啓超的按語。

〔註116〕梁啓超：《節本明儒學案》，商務印書館1916年版，第590頁，見書眉梁啓超的按語。

〔註117〕梁啓超：《節本明儒學案》，商務印書館1916年版，第26頁，見書眉梁啓超的按語。

〔註118〕梁啓超：《節本明儒學案》，商務印書館1916年版，第105～106頁，見書眉梁啓超的按語。

我以良知爲君，彼自能保護我。〔註119〕

梁啓超認爲，「良知」一提便醒，王門工夫「眞是簡易直接」〔註120〕此外，他對王門重要傳人的工夫之言，也非常重視。如羅念菴言「收斂翕聚」的涵養工夫一段，梁氏加按語云：

此段最是用力法門，最（有）代價之物，豈吾輩學聖可以頃刻之悟而遂得耶？心至易動，不可不警惕。〔註121〕

再如，劉宗周講「愼獨」工夫，梁氏加按語云：

此篇爲蕺山勘道最微處，亦學者用力最吃緊處，我輩宜日三復也。
〔註122〕

其三、簡要評價明儒工夫，提醒學者注意。這些評價言簡意賅，點到爲止，使學者或因此警醒，或從此處用功。如評王陽明「致良知」自得之談，曰：

先生之事，其自得之艱也若此，豈得曰：順而已哉！〔註123〕

又如比較王陽明與朱熹之論，曰：

以此（按：即「良知之於節目事變，猶規矩尺度之於方圓長短也」）
與朱子即物窮理相校，眞令人有挈領振裘之樂。〔註124〕

再如評劉宗周的修養工夫，曰：

如此講已發未發，方是鞭闢近裏。〔註125〕

欲覺晨鐘，發人深省。〔註126〕

〔註119〕梁啓超：《節本明儒學案》，商務印書館1916年版，第124頁，見書眉梁啓超的按語。

〔註120〕梁啓超：《節本明儒學案》，商務印書館1916年版，第114頁，見書眉梁啓超的按語。

〔註121〕梁啓超：《節本明儒學案》，商務印書館1916年版，第237頁，見書眉梁啓超的按語。

〔註122〕梁啓超：《節本明儒學案》，商務印書館1916年版，第603頁，見書眉梁啓超的按語。

〔註123〕梁啓超：《節本明儒學案》，商務印書館1916年版，第104～105頁，見書眉梁啓超的按語。

〔註124〕梁啓超：《節本明儒學案》，商務印書館1916年版，第120頁，見書眉梁啓超的按語。

〔註125〕梁啓超：《節本明儒學案》，商務印書館1916年版，第591頁，見書眉梁啓超的按語。

〔註126〕梁啓超：《節本明儒學案》，商務印書館1916年版，第596～597頁，見書眉梁啓超的按語。

最能發明陽明法門。〔註127〕

　　通過對原書的一番取捨以及加按語的工夫，節本成了一部純粹關於修身養性的人生哲學著作。這一編纂的價值取向，也符合黃宗羲的學術精神。黃宗羲著《明儒學案》儘管主要是爲了創制學術史，但也示學者以修學入德之門。黃氏在該書的《發凡》中認爲古人學貴自得（按：古人欲自得，必踐履證會），最忌說破後「作光景玩弄」，他甚至說「此書未免風光狼藉，學者徒增見解，不作切實工夫，則羲反以此書得罪於天下後世矣」。〔註128〕梁啓超在節本的《例言》中也表達了類似的說法：「吾黨誠有志於自治之學，但受持此中片言半句，拳拳服膺而不失之，則既可以終身受用不盡。若以之飾口舌四寸之間，則賢於博弈耳。」〔註129〕因此，二者的基本精神是相通的。

四、《曾文正公嘉言鈔》之編纂及其主要內容

　　《曾文正公嘉言鈔》〔註130〕編纂於 1916 年，並於是年由商務印書館出版。此後十年間，每年一版，可見此書之風行。此書的編纂，可以說是梁啓超十餘年來受曾國藩浸潤的結果，當然也是 1903 年以來欲以古代人生哲學塑造君子人格思想的繼續。

　　小時候，梁啓超就受到曾國藩言論之啓迪。1900 年，在修身上明顯受到他的影響。1905 年，梁氏在編纂《德育鑒》時摘鈔了曾氏一些修身言論，並加按語發揮。而《曾文正公嘉言鈔》的編纂，則是較爲全面地整理曾國藩的修養論。梁啓超在個人的修養上，除受家庭和康有爲的影響外，主要得力於兩個歷史人物，一是王陽明，一是曾國藩。如果說《德育鑒》和《節本明儒學案》主要是致力於對王學及王門後學人生修養的推廣的話，那麼《曾文正公嘉言鈔》則是著意於曾國藩人生修養的弘揚。

　　在梁啓超看來，「曾文正者，豈惟近代，蓋有史以來不一二睹之大人也已；豈惟我國，抑全世界不一二睹之大人也已。」然而，曾國藩卻「非有超群絕倫之天才」，在同時代諸賢中，「最稱鈍拙」，並且「終身在拂逆之中」。

〔註127〕梁啓超：《節本明儒學案》，商務印書館 1916 年版，第 605 頁，見書眉梁啓超的按語。
〔註128〕〔清〕黃宗羲著，沈芝盈點校：《明儒學案·發凡》，中華書局 2008 年版，第 15 頁。
〔註129〕梁啓超：《節本明儒學案·例言》，商務印書館 1916 年版，第 6 頁。
〔註130〕按：此書也未收入《飲冰室合集》。

〔註 131〕其之所以取得「立德立功立言三不朽」之成就，關鍵在於他的修行，梁啓超說：

> 其一生得力，在立志自拔於流俗。而困而知，而勉而行，歷百千艱阻而不挫屈，不求近效，銖積寸累。受之以虛，將之以勤，植之以剛，貞之以恒，帥之以誠，勇猛精進，艱苦卓絕。如斯而已，如斯而已。〔註 132〕

梁啓超認爲，曾國藩的修身之學是「盡人皆可學焉而至」者，因爲「文正所受於天者，良無以異於人也，且人亦孰不欲向上？」〔註 133〕梁氏還將曾國藩與先儒的修養方法進行比較，以突出曾氏之學的易於受用。在梁氏看來，《四書》、《五經》關於修身養性的方法亦已完備，「然義豐詞約，往往非末學所能驟得領會，或以爲陳言而忽不加省也」；而「近古諸賢闡揚輔導之言益汗牛充棟，然其義大率偏於收斂而貧於發揚」。然而，人生在世，受其群之蔭，不能不報之，報之必有事。於是，「不能不日與外境相接構，且既思以己之所信易天下，則行且終其身以轉戰於此濁世」，如何能「磨練其身心，以立於不敗之地」？如何能「遇事泛應曲當，無所撓枉」？「天下最大之學問，殆無以過此。」〔註 134〕梁啓超認爲曾國藩的修身之學，正是這樣的受用之學，他說：

> 曾文正之歿，去今不過數十年，國中之習尚、事勢皆不甚相遠。而文正以樸拙之姿，起家寒素，飽經患難，丁人心陷溺之極運，終其生於挫折譏妒之林，惟恃一己之心力，不吐不茹，不靡不回，卒乃變舉世之風，而挽一時之浩劫。彼其所言，字字皆得之閱歷，而切於實際。故其親切有味，資吾儕當前之受用者，非唐宋以後儒先之言所能逮也。〔註 135〕

如此看來，曾國藩正可做我們的人生楷模，「則茲編（按：即《曾文正公嘉言鈔》）也，其眞全國人之布帛菽粟，而斯須不可去身者也。」〔註 136〕

此書是梁啓超從《曾文正全集》中，將有關立身處世的精要言論抄錄出

〔註 131〕梁啓超：《曾文正公嘉言鈔序》，商務印書館 1916 年初版，第 1 頁。
〔註 132〕梁啓超：《曾文正公嘉言鈔序》，商務印書館 1916 年初版，第 1～2 頁。
〔註 133〕梁啓超：《曾文正公嘉言鈔序》，商務印書館 1916 年初版，第 2 頁。
〔註 134〕梁啓超：《曾文正公嘉言鈔序》，商務印書館 1916 年初版，第 3～4 頁。
〔註 135〕梁啓超：《曾文正公嘉言鈔序》，商務印書館 1916 年初版，第 4～5 頁。
〔註 136〕梁啓超：《曾文正公嘉言鈔序》，商務印書館 1916 年初版，第 5 頁。

來的。其摘抄比較簡要，只在於「自便省覽」，「但求實用」〔註137〕。因此，此書實際上是一部曾國藩立身處世的格言集，也是梁氏對曾氏人生哲學的一個簡要資料彙編。全書分爲書箚、家書、家訓、日記和文集五部分。〔註138〕梁啓超摘鈔的內容主要是關於立身、處事兩個方面。而實際上兩者是密不可分的，因爲曾國藩將儒家的立身之道貫穿在日常行事中，其處事之道，不是一些生存的小技巧，而是人生的大智慧。下面只是爲了論述的方便，對兩者加以分疏，其具體內容如下：

（一）關於立身之道

1、立　志

曾國藩首重立志，曰：

> 士人第一要有志，第二要有識，第三要有恒。（第30頁）〔註139〕
>
> 學貴初有決定不移之志，中有勇猛精進之心，末有堅貞永固之力。（第181頁）
>
> 人才之高下，視其志趣。（第1頁）

其作用在於：

> 人之氣質由於天生，本難改變，欲求變之法，總須先立堅卓之志。……古稱金丹換骨，余謂立志即丹也。（第56～57）
>
> 堅其志，苦其心，勤其力，事無大小，必有所成。（第24頁）
>
> 凡沉屙在身，而人力可以自爲主持者，約有二端：一曰以志帥氣，一曰以靜制動。（第15頁）

梁啓超受到了曾氏此點的影響，將其當作修身的重要方法，並以此教育子女和學生。

2、知本、爲人在己、以方寸爲師

曾國藩認爲立身之本在我：

> 我輩辦事，成敗聽之於天，毀譽聽之於人，惟在己之規模氣象，則我有可以自主者，亦曰不隨眾人之喜懼爲喜懼耳。（第26頁）

〔註137〕梁啓超：《曾文正公嘉言鈔‧鈔例》，商務印書館1916年初版。

〔註138〕按：此書還包括三個附錄：《胡文忠公嘉言鈔》、《左文襄公嘉言鈔》和《曾文正公國史本傳》。

〔註139〕梁啓超輯：《曾文正公嘉言鈔》，商務印書館1916年初版。按：文中的引用均來自此版本，只在文中標明頁碼。

而我之本在於方寸之良知，當以方寸爲師：

> 吾輩位高望重，他人不敢指摘。惟當奉方寸如嚴師，畏天理如刑法，
> 庶幾刻刻敬憚。（第 19 頁）

> 吾輩所最宜畏懼敬慎者，第一則以方寸爲嚴師，其次則左右近習之
> 人，又其次乃畏清議。（第 48 頁。）

因此，修身乃在於恢復固有之良知：

> 近日憂居猛省，一味向平實處用心，將自家篤實的本質復我固有。
> 賢弟此刻在外，亦急須將篤實復還，萬不可走入機巧一路，日趨日
> 下也。（第 35 頁）

梁啓超在此推重知本功夫，在《德育鑒》中將其當作修身的重要方法和步驟。

3、主 敬

曾國藩重主敬的修養工夫，認爲：

> 敬之一字，孔門持以教人，春秋士大夫亦常言之，至程朱則千言萬
> 語不離此旨。（第 65 頁）

其釋「敬」字曰：

> 敬以持恭，恕以待人。敬則小心翼翼，事無鉅細，皆不敢忽視。（第
> 10 頁）

> 敬字惟無重寡、無小大、無敢慢三語最爲切當。（第 12 頁）

曾氏認爲主敬的作用在於：

> 主敬則身強……吾謂敬字切近之效，尤在能固人肌膚之會，筋骸之
> 束。（第 65 頁）

> 只宜抑然自下，一味言忠心篤敬，庶可以遮護舊失，整頓新氣。（第
> 38 頁）

對於自己平生用「敬」字工夫不夠，曾氏還有所反省：

> 敬字恒字二端，是徹始徹終工夫，鄙人生平欠此二字，至今老而無
> 成，深自悔撼。（第 12 頁）

> 《記》云：「君子莊敬自強。」我日日安肆，日日衰茶，欲其強，得
> 乎？（第 69 頁）

梁啓超受到了曾氏此點的影響，其個人修身法門就有「主敬」一條。

4、慎 獨

慎獨與「誠」密切相關，曾國藩曰：

君子懍其爲獨而生一念之誠，積誠爲愼，而自慊之功密。……幽獨之中，情僞斯出，所謂欺也。夫惟君子者，懼一善之不力，則冥冥者墮行，一不善之不去，則涓涓者無已時。（第76～77頁）

曾氏非常重視愼獨之功，其日課首曰愼獨：

一曰愼獨則心安……能愼獨則內省不疚，可以對天地質鬼神，斷無行有不慊於心則餒之時。人無一內愧之事，則天君泰然，此心常快足寬平。（第64頁）

5、自立自強

曾國藩認爲：

從古帝王將相，無人不由自立做出；即爲聖賢者，亦各有自立自強之道，故能獨立不懼，確乎不拔。（第43頁）

他認爲自己能大致做到自立自強：

大約以能立能達爲體，以不怨不憂爲用。立者，發奮自強站得住也；達者，辦事圓融行得通也。（第54頁）

曾氏特意區別了「自強」與「剛愎」的不同：

強毅之氣決不可無，然強毅與剛愎有別。古語云自勝之謂強，曰強制，曰強恕，曰強爲善，皆自勝之義也。如不慣早起而強之未明即起，不慣莊敬而強之坐尸立齋，不慣勞苦而強之與士卒同甘苦，強之勤勞不倦，是即強也。不慣有恒而強之貞恒，即毅也。捨此而求以客氣勝人，是剛愎而已矣。（第35～36頁）

因此，曾國藩認爲：

吾輩在自修處求強則可，在勝人處求強則不可以。（第52頁）

6、窒欲懲忿

自立自強，是從積極方面說；窒欲懲忿，則是從消極方面說。曾國藩說：

強自禁制，降伏此心。釋氏所謂降龍伏虎，龍即相火也，虎即肝氣也。多少英雄豪傑打此兩關不過，亦不僅余與弟爲然，要在稍稍過抑，不令過熾。古聖所謂窒欲，即降龍也；所謂懲忿，即伏虎也。釋儒之道不同，而其節制血氣，未嘗不同。總不使吾之嗜欲，戕害吾之軀命而已。……若能去忿欲以養體，存倔強以勵志，則日進無疆矣。（第46～47頁）

7、謙虛戒驕

曾國藩重「謙」字工夫：

> 無形之功不必騰諸口說，此是謙字之眞工夫。所謂君子之不可及，在人之所不見也。（第48頁）

> 《易》曰：「勞謙君子有終，吉。」勞謙二字，受用無窮。（第71頁）

因此，必須戒驕戒傲：

> 用兵最戒驕氣惰氣，作人之道，亦惟驕惰二字誤事最盛。（第71頁）

> 驕、惰未有不敗者。勤字所以醫惰，愼字所以醫驕。（第14頁）

> 欲去驕字，總以不輕非笑人爲第一義。（第41頁）

> 勞所以戒惰也，謙所以戒傲也。有此二者，何惡不去，何善不臻。（第71頁）

> 天下古今之才人，皆以一傲字致敗。（第40～41頁）

8、不忮不求

曾國藩自審其德性之病，謂：

> 僕自審生平愆咎，不出忮求。今已衰耄，旦夕入地，猶自拔除不盡。（第28頁）

故曾氏尤強調「不忮不求」之功，其言之甚詳：

> 余生平略涉儒先之書，見聖賢教人修身，千言萬語，而要以不忮不求爲重。忮者嫉賢害能、妒功爭寵，所謂怠者不能修，忌者畏人修之類是也。求者貪利貪名，懷土懷惠，所謂未得患得，既得患失是也。忮不常見，每發露於名業相侔、勢位相埒之人。求不常見，每發露於貨財相接、仕進相妨之際。將欲造福，先去忮心，所謂人能充無欲害人之心，而仁不可勝用也。將欲立品，先去求心，所謂人能充無穿窬之心，而義不可勝用也。忮不去，滿懷皆是荊棘；求不去，滿腔日即卑污。余於此二者常加克治，恨尚未能掃除淨盡。爾等欲心地乾淨，宜於此二者痛加工夫。（第60～61頁）

> 此外，曾國藩還作長詩《不忮》一首、《不求》一首（按：《嘉言鈔》也已抄錄，見第61～63頁）。

9、借困境、逆境以磨煉人格

曾國藩正視困境、逆境，認爲這正是磨煉人格的好機會，他說：

> 古人患難憂虞之際，正是德業長進之時，其功在胸懷坦夷，其效在於身體康健。聖賢之所以爲聖，佛家之所以成佛，所爭皆在大難磨折之日，將此心放得寬，養得靈，有活潑潑之胸襟，有坦蕩蕩之意境，則身體雖有外感，必不至於内傷。（第 27～28 頁）

> 困心橫慮，正是磨煉英雄，玉汝於成。（第 52 頁）

> 吾平生長進，全在受挫、受辱之時。（第 54～55 頁）

因此，曾氏認爲要善於利用困境、逆境以磨煉人格，他說：

> 處多難之世，若能風霜磨煉，苦心勞神，自足堅筋骨而長見識。（第 55 頁）

> 古人辦事，掣肘之處，拂逆之端，世世有之，人人不免。……借人之拂逆，以磨礪我之德性，其庶幾乎！（第 75 頁）

梁啓超曾受曾氏此點的影響，特別教育子女要在困境、逆境中磨練自己的人格。

（二）關於處事之道

1、從小事做起，從小處入手

曾國藩是個虔誠的朱熹理學信徒，朱熹教人，重在近處小處著手。〔註140〕曾氏也是如此，他說：

> 總須腳踏實地，克勤小物，乃可日起而有功。（第 37 頁）

> 軍中閱歷有年，益知天下事當於大處著眼，小處下手。陸氏但稱立乎其大者，若不輔以朱子銖積寸累工夫，則下梢全無把握。（第 13 頁）

2、做大事全在明、強

曾國藩說：

> 擔當大事，全在明、強二字。《中庸》學、問、思、辨、行無者，其要歸於愚必明，柔必強。（第 48 頁）

又分別釋「明」字和「強」字曰：

> 蒞事以明字爲第一要義。明有二：曰高明，曰精明。同一境而登山者獨見其遠，乘城者獨覺其曠。此高明之說也。同一物而臆度者不

〔註140〕唐浩明：《唐浩明評點梁啓超輯曾國藩嘉言鈔》，嶽麓書社 2007 年版，第 78 頁。

如權衡之審，目巧者不如尺度之確。此精明之說也。凡高明者，欲降心抑志，以遽趨於平實，頗不易易。若能事事求精，輕重長短，一絲不差，則漸實矣，能實則平矣。（第 11 頁）

強字原是美德，余前寄信，亦謂明、強二字斷不可少。第強字須從明字做出，然後始終不可屈撓。若全不明白，一味橫蠻，待他人折之以至理，證之以後效，又復俯首輸服，則前強而後弱，京師所謂瞎鬧者也。（第 48～49 頁）

3、習勞、習勤

關於習勞、習勤，梁啓超節鈔甚多，可見曾國藩言之甚多。曾氏特重習勞、習勤，認爲：

習勞爲辦事之本。引用一班能耐勞苦之正人，日久自有大效。（第 40 頁）

扶危救難之英雄，以心力勞苦爲第一義。（第 75 頁）

如治軍：

治軍以勤字爲先，實閱歷而知其不可易。（第 17 頁）

練勇之道，必須營官晝夜從事，乃可漸幾熟。（第 4 頁）

又如治家：

吾屢教家人習勞，蓋艱苦則筋骨漸強，嬌養則精力愈弱也。（第 50～51 頁）

曾氏甚至認爲習勞是人生的一大樂趣：

勤勞而後憩息，一樂也。至淡以消忮心，二樂也。讀書聲出金石，三樂也。（第 73 頁）

吾輩既辦軍務，係處功利場中，宜刻刻勤勞，……而治事之外，此中卻須有一段豁達充融氣象。二者並進，則勤勞而以恬淡出之，最有意味。（第 47～48 頁）

故曾氏力戒懶：

百種弊病，皆從懶生。懶則遲緩，遲緩則治人不嚴，而趣攻不敏，一處遲則百處懈也。（第 73 頁）

天下古今之庸人，皆以亦惰字致敗。（第 40 頁）

驕、惰未有不敗者。（第 14 頁）

曾國藩一生習勞，其日課之四即「習勞則神欽」（第 66 頁）。而梁啓超亦重視此點，從小就養成了習勞的習慣。

4、有恒有常，循序漸進

有恒有常，也是曾國藩極爲重視的修身工夫，他說：

> 人生惟有常是第一美德。（第 56 頁）

> 養生與力學，皆從有恒做出，故古人以有恒爲做聖之基。（第 24 頁）

> 士人第一要有志，第二要有識，第三要有恒。（第 30 頁）

儘管曾國藩算得是一個有恒心的人，但仍自省自己無恒之病：

> 言物行恒，誠身之道也，萬化基於此矣。余病根在無恒。（第 73～74 頁）

> 敬字恒字二端，是徹始徹終工夫，鄙人生平欠此二字，至今老而無成，深自悔撼。（第 12 頁）

於是，他晚年仍在做恒字工夫：

> 余早年於作字一道，亦嘗苦思力索，終無所成。近日朝朝暮寫，久不間斷，遂覺月異而歲不同。可見年無老少，事無分難易，但行之有恒，自如種樹養畜，日見其大而不覺耳。（第 56 頁）

有恒有常，就需循序漸進，曾國藩說：

> 未習勞苦者，由漸而習，則日變月化，而遷善不知；若改之太驟，恐難期有恒。（第 33 頁）

> 君子……遲久而後進，銖而積，寸而累，及其成熟，則聖人之徒也。（第 82 頁）

梁啓超此點受到了曾氏的影響，其修身方法之一就是有恒。

5、做事貴專，精神貫注

曾國藩認爲：

> 凡事皆貴專。心有所專宗，而博觀他途，以擴其識，亦無不可；無所專宗，而見異思遷，此眩彼奪，則大不可。（第 31 頁）

> 凡人做一事，便須全副精神注入此事，首尾不懈，不可見異思遷，做這樣想那樣，坐這山想那山。人而無恒，終身一無所成。（第 34 頁）

所謂專，就是曾氏所說：

> 心欲其定，氣欲其定，神欲其定，體欲其定。（第 32 頁）

專即能精，曾氏說：

> 凡人為一事，以專而精，以紛而亂。（第 37 頁）

6、待人、辦事以誠

曾國藩認為，誠為立身之本，他說：

> 驕、惰未有不敗者。勤字所以醫惰，慎字所以醫驕。此二字之先，須有一誠字，以立之本。（第 14 頁）

故待人以誠：

> 接人總宜以真心相向，不可常懷智術以相迎距。人以偽來，我以誠往，久之則偽者亦共趨於誠矣。（第 33～34）

> 馭將之道，最貴推誠，不貴權術。（第 19 頁）

故辦事以誠：

> 凡辦一事，必有許多艱難波折，吾輩總以誠心求之，虛心處之。心誠則志氣專而氣足，千磨百折，而不改其常度，終有順理成章之一日。（第 20 頁）

甚至主張以忠誠來倡導天下世風：

> 君子之道，莫大乎以忠誠為天下倡。（第 85 頁）

此亦是梁啟超的立身處世之道，其待人處事極為真誠，為文亦極為真誠，故深受師友、學生的信任。

7、莫問收穫，但問耕耘

曾國藩在日記中曰：

> 不為聖賢，便為禽獸；莫問收穫，但問耕耘。（第 69 頁）

後兩句，是「盡人事而聽天命」的一種形象說法，百餘年來常被人引用。〔註141〕梁啟超最為服膺曾氏這兩句話，並以此教育自己的子女。〔註142〕曾國藩類似的話還有：

> 蒼蒼者究竟未知何若，吾輩竭力為之，成敗不復記耳。（第 6 頁）

> 大局日壞，吾輩不可不竭力支持，做一分算一分，在一日撐一日。（第

〔註141〕唐浩明：《唐浩明評點梁啟超輯曾國藩嘉言鈔》，嶽麓書社 2007 年版，第 78 頁。

〔註142〕梁啟超：《梁啟超家書》（張品興編），中國文聯出版社 2000 年版，第 447 頁。

14 頁）

上述立身處世之道，曾國藩用力踐履實踐，成就了自身的偉大人格，成為近代以來中國有志之士爭相學習的楷模。如梁啓超、蔡鍔、毛澤東、蔣介石等人都服膺曾氏，受其薰陶、感染。同時，曾國藩將其修身之道推己及人，以此齊家、治國、平天下，也取得了極大成功。這主要表現在兩個方面：一是言傳身教，影響其兄弟和子女，帶來了家族的興起；一是與身邊共事之人，共勉共勵，互相講求，改變世風，嚮導社會，造成了「同治中興」的局面。梁啓超這兩個方面均受到了曾氏的影響。因此，弘揚曾國藩的人生哲學，編纂《曾文正公嘉言鈔》，以此來造就君子人格、改良社會，幾乎是梁啓超的一個必然的選擇。從此書初版後，連續十年再版的情況看，確對當時讀書人產生了較大的影響。

第四章　梁啓超對中國古代人生哲學的闡釋（上）

古代哲學融入後代，其中一個重要的途徑就是對它的闡釋。所以古代哲學的精華往往通過一代又一代人的闡釋承傳下來。古希臘哲學如此，佛教哲學如此，先秦哲學亦如此。文化的斷裂，往往由於人們將古代經典埋進了墳墓，或送進了博物館，不再理會和闡釋。晚清民國，古代人生哲學之所以能一線如縷承傳下來，對它的闡釋乃其中不可或缺的一環。對於欲接續中國古代人生哲學之慧命的現代哲學家來說，顯然意識到了這一闡釋的意義。如康有爲、章太炎、梁啓超、梁漱溟、熊十力、馬一浮等都曾致力於古代人生哲學的闡釋。不過，他們的闡釋不僅是字句疏解，而或多或少都融進了個人的生命體驗的內容。

梁啓超著力闡釋古代人生哲學主要是在 20 世紀 20 年代〔註1〕，寫出了大量的專門文章和專著以及一些相關的文章和著作。在這一時期，如此用力闡釋這一哲學，梁啓超是最爲突出的一個，幾乎罕有匹敵者，包括康有爲、章太炎均未如他那樣。

一、闡釋中國古代人生哲學的背景和視角

（一）闡釋中國古代人生哲學的背景

梁啓超之所以如此用力於古代人生哲學的闡釋，有其深厚的思想文化背景。

〔註1〕 按：這之前，梁啓超只寫了少量闡釋中國古代人生哲學的文章。

　　「一戰」後，歐洲不僅陷入了經濟危機中，而且陷入了價值危機中。在胡塞爾看來，西方實際上陷入了一個總的危機，即人性的危機中。〔註2〕因此「一戰」後，歐洲人普遍處於一片迷惘的狀態中。這使得歐洲的思想家、哲學家不得不反思自己的文化，同時還把目光投向東方文化（特別是中國文化）。1918 年「一戰」結束後，梁啓超等七人，在歐洲進行了長達一年多的考察。梁氏親身感受了歐洲的文化和哲學思潮，亦對此進行了反思。「對它的反思，標誌著梁啓超思想的轉折。」〔註3〕

　　歐洲人「一戰」後對哲學和文化的反思，主要是對理性和科學的反思。西方文化的大廈是建立在理性主義的基礎之上的，其核心是理性主義哲學（即西方傳統的形而上學）。這種哲學是一種「主體性哲學」，其「主要特徵是只注重人作爲主體如何認識客體、征服客體，而忽視人作爲知情意以至本能、潛意識相結合的整體與萬物交融的生活世界。『主體性哲學』重認識論、方法論，因而偏重人的科學活動而忽視人的審美生活和道德生活。」〔註4〕理性主義哲學產生於古希臘，在文藝復興後得到了更大的發展，同時帶來了科學的進步。到了 19 世紀下半葉，唯科學主義思潮勃然興起，實證科學一統天下，而人的意義和價值等問題被忽視。胡塞爾說：「在十九世紀後半葉，現代人讓自己的整個世界觀受實證科學支配，並迷惑於實證科學所造就的『繁榮』。這種獨特現象意味著，現代人漫不經心地抹去了那些對於眞正的人來說至關重要的問題。只見事實的科學造成了只見事實的人。」〔註5〕「一戰」的爆發，打破了歐洲人用理性和科學宰制世界的美夢，於是歐洲興起了反思理性和科學的思潮。〔註6〕梁啓超在歐洲遭遇了這一股思潮，也加入到這一反思的隊伍之中。他描述了歐洲的唯科學主義思潮和科學主義人生觀，並對此進行了批評：

　　　老實說一句，哲學家簡直是投降到科學家的旗下了。依著科學家的

〔註2〕〔德〕埃德蒙德·胡塞爾著，張慶熊譯：《歐洲科學危機和超驗現象學》，上海譯文出版社 1988 年版，第 13 頁。

〔註3〕〔美〕約瑟夫·阿·勒文森著，劉偉、劉麗、姜鐵軍譯：《梁啓超與中國近代思想》，四川人民出版社 1986 年版，第 276 頁。

〔註4〕張世英：《境界與文化——成人之道》，人民出版社 2007 年版，第 126 頁。

〔註5〕〔德〕埃德蒙德·胡塞爾著，張慶熊譯：《歐洲科學危機和超驗現象學》，上海譯文出版社 1988 年版，第 5～6 頁。

〔註6〕按：在「一戰」以前，已有哲學家在反思理性主義哲學，如休謨、康德、黑格爾等，但未形成一股思潮。

新心理學，所謂人類心靈這件東西，就不過物質運動現象之一種。精神和物質的對待，就根本不成立。所謂宇宙大原則，是要用科學的方法試驗得來，不是用哲學的方法冥想得來的。這些唯物派的哲學家，託庇科學宇下建立一種純物質的純機械的人生觀，把一切內部生活外部生活，都歸到物質運動的『必然法則』之下。這種法則，其實可以叫做一種變相的運命前定說。不過舊派的前定說，說運命是由八字裏帶來或是由上帝注定。這新派的前定說，說運命是由科學的法則完全支配。

在這種人生觀底下，那麼千千萬萬人前腳接後腳的來這世界走一躺住幾十年，幹什麼呢？獨一無二的目的就是搶麵包吃，不然就是怕那宇宙間物質運動的大輪子缺了發動力，特自來供給他燃料。果眞這樣，人生還有一毫意味，人類還有一毫價值嗎？〔註7〕

當然，「一戰」前，作爲理性主義哲學的反動——非理性主義哲學思潮已經萌芽，如人格主義和生命哲學。「一戰」後，隨著對理性主義和唯科學主義的反思，人格主義和生命哲學蓬勃發展，成爲一股影響較大的哲學思潮。梁啓超在歐洲已注意到了這兩種哲學，並拜訪了生命哲學家柏格森。他非常推崇人格主義和生命哲學，說「直至詹姆士、柏格森、倭鏗（按：今譯奧伊肯）〔註8〕等出，才感覺到非改走別的路不可，很努力的從體驗人生上做去。也算是把從前機械的唯物的人生觀，撥開幾重雲霧。」〔註9〕並認爲，人格主義將心與物、自己與他人融爲一體，能夠將「個人主義、社會主義、國家主義、世界主義種種矛盾，都可以調和過來」〔註10〕。而生命哲學則「能夠把種種懷疑失望，一掃而空，給人類一服『丈夫再造散』」，且斷言：「歐人經過這回創鉅痛深之後，多數人的人生觀因刺激而生變化，將來一定從這條路上（按：即生命哲學的路上）打開一個新局面來。」〔註11〕

〔註7〕　梁啓超：《歐遊心影錄節錄》，《飲冰室合集・專集之二十三》，中華書局1989
　　　　年版，第11～12頁。
〔註8〕　按：詹姆士一般被認爲是實用主義哲學家，但其思想是人格主義創始人鮑恩
　　　　的兩個重要來源之一，因此也可算作是人格主義的早期人物；柏格森、倭鏗
　　　　屬於生命哲學家。
〔註9〕　梁啓超：《治國學的兩條大路》，《飲冰室合集・文集之三十九》，中華書局1989
　　　　年版，第115頁。
〔註10〕梁啓超：《歐遊心影錄節錄》，《飲冰室合集・專集之二十三》，中華書局1989
　　　　年版，第18頁。
〔註11〕梁啓超：《歐遊心影錄節錄》，《飲冰室合集・專集之二十三》，中華書局1989

　　歐洲思想的危機，也使得歐洲的思想家、哲學家把目光轉向了東方（特別是中國），試圖從東方文化中尋找解救危機的思想資源。梁啓超在歐洲經常聽到這種輸入中國文化的論調，剛開始很吃驚，以為西方人在諷刺中國人。後來聽多了才知道，這在歐洲幾乎形成了一股文化思潮。於是，他對中國文化重新獲得了自信，甚至有了一種文化擔當感。當他在巴黎遇到大哲學家蒲陀羅（柏格森之師）時，蒲陀羅對他說：「你們中國，著實可愛，我們祖宗裏塊鹿皮拿石刀在野林裏打獵的時候，你們不知已出了幾多哲人了，我近來讀些譯本的中國哲學書，總覺得他精深博大，可惜老了，不能學中國文，我望中國人總不要失掉這份家當才好。」梁啓超聽到這番話，「覺得登時有幾百斤重的擔子加在我身上。」〔註12〕

　　歐洲的這一番親身經歷，使曾經主張盡力輸入西方文化的梁啓超，不得不重新思考中國文化的價值，特別是古代人生哲學的價值（因為在梁氏看來，中國古代文化的精髓在人生哲學）。西方生命哲學的興起，使梁啓超看到了中西哲學的相通處。但他又認為，生命哲學「真果拿來與我們儒家相比，我可以說仍然幼稚。」〔註13〕因此，他確信中國哲學、中國文化在世界文化舞臺上的地位。他說：

> 啓超確信我國儒家之人生哲學，為淘養人格至善之鵠，全世界無論何國，無論何派之學說，未見其比，在今日有發揮光大之必要。
>
> 啓超確信先秦諸子及宋明理學，皆能在世界學術上占重要位置，亟宜爬羅其宗別，磨洗其面目。
>
> 啓超確信佛教為最崇貴最圓滿之宗教，其大乘教理，尤為人類最高文化之產物，而現代闡明傳播之責任，全在我中國人。〔註14〕

　　因此，梁啓超覺得中國文化（尤其是古代人生哲學）完全有資格來調和西方文化。他說：「近來西洋學者，許多都想輸入些東方文明，令他們得些調劑。我子細想來，我們實在有這個資格。何以故呢？從前西洋文明，總不免

　　　　年版，第 18 頁。

〔註12〕梁啓超：《歐遊心影錄節錄》，《飲冰室合集‧專集之二十三》，中華書局 1989
　　　　年版，第 36 頁。

〔註13〕梁啓超：《治國學的兩條大路》，《飲冰室合集‧文集之三十九》，中華書局 1989
　　　　年版，第 115 頁。

〔註14〕梁啓超：《為創設文化書院事求助於國中同志》，《〈飲冰室合集〉集外文》（中），
　　　　北京大學出版社 2005 年版，第 927～928 頁。

將理想實際分爲兩橛，唯心唯物，各走極端。宗教家偏重來生，唯心派哲學高譚玄妙，離人生問題，都是很遠。科學一個反動，唯物派席卷天下，把高尚的理想又丢掉了。所以我從前說道，『頂時髦的社會主義，結果也不過搶麵包吃』，這算得人類最高目的麼？所以最近提倡的實用哲學、創化哲學，都是要把理想納到實際裏頭，圖個心物調和。我想我們先秦學術，正是從這條路上發展出來。」〔註 15〕這裡所說的「心物調和」問題，即是人生哲學問題。而中國先秦學術，在梁啓超看來就是從人生哲學發展而來的，正可以調和西方理性主義的哲學和文化。

歐遊的經歷，使梁啓超重新發現了中國古代人生哲學的思想光芒。於是，晚年的一項重要思想文化工作，就是致力於這一哲學的現代闡釋。這是一個重要的思想文化背景，除此之外，還有兩個背景也促使梁啓超作出這樣的選擇。

一是現代教育日益丢掉了人格培養的傳統。20 世紀 20 年代，梁啓超息影政壇，重執教鞭，因此對現代教育問題感同身受。他發現：現代教育嚴重物化、機械化，學校幾乎成了一個販賣知識的場所，而身心修養的學問（即人格教育）則全面退卻。梁氏認爲這是引進美式教育帶來的惡果。同時他也看到，20 世紀初歐洲的學風已開始不同於美國，而有所改觀：「往者歐洲十九世紀教育思潮，極端崇拜干涉主義。近十數年學風已變，轉重個人修養。其解釋教育之義，若曰：教育者，教人能底於自教自育之域也。此實爲二十世紀之教育新思想。」〔註 16〕梁啓超認爲，中國故籍中這種重個人修養的教育資源俯拾皆是。因此，他著力發掘這一思想資源，並對其加以現代闡釋，以治中國現代教育之病。

二是國民改造思想全面回歸「精英主義」路線。梁啓超在「新民說」的後期，國民改造思想實際上已轉向了「精英主義」，並努力從古代傳統中尋求思想的資源。〔註 17〕20 世紀 20 年代，梁啓超的這種「精英主義」路向更爲明確，如他說：

> 儒家道術，偏重士大夫個人修養，表面看去，範圍似窄。其實不然，

〔註 15〕梁啓超：《歐遊心影錄節錄》，《飲冰室合集・專集之二十三》，中華書局 1989年版，第 36 頁。

〔註 16〕梁啓超：《在廣東高等師範學校演說詞》，《《飲冰室合集》集外文》（中），北京大學出版社 2005 年版，第 638 頁。

〔註 17〕詳細內容，請參見本書第三章第一部分。

天下事都是士大夫或領袖人才造出來的，士大夫的行爲，關係全國
的安危治亂及人民的幸福疾苦最大。孟子説得好，「惟仁者宜在高
位，不仁而在高位，是播其惡於眾也」。今日中國國事之敗壞，那一
件不是由在高位的少數個人造出來的。假如把許多掌握權力的馬弁
強盜，都換成多讀幾卷書的士大夫，至少不至鬧到這樣糟。假使穿
長衫的穿洋服的先生們，眞能如儒家理想所謂「人人有士君子之
行」，天下事有什麼辦不好的呢？我們受高等教育的青年，將來都是
社會領袖，造福造禍，就看我們現在的個人修養何如。〔註18〕

在梁啓超看來，社會的好壞決定於少數精英分子，而精英的造就關鍵取
決於個人的人格修養。而古代人生哲學，實際上就是君子修身之學，其目的
是培養君子人格，塑造社會精英。因此，欲造就精英，古代人生哲學依然是
有效的。這使得梁氏在編纂古代人生哲學典籍（即《德育鑒》、《節本明儒學
案》、《曾國藩嘉言鈔》）之後，意猶未盡，進一步轉向全面闡釋古代人生哲學，
以便爲現代精英的塑造提供借鑒。

（二）闡釋中國古代人生哲學的視角

從哲學闡釋學的觀點看，任何闡釋都帶上了闡釋者的前見、前理解、前
結構。因此，儘管一代又一代的人在闡釋古典，但總是帶上了不同闡釋者的
時代特點和個人特點。鑒於此，筆者從與古代思想家以及與現代思想家的比
較中，來看梁啓超闡釋古代人生哲學的獨特之處。

晚清民國的思想家在闡釋古典時，與以往時代的思想家（如宋明理學家）
相比，具有了不同於後者的知識背景。如在闡釋先秦思想時，宋明理學家的
主要知識背景是儒釋道三家思想；而晚清民國的思想家除此之外，還具有了
廣闊的西學知識，這使得他們在加以闡釋時，或者借用西學的方法，或者融
進西學的思想，或者擁有中西比較的視野（有時兩者甚至三者都具備）。梁啓
超的知識背景是中西貫通，所以在闡釋中國古代人生哲學時，自然而然就具
有了西學的視角。這正是與古代思想家的不同之處。

首先，是從中西比較的角度，來認識中國古代人生哲學價值之所在。中
西比較的方法，對於現在的學者來，已是一種基本的方法，甚至日用而不知
了。但在梁啓超的時代，還是一種新方法，20 世紀初，他就較多地應用了這

〔註18〕梁啓超：《儒家哲學》，《飲冰室合集·專集之一百三》，中華書局 1989 年版，
第 9 頁。

一方法，到了該世紀 20 年代，他仍以此來觀照中西哲學。

　　梁啓超認爲，中西哲學不同：「歐洲哲學，以求知爲出發點，中國哲學以利行爲出發點。」〔註 19〕一重知識論，一重人生論；一重邏輯思辨，一種實踐躬行。

　　具體而言，西方哲學起源於「驚異」（或「驚奇」）。對其源頭希臘哲學，梁啓超說：

> 希臘人生在風景極佳的海邊，養成愛美好奇的性質，一切學術思想，都從「驚奇」之一念孕育出來，「宇宙萬有從那（哪）裏來呢？」「有他實在的本體沒有？」「若有，是怎樣一件東西？」「主宰宇宙的神有沒有？」……諸如此類，是他們哲學上的問題。〔註 20〕

　　這是宇宙論或本體論，再進而「由宇宙論或本體論趨重到論理學（按：即邏輯學），更趨重到認識論」，是徹頭徹尾爲「求知」起見，所以這派學問成爲「愛智學」。〔註 21〕從哲學史家的眼光看，歐洲哲學史，「不過是主智主義與反主智主義兩派之互相起伏」，主智主義者主智，反主智主義者主情、主意。「不過歐洲人對於主智，特別注重；而於主情、主意，亦未能十分貼近人生。蓋歐人講學，始終未以人生爲出發點。……歐西則自希臘以來，即研究他們所謂的形而上學，一天到晚，只在那裡高談宇宙原理，憑空冥索，終少歸宿到人生這一點。」〔註 22〕梁啓超的這一判斷大致是對的，因爲理性主義哲學（即梁氏所謂主智的哲學）主宰了整個西方哲學。

　　而中國哲學、中國文化則不同，梁啓超說：

> 中國文化，起自大平原，向極現實、極平常的方面發展，一切思想，都以現實的人生爲根核，所謂「本諸身征諸庶民」者便是。〔註 23〕
>
> 中國學問不然，與其說是知識的學問，毋寧說是行爲的學問。中國

〔註 19〕梁啓超：《戴東原哲學》，《飲冰室合集・文集之四十》，中華書局 1989 年版，第 67 頁。

〔註 20〕梁啓超：《戴東原哲學》，《飲冰室合集・文集之四十》，中華書局 1989 年版，第 67～68 頁。

〔註 21〕梁啓超：《儒家哲學》，《飲冰室合集・專集之一百三》，中華書局 1989 年版，第 2 頁。

〔註 22〕梁啓超：《治國學的兩條大路》，《飲冰室合集・文集之三十九》，中華書局 1989 年版，第 114 頁。

〔註 23〕梁啓超：《戴東原哲學》，《飲冰室合集・文集之四十》，中華書局 1989 年版，第 68 頁。

先哲雖不看輕知識，但不以求知識爲出發點，亦不以求知識爲歸宿點。直譯的 Philosopy，其函義實不適於中國，若勉強借用，只能在上頭加上個形容詞，稱爲「人生哲學」。中國哲學以研究人類爲出發點，最主要的是人之所以爲人之道，怎樣才算一個人，人與人相互有什麼關係。〔註24〕

也就是說，中國的學問，與西方的知識論不同，重現實人生問題，核心是人生哲學，「以研究人類現世生活之理法爲中心，古今思想家皆集中精力於此方面之各種問題。」〔註25〕因此，中國學問最重要、最有價值的是人生哲學。梁氏說：「我們的祖宗遺予我們的文獻寶藏，誠然足以傲世界各國而無愧色，但是我們最特出之點，仍不在此。其學爲何？即人生哲學是。」〔註26〕對於其思想成就，梁氏尤爲自信。他說：「吾國人對於此方面諸問題（按：即人生哲學問題）之解答，往往有獨到之處，爲世界任何部分所莫能逮，吾國人參列世界文化博覽會之出品恃此。」〔註27〕

其次，運用了西方哲學的理論和方法，對中國古代人生哲學進行現代闡釋。梁啟超在闡釋和整理中國古代哲學時，主要運用了西方人格主義和生命哲學的理論和方法。梁啟超認爲二者有別於西方理性主義哲學，與中國古代人生哲學有不少相通之處，能夠與其溝通和互釋，因此成爲他闡釋和整理古代人生哲學的重要參照物。

人格主義是 19 世紀末至 20 世紀上半葉流行於歐美的一種宗教哲學，其代表人物是美國哲學家鮑恩。其主要理論傾向表現在把人的自我、人格當作第一位的存在，整個世界都因與人格相關而獲得意義。人格不僅是精神性的，而且具有自我創造和自我控制的力量。人的認識、人與世界的關係都由人本身的力量即自己的人格所決定。每一個人格均朝向一種至高無上的、無限的人格，即上帝。上帝是每一個有限人格的理想和歸宿。〔註28〕梁啟超在《歐

〔註24〕 梁啟超：《儒家哲學》，《飲冰室合集‧專集之一百三》，中華書局 1989 年版，第 2 頁。

〔註25〕 梁啟超：《先秦政治思想史》，《飲冰室合集‧專集之五十》，中華書局 1989 年版，第 1 頁。

〔註26〕 梁啟超：《治國學的兩條大路》，《飲冰室合集‧文集之三十九》，中華書局 1989 年版，第 114 頁。

〔註27〕 梁啟超：《先秦政治思想史》，《飲冰室合集‧專集之五十》，中華書局 1989 年版，第 1 頁。

〔註28〕 劉放桐等：《新編現代西方哲學》，人民出版社 2000 年版，第 585 頁。

遊心影錄》中，提到了占晤士（即詹姆士）的人格的唯心論（即人格主義），但在 1915 年，梁氏就已用「人格」概念來分析孔子哲學，此時他可能已經接觸了西方人格主義。梁啓超晚年明顯受此哲學的影響，不僅大談自己的人格主義哲學，而且用西方人格主義的哲學概念和方法對孔子人生哲學作了創造性的闡釋（按：具體內容見本章第三部分）。

生命哲學的代表人物是柏格森，梁啓超曾受其影響。生命哲學和中國古代人生哲學在關注點上是相同的。生命哲學不再把本體論和認識論作爲哲學的重心，而是把揭示人的生命的性質和意義作爲全部哲學研究的出發點，進而推及人的存在及其全部認識和實踐，特別是人的情感意志等心裏活動，再由人的生命和存在推及人的歷史和文化，以至人與周圍世界的關係。〔註 29〕中國古代人生哲學也主要是把人的生命和存在作爲哲學的出發點，進而推向到人事、社會、政治等。對人本身的關注和重視，儒釋道三家思想均與生命哲學相通。於是，梁啓超借用生命哲學的理論和方法來闡釋中國古代人生哲學，主要表現在兩個方面：一是受生命哲學的啓發，主張從內省和體驗的角度來研究中國古代人生哲學（下文將論述）。二是借用生命哲學的理論，和中國古代人生哲學互釋。〔註 30〕

與同時代的思想家胡適相比，梁、胡均是中西貫通，研究中國古代學術，也均受到西學的影響，但是因所受中西學的實際內容不同，所以在闡釋、整理中國古代哲學時，梁與胡正好形成了兩條不同的闡釋路向。

胡適是美國實用主義者杜威的高足，其學術研究得力於杜威的方法論。他說：「『方法』實在主宰了我四十多年來所有的著述。從基本上說，我這一點實在得益於杜威的影響。」〔註 31〕胡適在方法論上還受益於績溪胡氏的漢

〔註 29〕劉放桐等：《新編現代西方哲學》，人民出版社 2000 年版，第 119 頁。
〔註 30〕按：如在論儒家人生哲學時，梁啓超有時與柏格森的生命哲學相比照，他說：
「儒家看得宇宙人生不可分的，宇宙絕不是另外一件東西，乃是人生的活動，故宇宙的進化，全基於人類努力的創造。所以《易經》曰：「天行健，君子以自強不息。」又看得宇宙永無圓滿之時，故易卦六十四，始「乾」而以「未濟」終。蓋宇宙「既濟」，則乾坤已息，還復有何人類？吾人在此未圓滿的宇宙中，只有努力的向前創造。這一點，柏格森所見的，也很與儒家相近。他說宇宙一切現象，乃是意識流轉所構成，方生已滅，方滅已生，生滅相銜，方成進化。這些生滅，都是人類自由意識發動的結果，所以人類日日創造，日日進化。」見：梁啓超《治國學的兩條大路》，《飲冰室合集・文集之三十九》，中華書局 1989 年版，第 116 頁。
〔註 31〕胡適著，唐德剛譯：《胡適口述自傳》，華文出版社 1992 年版，第 105 頁。

學。杜威哲學和漢學都重方法論，屬知識論的研究路向。胡適主要從知識論的角度來闡釋、整理中國古代哲學，其代表作是《中國哲學史大綱》。此書是用西方理性主義哲學方法（胡適主要是從知識論的角度入手）闡釋、整理中國古代哲學的開山之作，也是典範之作。胡適對中國古代哲學的研究具有重要的方法論的意義，對中國哲學研究產生了深遠的影響。中國哲學研究後來的發展，大致沿著這樣一條理性主義研究的路向，如馮友蘭運用新實在論的方法來整理中國哲學史，20 世紀 50 年代後的大陸普遍運用馬克思主義方法來研究中國古代哲學。這一研究路向使中國哲學研究發生了現代轉型，並和西方哲學接軌、對話。但是，這一研究路向的弊端也日漸顯現出來了。用西方理性主義的哲學方法，宰制中國古代哲學，中國哲學原創性的智慧可能被淹沒了，因爲中國哲學的精華主要來自於內在的生命體驗和實踐躬行，而不是知識的分疏和邏輯的推演。當年的梁啓超已意識到了這一問題，走上了一條和胡適不同的研究路線。

　　梁啓超在萬木草堂求學時期，從康有爲那裡接受了陸王心學，後來深受此影響。賀麟認爲梁氏全部思想的主要骨幹即是陸王。〔註 32〕陸王心學重心性修養，重視內在的生命體驗，這也是中國古代人生哲學的重要特點。梁啓超又受柏格森的「直覺主義」的影響。柏格森認爲，認識內在的生命、綿延，或眞正的自我，必須擺脫理性主義思維的習慣思維，走一條相反的路，即直覺之路。「理性的工作是依靠科學向我們愈來愈完整地表達出物理操作的秘密；……它只在生命的周圍打轉，從外部對生命提出盡可能多的看法，把生命拖到自己這邊來，而不是進入到它裏面去。但是，直覺引導我們正是要達到生命的眞正內部。」〔註 33〕在陸學心學和柏格森的影響或啓發下，梁啓超認爲，闡釋、整理中國古代哲學，應從體證躬行的路向出發，「從人的本體來自證」，而不能用西方形而上學的方法來研究。〔註34〕雖然梁氏也運用西方哲學來闡釋中國古代人生哲學，但其根本乃從體證躬行出發去理解、去證會，西哲乃起輔助作用，如借用其概念、觀念來互釋。此外，梁氏同時受到清代漢學和西方科學方法的影響，不過他將科學方法用於文獻的學問，而將體證躬行的方法用於德性的學問。於是，他認爲研究國學有兩條路線：

〔註32〕賀麟：《五十年來的中國哲學》，商務印書館 2002 年版，第 4 頁。
〔註33〕劉放桐等：《新編現代西方哲學》，人民出版社 2000 年版，第 142 頁。
〔註34〕梁啓超：《治國學的兩條大路》，《飲冰室合集・文集之三十九》，中華書局 1989 年版，第 115 頁。

一、文獻的學問，應該用客觀的科學方法去研究。

二、德性的學問，應該用內省的和躬行的方法去研究。〔註35〕

梁啓超所謂「德性的學問」，即中國古代人生哲學，應用內省和躬行的方法研究。這與胡適的知識論路向大異其趣。因此，梁啓超對胡適用知識論來研究中國古代哲學頗有微詞，他說：

> 這部書（按：即胡適的《中國哲學史大綱》）講墨子、荀子最好，講孔子、莊子最不好。總說一句，凡關於知識論方面，到處發見石破天驚的偉論；凡關於宇宙觀、人生觀方面，什有九很淺薄或謬誤。這由於本人自有他一種學風，對於他「脾胃不對」的東西，當然有些格格不入。〔註36〕

在梁啓超看來，胡適用知識論來研究中國古代哲學，其成就主要在先秦名學方面（其實，胡適的《中國哲學史大綱》幾乎就是一部先秦名學史）。而對於宇宙論和人生觀方面（即人生哲學），因胡適用知識論的方法來講，「當然有些格格不入」，「什有九很淺薄或謬誤」。梁氏認爲根本不能這樣講中國古代哲學史。在他看來，「中國哲學上最重要的問題，是『怎麼樣能夠令我的思想行爲，和我的生命融合爲一，怎麼樣能夠令我的生命和宇宙融合爲一』這個問題，是儒家、道家所同的。後來佛教輸入，我們還是拿研究這個問題的態度去歡迎他，所以演成中國色彩的佛教。」〔註37〕也就是說，中國古代哲學的核心和精華是人生哲學，儒釋道三家皆是如此，對於這種哲學只能用「體驗」去求得。那麼如何體驗呢？梁啓超說：

> 體驗是要各人自己去做，那就很難以言語形容了。但我可以說他〔註38〕三個關鍵：第一件，他們（按：即古人）認自然界是和自己生命爲一體，絕對可讚美的，只要領略得自然界的妙味，也便領略得生命的妙味。《論語》「吾與點也」那一段，最能傳出這個意思。第二件，體驗不是靠冥索，要有行爲、有活動才有體驗，因爲儒家所認的宇宙，原是生生相續的動相，活動一旦休息，便

〔註35〕 梁啓超：《治國學的兩條大路》，《飲冰室合集·文集之三十九》，中華書局1989年版，第110頁。

〔註36〕 梁啓超：《評胡適之〈中國哲學史大綱〉》，《飲冰室合集·文集之三十八》，中華書局1989年版，第60頁。

〔註37〕 梁啓超：《評胡適之〈中國哲學史大綱〉》，《飲冰室合集·文集之三十八》，中華書局1989年版，第60頁。

〔註38〕 按：民國時代，「他」和「它」經常混用，此處「他」是指體驗。

> 不能「與天地相似」了。第三件，對於這種動相，雖然常常觀察
> 他，卻不是靠他來增加知識，因爲知識的增減，和自己眞生命沒
> 有多大關係的。〔註39〕

也就是說，用知識論來講中國古代人生哲學，無法眞正把握和體驗到其鮮活的生命和精神。因此，在梁啓超看來，胡適用知識論來講人生哲學是講不好的。此外，儘管梁肯定胡講古代哲學知識論方面的成就，但是又認爲，像這樣講古代哲學是「棄菁華而取糟粕」，因爲古代哲學核心是人生論而不是知識論。例如，他說胡適講孔子就是如此：

> 胡先生這部書，凡關於知識論的都好。他講孔子，也是拿知識論做
> 立腳點，殊不知知識論在孔子哲學上只占得第二位、第三位。他的
> 根本精神，絕非憑知識可以發見得出來，所以他對於孔子說了許多，
> 無論所說對不對（自然有許多對的），依我看來，只是棄菁華而取糟
> 粕。〔註40〕

實際上，梁啓超走上了一條與胡適完全不同的闡釋、整理中國古代哲學的路線，其重點是人生哲學。他的大量關於古代人生哲學的闡釋、整理之作，大致沿著這樣一條路線：不是帶著西方形而上學的有色鏡來掃描中國哲學材料、拿著理性主義之刀來宰制原生態的中國哲學智慧，而是沿著其固有的理路來展開，著重闡釋古人如何修養身心，成就人格（即重躬行體驗）；即使闡釋其理論問題，雖也借助了西哲，中西互釋，但目的乃是爲了解決古人修養的理論前提，而不是作純粹的理論思辨，以便和西方哲學相比照，以中證西。然而，這一路向在後來的中國哲學研究中沒有得到充分的展開，始終處於一種潛伏的狀態。現在我們有必要對此加以總結。

（三）闡釋中國古代人生哲學的主要內容

梁啓超對古代人生哲學思想的闡釋，主要集中在儒家，既有對儒家人生哲學的概述及其重要問題的分疏，又有對重要思想家的個案分析，包括對孔子、孟子、王陽明、戴震等人生哲學思想的闡釋。對佛教人生哲學的闡釋主要是概論其核心思想。對道家人生哲學的闡釋主要集中在老子和莊子的人生哲學上。下面依次展開論述。

〔註39〕 梁啓超：《評胡適之〈中國哲學史大綱〉》，《飲冰室合集·文集之三十八》，中
　　　　華書局1989年版，第61頁。
〔註40〕 梁啓超：《評胡適之〈中國哲學史大綱〉》，《飲冰室合集·文集之三十八》，中
　　　　華書局1989年版，第61頁。

二、對儒家人生哲學的概述及其重要問題的分疏

（一）對儒家人生哲學的概述

在梁啓超看來，儒家的學問主要就是人生哲學，就是人格主義哲學。他說：

> 儒家一切學問，專以「研究人之所以爲人者」爲其範圍。故孟子曰：「仁也者，人也，合而言之道也。」荀子曰：「道，仁之隆也。……非天之道，非地之道，人之道也。」（《儒效》）吾儕若離卻人之立腳點以高談宇宙原理物質公例，則何所不可，顧儒家所確信者，以爲「人能弘道，非道弘人」。故天之道、地之道等等悉以置諸第二位，而惟以「人之所以道」爲第一位。質言之，則儒家舍人生哲學外無學問，舍人格主義外無人生哲學。〔註41〕

因此，所謂儒家的學問、儒家哲學實際上就是儒家人生哲學。當然，儒家也有政治哲學（或曰政治思想），但在梁啓超看來，儒家政治哲學其實也只是人生哲學的放大。他認爲，「政治爲人生之一部門，而儒家政論之全部，皆以其人生哲學爲出發點」。〔註42〕並且認爲，儒家政治只是人的同類意識的擴大，是將修身的工夫推己及人而已。他說：

> 儒家哲學，範圍廣博，概括說起來，其用功所在，可以《論語》「修己安人」一語括之。其學問最高目的，可以《莊子》「內聖外王」一語括之。做修己的工夫，做到極處，就是內聖；做安人的工夫，做到極處，就是外王。至於條理次第，以《大學》上說得最簡明，《大學》所謂「格物致知誠意正心修身」，就是修己及內聖的工夫；所謂「齊家治國平天下」，就是安人及外王的工夫。〔註43〕

也就是說，儒家哲學可分爲人生哲學和政治哲學，人生哲學是修己，政治哲學是安人，但是兩者又是一體的，政治哲學是人生哲學的延伸和放大。

梁啓超認爲，儒家人生哲學最能體現中國古代人生哲學的特點。古代人生哲學不重知識和思辨，而重體驗和躬行，而儒家人生哲學最能體現這一特

〔註41〕梁啓超：《先秦政治思想史》，《飲冰室合集·專集之五十》，中華書局1989年版，第69頁。

〔註42〕梁啓超：《先秦政治思想史》，《飲冰室合集·專集之五十》，中華書局1989年版，第69～70頁。

〔註43〕梁啓超：《儒家哲學》，《飲冰室合集·專集之一百三》，中華書局1989年版，第2～3頁。

點。他說:「儒家的特色,不專在知識,最要在力行,在實踐,重知不如重行。」〔註44〕又說:儒家人生哲學最重要的概念是「仁」;「仁」的意思是說,人不能獨立存在,而是彼我相通,人人人格互相向上,最後達於大同社會。對於如何實現「仁」,梁氏說:「儒家從這一方面看得至深且切,而又能躬行實踐,『無終食之間違仁』。」「這種精神,影響於國民性者至大。即此一分家業,我可以說真是全世界唯一無二的至寶,這絕不是用科學的方法,可以研究得來的,要用內省的工夫,實行體驗。體驗而後,再爲躬行實踐。」〔註45〕就是說,求「仁」,不能靠邏輯、思辨,而是靠體驗、躬行。因此,他說:「單用西方治哲學的方法,研究儒家,研究不到儒家的博大精深處。」〔註46〕

儘管儒家也有玄學,如儒家的朱陸,有無極、太極之辯。但梁啓超認爲,「這種學說,在儒家道術中地位極其輕微,不能算是儒家的中心論點。自孔孟以至陸王,都把憑空虛構的本體論擱置一邊,那能說是玄學呢?」「再說無極、太極之辯,實際發生於受了佛、道的影響以後,不是儒家本來面目。並且此種討論,仍由擴大人格出發,乃是方法,不是目的,與西洋之玩弄光景者不同。所以說玄學色彩,最淺最淡,在世界要算中國,在中國要算儒家了。」〔註47〕

因此,梁啓超認爲,要理解、闡釋儒家人生哲學,一定要把握它鮮活的生命性,從體驗、躬行入手,而不是從邏輯、思辨著眼。

(二)對儒家人生哲學重要問題的分疏

在梁啓超看來,儒家人生哲學的精神不在知識,而在力行方面,但儒家也探討了一些理論問題(即屬於知識論方面的內容)。他說,儒家人生哲學「理論上雖以不談問題爲佳,實際上,大凡建立一門學說,總有根本所在。爲什麼會發生這種學說,如何才有存在的價值,當然有多少原理藏在裏邊。所以不討論學說則已,討論學說,便有問題,無論何國,無論何派,都是一樣。」

〔註44〕 梁啓超:《儒家哲學》,《飲冰室合集・專集之一百三》,中華書局 1989 年版,第 17 頁。

〔註45〕 梁啓超:《治國學的兩條大路》,《飲冰室合集・文集之三十九》,中華書局 1989 年版,第 117～118 頁。

〔註46〕 梁啓超:《儒家哲學》,《飲冰室合集・專集之一百三》,中華書局 1989 年版,第 4 頁。

〔註47〕 梁啓超:《儒家哲學》,《飲冰室合集・專集之一百三》,中華書局 1989 年版,第 10 頁。

〔註 48〕不過梁氏認為，儒家的理論探討，與西方哲學不同，與道家和墨家也不同。西方哲學出於純粹求知，同現實發生關係很少，古代、近代都是如此。道家和墨家則「認為現實的事物都很粗俗，沒有研究的價值，要離開社會，找一個超現實的地方，以為安身立命之所。雖比專求知識較切近些，但離日常生活還是去得很遠」。而儒家則貼近現實人生，「是要討論出一個究竟以為各人自己修養人格或施行人格教育的應用，目的並不是離開了人生，翻騰這些理論當玩意兒」，〔註49〕「或為自己修養的應用，或為改良社會的應用。對於處世接物的方法，要在學理上求出一個根據來。研究問題已陷於空，不過比各國及各家終歸要切實點。」〔註50〕

梁啓超認為，儒家人生哲學的重要問題有三：一、性善惡的問題，二、天命的問題，三、心體的問題，此三者皆和人生修養密切相關。

梁啓超認為，中國哲學史上發生最早而爭辯最烈的，就是「人性」問題。他說，孔子以前和孔子本身對「性」講得很少，「性」的問題的發生是孔門後學之事。然後他從七十子後學的論「性」、孟子的「性善說」、荀子的「性惡說」，到漢董仲舒的調和性善性惡問題、唐人的性情問題、宋人的氣質之性和天理之性問題，以及清代戴震的「理欲一元說」、「性氣一元說」等，作了縱向的梳理。不過，梁氏分疏的獨特之處不在此，而在從教育、修養的角度審視這一歷代大儒探討過的問題。

為什麼儒家重「性」的問題的探討？梁啓超說：

> 性的問題，偏於教育方面。為什麼要教育？為的是人性可以受教育。如何實施教育？以人性善惡作標準。無論教人，或教自己，非先把人性問題解決，教育問題沒有法子進行。一個人意志自由的有無以及為善為惡的責任，是否自己擔負，都與性有關係。性的問題解決，旁的就好辦了。〔註51〕

也就是說，「性」的問題與教育、修養問題密切相關。如對於「性」的問

〔註48〕梁啓超：《儒家哲學》，《飲冰室合集・專集之一百三》，中華書局 1989 年版，第 71 頁。

〔註49〕梁啓超：《儒家哲學》，《飲冰室合集・專集之一百三》，中華書局 1989 年版，第 4 頁。

〔註50〕梁啓超：《儒家哲學》，《飲冰室合集・專集之一百三》，中華書局 1989 年版，第 72 頁。

〔註51〕梁啓超：《儒家哲學》，《飲冰室合集・專集之一百三》，中華書局 1989 年版，第 73 頁。

題的發生，就源於修養問題，梁啓超說：

> 孔子教人以身作則，門弟子把他當作模範人格，一言一動都依他的
> 榜樣。但是孔子死後沒有人及得他的偉大教育的規範，不能不在性
> 字方面下手，性的問題因此發生，我看發生的時候，一定去孔子之
> 死不久。〔註52〕

再如關於人性善惡問題，梁啓超認爲，孟子提倡「性善說」，是以性善作
爲教育的根基，談其可能性：

> 人性，本是善的，失去本性，爲習染所誤，才會作惡，好像水本是
> 清的，流入許多泥沙，這才逐漸轉濁。水把泥沙淘淨，便清了，人
> 把壞習慣去掉，便好了。自己修養的工夫以此爲極點，教育旁人的
> 方法，亦以此爲極點。〔註53〕

> 孟子主張無論什麼人，生來都是善的。要靠這種絕對的性善論作後
> 盾，才樹得起這派普遍廣大的教育原理。〔註54〕

而荀子主張「性惡說」，「亦是拿來作教育的手段」。〔註55〕不過，孟子講
教育的可能性，而荀子講教育的必要性：

> 對於人性若不施以教育，聽其自由，一定墮落，好像枸木鈍金，若
> 不施以蒸矯礱屬，一定變壞。因爲提倡教育之必要，所以主張性惡
> 說。〔註56〕

> 孟子以水爲喻，荀子以礦爲喻。採得一種礦苗，如果不淘，不煉，
> 不鑄，斷不能成爲美的金器。要認性是善的，不須教育，好像認礦
> 是純粹的，不須鍛煉，這個話，一定說不通。對於礦要加工夫，對
> 於人亦要加工夫。非但加工夫，而且要常常加工夫。這種主張，在

〔註52〕 梁啓超：《儒家哲學》，《飲冰室合集・專集之一百三》，中華書局 1989 年版，
第 73～74 頁。
〔註53〕 梁啓超：《儒家哲學》，《飲冰室合集・專集之一百三》，中華書局 1989 年版，
第 77 頁。
〔註54〕 梁啓超：《儒家哲學》，《飲冰室合集・專集之一百三》，中華書局 1989 年版，
第 77 頁。
〔註55〕 梁啓超：《儒家哲學》，《飲冰室合集・專集之一百三》，中華書局 1989 年版，
第 79 頁。
〔註56〕 梁啓超：《儒家哲學》，《飲冰室合集・專集之一百三》，中華書局 1989 年版，
第 79 頁。

教育上有極大的價值。〔註57〕

因爲都是從教育考慮，並各有出發點，所以梁啓超對「性善說」、「性惡說」都是肯定的。他說：「一方面如孟子的極端性善論，我們不能認爲眞理；一方面如荀子的極端性惡論，我們亦不完全滿意。不過他們二人，都從教育方面著眼，或主性善，或主性惡，都是拿來作教育的手段，所以都是對的。」〔註58〕對孟荀後的「性」論，梁啓超也大致是從教育、修養的角度來審視的。

對「性」問題的分疏，梁啓超與康有爲不同。康有爲也重視對儒家「性」的問題的梳理，但其目的，不是將此與教育、修養問題聯繫起來，而是爲了建構他的人性學說，並最終以此爲基礎來建立他的政治哲學。應該說，康有爲對歷代大儒「性」的問題的分疏只是一個理論的起點，其此後研究更爲深入。不過，梁啓超著眼點不在此，而在通過對「性」的問題的梳理，來建立儒家人生修養的理論根基。此爲梁之獨特處。

天命問題是兩個問題，即天和命的問題，天的問題屬於宇宙論，命的問題屬於人生論。但兩個問題關係密切，故梁啓超兩者並論。梁氏認爲：孔子以前的人將「天」視爲「有意識的人格神」，而儒家從孔子開始，已經「離開了擬人的觀念，而爲自然的觀念」。如孔子所說的「天何言哉！四時行焉，百物生焉，天何言哉！」（《論語·陽貨篇》）「這是把天認爲自然界一種運動流行，並不是超人以外，另有主宰。」此外，《易傳》也有類似的觀點；而荀子對此觀點則發揮得最爲透徹：「天不是另有主宰，不過一種自然現象，而且人能左右他」。〔註59〕在梁氏看來，儒家的「天道觀」，顯示了儒家對人的主體地位的肯定。

梁啓超認爲，儒家不信有主宰的天，因此也不相信命定主義。即其「天道」觀影響了其「命學」。然則，儒家「命」的內涵是什麼呢？梁啓超認爲，綜合《孟子》、《荀子》、《禮記》中關於「命」的說法，就是：

我們的行爲，受了一種不可抵抗的力量的支配，偶然遇著一個機會，

〔註57〕梁啓超：《儒家哲學》，《飲冰室合集·專集之一百三》，中華書局1989年版，第79頁。
〔註58〕梁啓超：《儒家哲學》，《飲冰室合集·專集之一百三》，中華書局1989年版，第79頁。
〔註59〕梁啓超：《儒家哲學》，《飲冰室合集·專集之一百三》，中華書局1989年版，第89～90頁。

或者被限制著止許在一定範圍上自由活動，這便是命。〔註60〕

關於如何對待「命」，梁氏認爲，儒家有「知命」、「安命」、「俟命」、「立命」之說。

關於「知命」，梁啓超認爲儒家主張「要」知命。他說：「命是儒家的主要觀念，不易知，但不可不知。」〔註61〕如孔子說「五十而知天命」（《論語‧爲政》），「不知命，無以爲君子也」（《論語‧堯曰》），都是強調作爲一個君子，必須「要」知命。

關於「安命」，梁啓超認爲，荀子的「節遇謂之命」（《荀子‧正名》）就是一種「安命」說：「『節遇謂之命』……講得很好，偶然碰上，就叫節遇，就叫命。遺傳是節遇，環境亦是節遇。生來身體弱不如旁人，生在中國不如外國，無論如何，沒有法子改變。」既然無法改變的，因此必須「安命」。梁氏甚至認爲，「莊子講命，很有點像儒家，他說『知其不可奈何，而安之若命』，這就是「安命」說。梁啓超認爲「安命」說有很大的價值，「個人的修養，社會的發達，國家的安寧，都有密切關係。若是大家不安命，對於已得限制絕對不安，自己固然不舒服，而社會亦日趨紛亂。」〔註62〕梁此說，易使人誤解要人安於現狀之意，但儒家畢竟有積極之精神與之形成某種張力。於是，梁氏又闡釋儒家的「俟命」、「立命」說，使人生積極進取之想。

關於「俟命」和「立命」，梁氏認爲《易傳》、《中庸》和孟子對此作了很好的解釋。《易經‧象辭》講「乾道變化各正性命」；《易經‧繫辭》講「窮理盡性，以至於命」。《中庸》講「君子居易以俟命」。孟子講「莫非命也，順受其正」，「知命者，不立乎巖牆之下」，「殀壽不貳，修身以俟之，所以立命也。」（《孟子‧盡心上》）〔註63〕梁啓超認爲，儒家主張「俟命」、「立命」，並不是聽從命的安排，「主張俟命，即站在合理的地位，等命來，卻不是白白的坐著等，要修身以俟之。最後是立命，即造出新命來。」〔註64〕「俟命」、「立命」

〔註60〕梁啓超：《知命與努力》，《〈飲冰室合集〉集外文》（中），北京大學出版社2005年版，第1045頁。

〔註61〕梁啓超：《儒家哲學》，《飲冰室合集‧專集之一百三》，中華書局1989年版，第93頁。

〔註62〕梁啓超：《儒家哲學》，《飲冰室合集‧專集之一百三》，中華書局1989年版，第94頁。

〔註63〕按：《易傳》、《中庸》和《孟子》中的引文本爲梁啓超所引，參見：梁啓超：《儒家哲學》，《飲冰室合集‧專集之一百三》，中華書局1989年版，第93頁。

〔註64〕梁啓超：《儒家哲學》，《飲冰室合集‧專集之一百三》，中華書局1989年版，第93頁。

強調修身涵養，強調人的主觀能動性。

　　梁啓超講儒家的「知命說」、「安命說」，與康有爲的說法互相發明，也可能受到了後者的影響。只是康的闡釋內容更爲豐富。康在《論語注》、《中庸注》、《孟子微》等書中，都闡釋了「知命」、「安命」之說。在《論語注》中，釋孔子的「不知命，無以爲君子」曰：「命者，人受於天者也。人生富貴貧賤、壽夭窮達，皆有定命，非人力所能爲。窮達盡性，以至於命，知而樂之，無入而不自得，則爲君子；不知命，則戚戚怨尤，作奸犯科，逆天背理，而終無所得，枉作小人而已。此孔子所立之義，最爲直捷易簡。凡人苟能知命則安處，善樂循理，必不爲小人之歸。」〔註 65〕在《中庸注》中，釋「素位而行」曰：「人稟天之命，各以受生。……君子知是皆有命，故思不出位，任投所遇，安之若素。非徒安之也，凡吾位之外，一切境遇事物，可欣可慕者，泊然不能動之。非惟不動，且不願焉。其安而行之，順受自樂如此。」〔註 66〕在《孟子微》中，講「性命」一章曰：「蓋以壽夭窮通，富貴貧賤，榮枯得喪，皆有天數，非人力所能爲者，曰命也。人能知命，則自能不歆羨、不畔援，自能安處，善樂循理。」〔註 67〕

　　雖然梁啓超對「知命說」、「安命說」的闡釋沒有康有爲那麼豐富，但對儒家「命學」的闡釋比康更進一步。即梁啓超尤其發揮了「立命說」，弘揚儒家的主體性和創造性。他說：「安命這種思想，儒家看很重。不僅如此，儒家還講立命，自己創造出新命來。孟子講『夭壽不貳，修身以俟之，所以立命也』。」〔註 68〕對此，梁啓超加以了發揮：

> 這是說要死祗得死，閻王要你三更死，誰肯留人到五更，但不去尋死。知命者，不立乎巖牆之下。身體有病，就去就醫，自己又講衛生，好一分算一分，不求重病，更不求速死。小之一人一家如此，大之國家社會亦復如此。譬如萬一彗星要與地球相碰。任你有多少英雄豪傑，亦只得坐而待斃。但是如果可以想法避去，還是要想法

〔註 65〕康有爲：《論語注》，《康有爲全集》（第六集），中國人民大學出版社 2007 年版，第 540 頁。

〔註 66〕康有爲：《中庸注》，《康有爲全集》（第五集），中國人民大學出版社 2007 年版，第 375 頁。

〔註 67〕康有爲：《孟子微》，《康有爲全集》（第五集），中國人民大學出版社 2007 年版，第 434 頁。

〔註 68〕梁啓超：《儒家哲學》，《飲冰室合集·專集之一百三》，中華書局 1989 年版，第 95 頁。

子，做一分算一分。做不到沒法子，只好安之，不把努力工作停了。孔子所謂「知其不可爲而爲之」，就是這個意思。孔子知命，所以很快樂，「發憤忘食，樂以忘憂，不知老之將至云耳。」一面要安命，君子不怨天，不尤人；一面要立命，知其不可爲而爲之。這是吾人處世，應當取的態度。普通講征服自然，其實並沒有征服多少。日本自明治維新以後，幾十年的經營努力，所造成的光華燦爛的東京，前年地震，幾分鐘的工夫，便給毀掉了。所謂文明，所謂征服，又在那裏（按：即哪裏）？不過人的力量雖小，終不能不工作，地震沒有法子止住，然有法可以預防，防一分算一分，儒家言命的眞諦，就是如此。〔註69〕

梁啟超特別肯定「立命說」的價值，認爲儒家言命的眞諦在此。也就是說，他充分肯定儒家在命運面前的主觀努力，認爲「知命和努力，原是不可分離，互相爲用的」，並認爲「知命與努力，這便是儒家的一大特色，也是中國民族一大特色」。〔註70〕所謂「立命」，其實就是知命和努力的互相爲用。

總之，梁啟超對儒家的「天道」觀和「命學」的闡釋，不是在講知識論，而是在講修養論。其目的是讓人認識儒家天命觀的價值，並以此修養身心，成就君子人格。

心體問題，在梁啟超看來，也是儒家人生哲學的重要問題。因爲這一問題仍然與人生修養相關，「修養的工夫，首在弄明白心的本體，心明白了，什麼都明白了。」〔註71〕

梁啟超認爲，心體問題顏回開其端，「《論語》稱顏子『其心三月不違仁』，爲儒家後來講心的起點。」〔註72〕顏回是孔門的修養派，故儒家的心體問題一開始就和人生修養聯繫起來了。

心學大發展的關鍵人物，梁啟超認爲是孟子和荀子。孟子講心，是在四肢五官之外，另求一個超然的善心。孟子說：「耳目之官，不思而蔽於物，物

〔註69〕 梁啟超：《儒家哲學》，《飲冰室合集·專集之一百三》，中華書局1989年版，第95頁。

〔註70〕 梁啟超：《知命與努力》，《〈飲冰室合集〉集外文》（中），北京大學出版社2005年版，第1049頁。

〔註71〕 梁啟超：《儒家哲學》，《飲冰室合集·專集之一百三》，中華書局1989年版，第100頁。

〔註72〕 梁啟超：《儒家哲學》，《飲冰室合集·專集之一百三》，中華書局1989年版，第96頁。

交物，則引之而已矣。心之官則思，思則得之，不思則不得也。」（《孟子·告子上》）梁氏認爲，孟子離開耳目之官專門講心，從科學眼光看是不對的，因爲心所以能認識，還是靠肉體的器官，但由於孟子立了性善論的根基，所以在四肢五官之外另求一個超然的善的心。〔註73〕於是，孟子以心善爲根基，然後講修身之道，包括求放心、操心、養心、存心。孟子認爲本心是善的，但「因爲物交物的引誘，所以人性一天天的變惡，孟子名之爲『失其本心』。因此，孟子教人修養的下手方法，就是求其放心，他說：「學問之道無他，求其放心而已矣。」（《孟子·告子上》）也就是說，「人類的心，本來是良的，一經放出去，就不好了。做學問的方法，要把爲物交物所引出的心收回來。」〔註74〕孟子認爲本心收回之後，還要時時操存它，他說：「孔子曰：『操則存，捨則亡，出入無時，莫知其鄉。』惟心之謂與。」（《孟子·告子上》）這就是孟子所謂的操心。因心本善，所以孟子又講養心、存心。他說：「養心莫善於寡欲。」（孟子·盡心下》）又說：「君子所以異於人者以其存心也，君子以仁存心，以禮存心。」（《孟子·離婁下》）

　　與孟子在肉體之外另求一個超然的善心不同，荀子把心和其他感官連合起來，把目、耳、口、鼻、形體、加上心稱爲六官，不把心提在外面。梁啓超認爲，荀子講心比孟子稍微合理，並且精密周到，「中國最早講心理學的人，沒有及得上他的了。」〔註75〕荀子講心最終也是要落實到人生修養問題。荀子也講養心之術，認爲養心應求一、求靜。荀子說：「心生而有知，知而有異，異也者，同時兼知之，同時兼知之，兩也。然而有所謂一，不以夫一害此一，謂之壹。」（《荀子·解蔽》）梁氏認爲，「這是講人類的心，同時發幾種感想，有幾種動作。但養心求一，只要不以夫一害此一，縱然一面聽講，一心以爲鴻鵠將至，亦無不可。」〔註76〕荀子又說：「心，臥則夢，偷則自行，使之則謀。故心未嘗不動也，然而有所謂靜，不以夢劇亂知，謂之靜。」（《荀子·解蔽》）梁氏認爲，「這是講心之爲物，變化萬端，不可端倪。但治心求靜，

〔註73〕梁啓超：《儒家哲學》，《飲冰室合集·專集之一百三》，中華書局1989年版，第97頁。

〔註74〕梁啓超：《儒家哲學》，《飲冰室合集·專集之一百三》，中華書局1989年版，第97頁。

〔註75〕梁啓超：《儒家哲學》，《飲冰室合集·專集之一百三》，中華書局1989年版，第99頁。

〔註76〕梁啓超：《儒家哲學》，《飲冰室合集·專集之一百三》，中華書局1989年版，第99頁。

衹要能靜，就是夢亦好，行亦好，謀亦好，都沒有妨礙。」〔註77〕

梁啓超認爲，孟子和荀子不僅對心體的理解不同，而且養心的目的和方法也不同。孟子養心的目的是爲了內在的修養，而荀子的「目的大半爲求得知識」。在養心的方法上，「孟子專重內部的修養，求其放心，操之則存，衹須一點便醒；荀子專重外部的陶冶，養心治心，非下刻苦工夫不可。」但兩家都注重心體的研究則同。〔註78〕

關於儒家的心體問題，梁啓超認爲，到王陽明發揮透徹，成一家之言，可謂集大成者。〔註79〕在梁氏看來，王陽明的修養工夫是「知行合一」和「致良知」，其所以能成立，有心理學上的根據，即「心物合一」的心性論。對於《大學》講格物、致知、誠意、正心、修身五事，朱熹認爲是爲學次第，而王陽明認爲是一件事，「只要知身心意知物是一件」。〔註80〕也就是說，王陽明認爲「心外無理，心外無事，心外無物，物外無心」，即「心物合一」。而「知行合一說」即由「心物合一說」而出，因心物合一，故知行合一；「致良知」也由此而出，「（致）良知就是孟子所謂良心，不過要把心應用到事物上去。」〔註81〕在梁啓超看來，王陽明探討心體問題，實際上也是爲了解決修養問題。

三、人格主義——孔子人生哲學的闡釋

梁啓超致力闡釋孔子人生哲學是在新文化運動時期，代表作是寫於1920年的《孔子》（此外，在此前後的其他文章中也論及孔子人生哲學）。在「打倒孔家店」的一片呼聲中，梁啓超逆潮流而動，率先標榜孔子，並著力發掘孔子人生哲學的價值。「在當時高舉孔家義旗，替孔子說話的膽識和魄力，怕只有梁漱溟一人堪與之比肩。」〔註82〕然而，梁啓超顯然不是一個衛道者，

〔註77〕梁啓超：《儒家哲學》，《飲冰室合集·專集之一百三》，中華書局1989年版，第99頁。

〔註78〕梁啓超：《儒家哲學》，《飲冰室合集·專集之一百三》，中華書局1989年版，第99～100頁。

〔註79〕梁啓超：《儒家哲學》，《飲冰室合集·專集之一百三》，中華書局1989年版，第102頁。

〔註80〕梁啓超：《儒家哲學》，《飲冰室合集·專集之一百三》，中華書局1989年版，第101頁。

〔註81〕梁啓超：《儒家哲學》，《飲冰室合集·專集之一百三》，中華書局1989年版，第102頁。

〔註82〕董德福：《梁啓超與胡適——兩代知識分子學思歷程的比較研究》，吉林人民

要原封不動地保留孔子思想，而是要使其融進現代價值觀念中，使人們依之修養身心。梁氏從小就浸潤在孔子人生哲學中，其思想已融化在他的生命和行為中。這是他闡釋孔子人生哲學的根基。但他在闡釋這一哲學時，借用了西方人格主義的概念和方法，兩者互釋融會，而又彰顯了前者的獨特之處。〔註83〕

人格主義，是西方20世紀一個有一定影響的哲學流派。歐遊前，梁啓超應該對這一哲學有所接受。在1915年發表的《孔子教義實際裨益於今日國民者何在欲昌明之其道何由》和《復古思潮平議》中，他開始借用「人格」概念來分析孔子。歐遊時，梁氏看到西方哲學的新動嚮之一就是人格主義的出現。這必然使他更廣泛而深入地接受其思想，從而運用其理論來全面闡釋孔子人生哲學。

西方「人格主義者的共同理論傾向主要表現在把人的自我、人格當作第一位的存在……人的認識、人與世界的關係都由人本身的力量即自己的人格所決定。」〔註84〕梁啓超對於人格主義的這一基本理論，應該是有所知的。藉此，他從孔子思想中拾出「人格」二字作為孔子人生哲學的關鍵詞，並以此建構孔子的哲學體系。梁氏認為孔子把「人格」當作其哲學或教學的第一義諦：「孔子教義第一義，實在養成人格」；〔註85〕而記錄孔子言行的《論語》的「最大價值，在教人以人格的修養」；〔註86〕「孔子所謂學，是要學來養成自己的人格」，即「自然是學個怎樣的『能盡其性』，怎樣的『能至於命』。拿現在的話說，就是學個怎樣的才能看出自己的真生命，怎樣的才能和宇宙融合為一。問他怎樣學法，只是一面活動，一面體驗。」〔註87〕因此，在梁氏

出版社2004年版，第209頁。

〔註83〕按：梁啓超的《孔子》也受到日本蟹江義丸的《孔子研究》的影響，不僅借鑒了後者的框架，而且重視孔子的人格分析也有後者的影子（參見：末岡宏的《梁啓超與日本的中國哲學研究》，載狹間直樹編《梁啓超‧明治日本‧西方》（修訂版），社會科學文獻出版2012年版，第160〜164頁）。但蟹江義丸也可能受到西方人格主義的影響。

〔註84〕劉放桐等：《新編現代西方哲學》，人民出版社2000年版，第585頁。

〔註85〕梁啓超：《孔子教義實際裨益於今日國民者何在欲昌明之其道何由》，《飲冰室合集‧文集之三十三》，中華書局1989年版，第65頁。

〔註86〕梁啓超：《要籍解題及其讀法》，《飲冰室合集‧專集之七十二》，中華書局1989年版，第4〜5頁。

〔註87〕梁啓超：《評胡適之〈中國哲學史大綱〉》，《飲冰室合集‧文集之三十八》，中華書局1989年版，第62〜63頁。

看來，孔子人生哲學實質上就是一種人格主義哲學。

但是，梁啓超並沒有用西方人格主義哲學理論來生套孔子，而是挖掘其不同於前者的原創性的內容。如以君子人格替代上帝人格，由思辨體系轉變爲修養體系，由重哲學家的思想理論轉爲重哲學家的人格本身。梁氏甚至認爲，孔子的人格主義比西人更加精粹和完備。他說：「若夫孔子教義，其所以育成人格者，諸百周備，放諸四海而皆準，由之終身而不能盡，以校泰西古今群哲，得其一體而加粹精者」；〔註88〕「而人格之綱領節目及其養成之程序，惟孔子所教爲大備，使人能率循之以自淑而無所假於外，此孔子之聖所以爲大爲至也。」〔註89〕

什麼是人格？人格一詞可以從哲學、心理學、倫理學等不同角度作出各種解釋，它可以指人的內心世界的存在、個性以及人的思想和道德品格。〔註90〕對此，梁啓超首先作了簡明扼要的回答：「人格者，簡言之，則人之所以爲人而已。」〔註91〕即只有具備了人格，才能稱之爲人。這一概念實際上是沒有具體內容的，梁氏認爲孔子用「仁」和「君子」充實了其內容：「什麼是人格呢？孔子用一個抽象的名來表示他，叫做仁；用一個具體的名來表示他，叫做君子。」〔註92〕

「仁」是孔子和儒家的一個核心概念。現代學者有不同的解釋。如胡適認爲，「仁就是理想的人道，盡人道即是仁。」梁漱溟認爲，「仁」是「敏銳的直覺」，「仁是一個很難形容的心理狀態」。〔註93〕胡、梁的解釋和人格的內涵已經接近。蔡元培則直接以「人格」釋「仁」：「『仁』即『統攝諸德，完成人格之名』。」〔註94〕梁啓超也以「人格」釋「仁」：

《中庸》、《表記》都說「仁者，人也」，《孟子》亦說「仁也者，人

〔註88〕梁啓超：《復古思潮平議》，《飲冰室合集・文集之三十三》，中華書局 1989 年版，第 68 頁。

〔註89〕梁啓超：《孔子教義實際禆益於今日國民者何在欲昌明之其道何由》，《飲冰室合集・文集之三十三》，中華書局 1989 年版，第 65 頁。

〔註90〕劉放桐等：《新編現代西方哲學》，人民出版社 2000 年版，第 585 頁。

〔註91〕梁啓超：《在上海青年會之演詞》，《〈飲冰室合集〉集外文》（中），北京大學出版社 2005 年版，第 650 頁

〔註92〕梁啓超：《孔子》，《飲冰室合集・專集之三十六》，中華書局 1989 年版，第 12 頁。

〔註93〕蔡尚思：《孔子哲學之眞面目》，上海啓智書局 1935 年版，第 60 頁。

〔註94〕蔡尚思：《孔子哲學之眞面目》，上海啓智書局 1935 年版，第 60 頁。

也」，這是「仁」字最確切的訓詁。在文，仁從二人，是有兩個人才
表示出「仁」字的意思，所以鄭康成解「仁者，人也」，他說「人，
人也，讀如相人偶之人」（《禮記・中庸注》）。「相人偶」的「人」字，
漢朝有怎麼別的讀法，雖不可考。但「相人偶」三個字卻好極了，「偶」
就是耦而耕的耦，「相人偶」，是人與人相互的意思，人與人相互，
才能證現出一個抽象的人格（即仁），曲盡人與人相互之道，人格才
算完成，才可以算得一個人。〔註95〕

與前三位學者不同的是，梁啓超是從人與人的關係來解釋「仁」或「人
格」的。他認爲，「仁」是人格的實現，而「仁」的實現，不是單個人人格的
完善，而是彼我相通，個人和社會共同向上，「所以孔子教人『己欲立而立人，
己欲達而達人』。所謂立人達人，非立達別人之謂，乃立達人類之謂。彼我合
組成人類，故立達彼，即是立達人類，立達人類，即是立達自己。」〔註96〕
這種解釋與西方人格主義是相通的，如法國人格主義把個人人格當作全部哲
學理論的出發點，又企圖超出個人的界限，把個人與他人以至世界聯繫起來，
而上帝則被當作這種聯繫的前提。〔註97〕美國人格主義哲學家鮑恩的觀點亦
大抵如此。不過，關於人格的內涵，相比而言，西方人格主義雖也關注人與
人的關係，但更強調個體人格的自由和創造，而孔子人格主義則更重視群體
人格的共同實現。

兩者最大的不同是，理想人格一是上帝，一是君子。西方人格主義認爲，
「每一人格均朝向一種至高無上的、無限的人格，即上帝。上帝是每一個有
限人格的理想和歸宿。總之，整個世界是一個以作爲最高人格的上帝爲理想
和歸宿的人格世界。」〔註98〕上帝是理想和最高的人格，儘管他已不是超
乎人之外的彼岸世界的存在，但卻是某種最高級、最完備的自我。因此還是
難以最終實現，人只能走在趨向上帝的途中。「君子」一詞在《論語》中出
現的頻率非常高，共107次，每一篇均有「君子」一詞。此詞除少數情況下
特指地位高者之外，幾乎均指理想人格。可以說，《論語》或孔子主要講君
子之學。梁啓超認爲，孔子的理想人格就是君子，這個君子是一個人格的楷

〔註95〕梁啓超：《孔子》，《飲冰室合集・專集之三十六》，中華書局1989年版，第12頁。
〔註96〕梁啓超：《治國學的兩條大路》，《飲冰室合集・文集之三十九》，中華書局1989年版，第118頁。
〔註97〕劉放桐等：《新編現代西方哲學》，人民出版社2000年版，第596頁。
〔註98〕劉放桐等：《新編現代西方哲學》，人民出版社2000年版，第585頁。

模，有種種標準，可以在現實生活中實現；「孔子之教，是要人踐履這人格的標準，人人有士君子之行」，「凡是人都要遵守的，並不因地位的高下生出義務的輕重來。」〔註99〕這個人格標準就是每個人在各自的位置上盡自己的義務和責任，如孔子說：「父父子子，兄兄弟弟，夫夫婦婦，而家道正」（《易經·家人卦》）；「君君臣臣，父父子子」（《論語·顏淵》）。對此，梁氏解釋說：「孔子說的『君君臣臣，父父子子』，是從仁者人也、人者人也演繹出來。既做人便要盡人道，在人裏頭做了君便要盡君道，做了臣便要盡臣道。『爲人君，止於仁，爲人臣，止於敬，爲人子，止於孝，爲人父，止於慈，與國人交，止於信。』」〔註100〕因此，梁氏認爲，孔子的人格主義是「平等的人格主義」。也就是說，君子是每個人都可以實現的人格，顯然不同於西方人格主義者心目中高高在上的虛擬的上帝。當然，梁啓超只分梳了「君子」的一部分內涵，即重義務和責任，其他更豐富的內涵還沒有充分挖掘出來，如氣質、心性、品味等。

　　法國人格主義哲學家宣稱人格主義不是一種哲學體系，而是一種試圖將自己、他人和世界人格化的運動，或者說是一種對自己和別人施行人格的教化。〔註101〕但是具體如何實現自己的完美人格，西方似乎沒有發展出一套可以行之有效的修養體系。因爲作爲最高人格的上帝，只是一個懸在高空的虛擬人格，並不具現實性，無法直接模仿和學習，只能在類似宗教體驗的追求中去虛幻地接近。但人格主義畢竟不是宗教，不可能完全借助宗教的儀式。因此，所謂的「教化」哲學，只能停留在理論的探討階段，最終無法形成具體的操作方法。而孔子人格主義的價值，恰恰在於形成了一套具體的修養體系。梁啓超說：「孔子教人修養人格之法最爲完備。」〔註102〕對此，他進行了全面的總結，將其分爲修養的途徑、方法和工具，並認爲孔子「人格修養之教訓，殆全部有歷久不磨的價值」〔註103〕。

〔註99〕 梁啓超：《孔子》，《飲冰室合集·專集之三十六》，中華書局 1989 年版，第13 頁。

〔註100〕 梁啓超：《孔子》，《飲冰室合集·專集之三十六》，中華書局 1989 年版，第13～14 頁。

〔註101〕 劉放桐等：《新編現代西方哲學》，人民出版社，2000 年版，第 595 頁。

〔註102〕 梁啓超：《在廣東高等師範學校演說詞》，《〈飲冰室合集〉集外文》（中），北京大學出版社 2005 年版，第 638 頁。

〔註103〕 梁啓超：《要籍解題及其讀法》，《飲冰室合集·專集之七十二》，中華書局 1989年版，第 3 頁。

　　關於人格修養的途徑，梁啓超認爲孔子有兩：一是內發的，一是外助的。內發的，即內在的道德修養。在孔子看來，弟子中只有顏回能做到，就是《論語・雍也》提到的「其心三月不違仁」，「不遷怒，不貳過」。外助的，即外在的陶鑄，就是通過外在的文明禮節等規範來達到修養的目的，即「博之以文，約之以禮」。在梁氏看來，外助的不是究竟，內發的才是根本。

　　關於人格修養的方法，梁啓超認爲，孔子的人格修養之道，一以貫之——那就是「忠恕」。孔子對曾子說：「參乎！吾道一以貫之。」曾子的理解是：「夫子之道，忠恕而已矣。」（《論語・里仁》）關於「忠恕」二字，歷代各家有不同解釋。梁氏認爲，「朱子說『盡己之謂忠，推己及人之謂恕』，本來解得甚好，可惜專從實踐倫理方面講，未免偏了」；而章太炎則說「周以察物曰忠，心能推度曰恕，也解得甚好，可惜專從研求智識方面講，又未免偏了。」〔註104〕在梁氏看來，「忠恕」就是孔子爲學之方，行「仁」之方，即人格修養之法。他綜合朱熹和章太炎的說法，從道德實踐和知識探求兩方面來闡釋「忠恕」之道。

　　先釋「忠」：

　　　中心爲忠，即是拿自己來做中堅的意思，充量的從內面窮盡自己心理的功能，就是內思畢心，就是盡己。《中庸》說「唯天下至誠，爲能盡其性」。又說「誠者自成也」。「誠」字就可當「忠」字的訓詁，畢心盡性自成。拿現在的流行語講，就是發展個性。從實踐方面說，發展個性是必要，從智識方面說，發展個性也是必要。這是忠的一貫。

　　再釋「恕」：

　　　用自己的心來印證，叫做如心。從實踐方面說，是推己及人：從智識方面講，是以心度物（聲類以心度物曰恕）。孟子說「古之人所以大過人者無他焉，善推其所爲而已矣」，「推」字就是「恕」字的訓詁。從實踐方面講，將自己的心推測別人，照樣的來待他，就是最簡易最高尚的道德。消極的推法，是施諸己而不願，亦勿施諸人。……積極的推法，是「己欲立而立人，己欲達而達人」，是「老吾老以及人之老，幼吾幼以及人之幼」。從智識方面講，將已知的事理，推到

────────────────────

〔註104〕梁啓超：《孔子》，《飲冰室合集・專集之三十六》，中華書局 1989 年版，第10 頁。

未知的事理，就是最有系統的學問。演繹的推法，是舉一隅則以三隅反。是聞一以知二，聞一以知十。歸納的推法，是好問而好察邇言，是察言而觀色慮以下人，是文理密察足以有別，是本諸身徵諸庶民，是能近取譬。如此實踐方面、智識方面都拿恕的道理來應用，就是恕的一貫。〔註105〕

從上二引文可知，梁啓超認為，孔子培養人格包括道德和知識兩方面的訓練（不過孔子道德方面看得重，知識方面看得輕），而培養之法，是「忠」、「恕」並用；孔子的「忠恕」之道，一以貫之：「所以發達自己個性，自然會尊重別人的個性，所謂『能盡其性則能盡人之性』，故即忠即恕；又非尊重別人的個性，不能完成自己的個性，所謂『不明乎善不誠其身』，所以即恕即忠。『忠恕』兩字其實是一事，故說一以貫之。」〔註106〕

關於人格修養的工具，梁啓超認為，孔子有多種，如禮樂、詩歌，甚至利用命運和鬼神觀念來作此具。

梁氏認為，「孔門教的普通學，就是禮樂。為甚麼如此注重他呢？因為認他是涵養人格的利器。」〔註107〕又說：「《記》中說，『禮節民心，樂和民性』。禮的功用，在謹嚴收斂；樂的功用，在和悅發抒。兩件合起來，然後陶養人格，日起有功。」〔註108〕具體來說，禮的作用有兩：一是養成良好的習慣：「孔子以為禮的作用，可以養成人類自動自治的良習慣，實屬改良社會的根本辦法，他主張禮治的主要精神在此。」〔註109〕二是強健體魄：「孔門重禮教……是拿習禮當作一種體育。……孔子以為人若常常把精神提起，體魄自然強壯；若散散慢慢過日子，便養成偷惰的習慣，整個人變成暮氣了。習禮以莊敬為主，最能抖擻精神，所以說固肌膚之會、筋骸之束。……對甚麼人、對甚麼事，都無敢慢，是修養身心最好的方法，這就叫做『約之以禮』。」

〔註105〕梁啓超：《孔子》，《飲冰室合集·專集之三十六》，中華書局 1989 年版，第 10～11 頁。

〔註106〕梁啓超：《孔子》，《飲冰室合集·專集之三十六》，中華書局 1989 年版，第 11 頁。

〔註107〕梁啓超：《孔子》，《飲冰室合集·專集之三十六》，中華書局 1989 年版，第 14 頁。

〔註108〕梁啓超：《孔子》，《飲冰室合集·專集之三十六》，中華書局 1989 年版，第 20 頁。

〔註109〕梁啓超：《孔子》，《飲冰室合集·專集之三十六》，中華書局 1989 年版，第 16 頁。

〔註110〕樂的作用亦有兩：一是轉移人的心理：「音樂是能轉移人的心理的，所以某種音樂流行，便造成某種心理。而這種心理的感召，不是個人的，是社會的，所以音樂關係到國家治亂，民族興亡。所以做社會教育事業的人，非從這裡下工夫不可。」因此孔子正樂，以引導人心向善的方面發展。二是也能強身健體：古代樂舞一體，「舞的俯仰疾徐，和歌的抑揚抗墜，不獨涵養性靈，而且於身體極有益。」〔註111〕

梁啓超又認為，古代詩教是涵泳人格的工具，孔子詩教的意義即在於此：「孔子曰：『詩可以興，可以觀，可以群，可以怨。』孔子於文學與人生之關係看出最真切，故能有此言。古者以詩為教育主要之工具，其目的在使一般人養成美感有玩賞文學的能力。則人格不期而自進於高明。」〔註112〕況且孔子將《詩經》三百篇皆「弦而歌之」，合文學、音樂為一體，以樹立社會教育的基礎，這種文學涵泳之力量就更大了。孔子弟子子游在武城「弦歌」教民，正是發揚了孔子的這種思想。故梁氏云：「子之武城，聞弦歌之聲，子游對以『君子學道則愛人，小人學道則易使』，謂以詩教也，謂美感之能使社會向上也。」〔註113〕

關於命運，孔子有「不知命，無以為君子也」（《論語·堯曰》）之說；梁啓超認為，孔子「是以知命為養成高尚人格的重要條件」〔註114〕。對於《莊子·人間世》中孔子之語「自事其心者，哀樂不易施乎前，知其不可奈何而安之若命，德之盛也」，梁啓超認為，這是孔子以「知命觀」為養心之具：

> 這段話講知命的作用，最為精透。自事其心，是自己打疊自己的心境，死生窮達毀譽饑渴等等事變，雖日夜相代乎前，我心的哀樂，卻叫他不易施乎其前。怎樣才能做到呢？最好是安之若命。這「若」字極要注意，命的有無，且不必深管，只是假定他是有，拿來做自己養心的

〔註110〕梁啓超：《孔子》，《飲冰室合集·專集之三十六》，中華書局 1989 年版，第18 頁。
〔註111〕梁啓超：《孔子》，《飲冰室合集·專集之三十六》，中華書局 1989 年版，第20 頁。
〔註112〕梁啓超：《要籍解題及其讀法》，《飲冰室合集·專集之七十二》，中華書局 1989年版，第 68 頁。
〔註113〕梁啓超：《要籍解題及其讀法》，《飲冰室合集·專集之七十二》，中華書局 1989年版，第 68 頁。
〔註114〕梁啓超：《知命與努力》，《〈飲冰室合集〉集外文》（中），北京大學出版社 2005年版，第 1044 頁。

工具。得了這種決竅，所以能「遯世無悶，不見是而無悶。樂則行之，憂則違之，確乎其不可拔」（《易·文言傳》）；所以能「不怨天不尤人」（《論語》）所以能「飯蔬食飲水，曲肱而枕之，樂亦在其中」（《論語》）。這是孔子自己學問得力所在，也常常拿來教人。所以《論語》首章說「人不知而不慍，不亦君子乎」，末章說「不知命無以爲君子」，意義正相銜接。實是孔子修養人格的重要學說。〔註115〕

關於鬼神的觀念，梁啓超認爲，「孔子說的鬼神，全是哲學上的意義，沒有宗教上的意義。」孔子的鬼神觀，「可以謂之絕對的無鬼論」。但是孔子爲什麼重視祭禮呢？因爲孔子把祭禮當作了人格修養的手段：「當時民智幼稚，而且古代迷信深入人心，一時不易革去，所以孔子利用祭禮爲修養人格、改良社會一種手段。但孔子雖祭，並不認定是有神，所以只說『祭如在，祭神如神在』，又說『洋洋乎如在其上，如在其左右』。這分明是主觀的鬼神，不是客觀的鬼神了。」「爲什麼祭禮可以爲修養人格的手段呢？他的作用就在齋戒。」〔註116〕梁釋《禮記·祭統》曰：「觀此，可知齋戒實爲養心最妙法門。《易·繫辭傳》說『聖人以此齋戒，以神明其德』，就是此意。齋戒原不必定要祭祀才有，凡有大事有恭敬皆須齋戒。但祭禮的齋戒，總算最通行。所以孔子很提倡他，譬如每年有幾次大祭祀，祭前都須齋戒一回。齋的時候，節省思慮，休養精神。這是和基督清教徒嚴守安息日同一作用，於鍛煉身心、修養人格，實甚有益。」〔註117〕

西方人格主義者，主要還是書齋型的哲學家，以理論研究見長，未能將自己的哲學思想完全貫徹在整個生命活動中。與其不同的是，孔子人格主義不僅體現在他的哲學思想中，而且更貫穿於他的整個生命行爲中。孔子本人的人格就是這種哲學的最好和最高的表達，其本人已成爲一種理想的人格典範。此後，中國哲學就是朝著這一方向發展的，如大哲孟子、朱熹、王陽明等，無不是其哲學的實際踐行者，無不是人格一流的人物。最後，梁啓超以孔子的人格來直接展示這一哲學。這也向世人雄辯地證明：孔子哲學是一種活生生的生命哲學，是行之而有效的。同時也證明：當西方在這一道路上還

〔註115〕梁啓超：《孔子》，《飲冰室合集·專集之三十六》，中華書局 1989 年版，第24～25 頁。

〔註116〕梁啓超：《孔子》，《飲冰室合集·專集之三十六》，中華書局 1989 年版，第25～26 頁。

〔註117〕梁啓超：《孔子》，《飲冰室合集·專集之三十六》，中華書局 1989 年版，第27 頁。

未完全走通時，中國卻早已抵達目的地。

孔子是中華民族的一個偉大人格，後來被上升爲聖人、素王，甚至被神話。梁啓超將他還原爲一個平凡而偉大的人。孔子是「在平淡無奇中現出他的偉大」，「孔子的境遇，狠像現今的苦學生，絕無倚靠，絕無師承，全恃自己鍛煉自己，漸漸鍛成這麼偉大的人格。」他一生的言行，是在「人類生活範圍內極親切有味的庸言庸行」中流露出來的。〔註 118〕正因爲如此，梁氏認爲孔子可作我們的人格典範，人人皆能學。「孔子的人格，無論在何時何地，都可以做人類的模範，我們和他同國，做他後學，若不能受他這點精神的感化，眞是自由己（按：『由』字爲衍文）辜負自己了。」〔註 119〕

梁啓超將孔子的人格從智（理智）、情（情感）、意（意志）三方面展現出來〔註 120〕：

一、孔子是個理智極發達的人。「但他的理智，全是從下學上達得來。」「他的資質，原只是和我們一樣。他的學問，卻全由勤苦積纍得來。」〔註 121〕梁氏在《孔子》中列舉了大量孔子好學的例子，以說明孔子的智慧來自勤奮好學。

二、孔子又是一個情感豐富和富有情趣的人。情感豐富表現在：他「是個最富有同情心的人，而且情感狠易觸動」；「是一位多血多淚的人」；他「如此一往情深，所以哀民生之多艱，日日盡心，欲圖救濟。」富有情趣表現在：他「對於美的情感極旺盛」，就是說，孔子善於審美。而審美能喚起趣味生活。所以孔子是一個趣味主義者：「孔子因爲認趣味爲人生要件，所以說『不亦說乎』，『不亦樂乎』，說『樂以忘憂』，說『知之者不知好之者，好之者不如樂之者』。一個『樂』字，就是他老先生自得的學問。」〔註 122〕

〔註 118〕梁啓超：《孔子》，《飲冰室合集・專集之三十六》，中華書局 1989 年版，第 58～59 頁。

〔註 119〕梁啓超：《孔子》，《飲冰室合集・專集之三十六》，中華書局 1989 年版，第 62 頁。

〔註 120〕按：從智、情、意三個方面來分析孔子的人格，受到了蟹江義丸的《孔子研究》的影響（參見：末岡宏的《梁啓超與日本的中國哲學研究》，載狹間直樹編《梁啓超・明治日本・西方》（修訂版），社會科學文獻出版 2012 年版，第 161 頁））。

〔註 121〕梁啓超：《孔子》，《飲冰室合集・專集之三十六》，中華書局 1989 年版，第 59 頁。

〔註 122〕梁啓超：《孔子》，《飲冰室合集・專集之三十六》，中華書局 1989 年版，第 60～61 頁。

　　三、孔子還是一個意志最堅定強毅的人。孔子意志堅強，具有勇武精神，不僅在短期的政治活動中得以表現，而且「他晚年講學著書，越發表現這種精神」。孔子說自己「學而不厭，誨人不倦」。梁啓超認爲，這兩句話看似尋常，實則做起來極難，「意志力稍爲薄弱一點的人，一時鼓起興味做一件事，過些時便厭倦了。孔子既已認定學問、教育是他的責任，一直到臨死那一天，絲毫不肯鬆勁。『不厭不倦』這兩句話，眞當之無愧了。」〔註123〕「不厭不倦」實是孔子「情」和「意」的綜合體現。故梁氏說「不厭不倦，是孔子人生哲學第一要件。」〔註124〕

　　概言之，在對孔子人生哲學的體驗踐履的基礎上，並借助西方人格主義哲學觀，梁啓超對其進行了全面而系統的闡述，建構了一個不同於西方的孔子人格主義哲學體系，這一體系包括「人格」的內涵、實踐修養以及孔子的人格表現，是孔子思想與行爲的完美結合。梁氏闡釋的目的在於使現代人以孔子爲人格典範，以其哲學修養身心，成就現代君子，並以此對治現代性所帶來的人格異化，彌補現代教育中人格教育的缺失。

四、性善主義——孟子人生哲學的闡釋

　　梁啓超對孟子人生哲學思想的系統闡釋，主要集中在《論孟子》一長文中（其他文章也零星地涉及到了一些內容）。該文是 1918 年梁氏在家爲子女講《孟子》而作的。〔註125〕目的是爲子女未來人格的發展打下一定基礎，待

〔註123〕梁啓超：《孔子》，《飲冰室合集・專集之三十六》，中華書局 1989 年版，第 61 頁。

〔註124〕梁啓超：《教育家的自家園地》，《飲冰室合集・文集之三十九》，中華書局 1989 年版，第 9～10 頁。

〔註125〕按：梁啓超《論孟子》一文，生前沒有全部發表，《飲冰室合集》也未收錄。其中的《孟子之教育主義・性善論》的一部分發表在 1919 年 2 月 4 日至 8 日和 10 日至 13 日的《時事新報》上，題爲《讀〈孟子〉記（修養論之部）》，夏曉虹輯的《〈飲冰室合集〉集外文》（北京大學出版社 2005 年版）收錄了此文。《論孟子》全文是梁啓超的一篇遺稿，1983 年由收藏者李建整理，發表在《學術研究》（1983 年第 5 期）上，題爲《梁啓超論孟子遺稿》（約 2 萬字）。李氏另撰有《關於梁啓超論孟子遺稿》（同時發表在該刊上）對該文的來源、收藏、鑒定和主要內容等作了簡要介紹。遺憾的是，夏曉虹輯的《〈飲冰室合集〉集外文》並沒有收錄《遺稿》。據湯志鈞考證，《遺稿》比發表在《時事新報》上的部分多 9 千多字；此外，後者排校有許多錯誤，且發表在《遺稿》修改之前（見湯志鈞《梁啓超論〈孟子〉》，《史林》2007 年第 3 期）。因此，要論梁啓超對孟子思想的闡釋，應以《遺稿》爲據。筆者認爲，儘管《遺稿》是一篇未

「數年之後，或緣心理再顯之作用，稍有會耳」。〔註126〕梁啓超從體驗躬行的路向出發，側重闡發孟子人生哲學的理論根基和修養的具體方法、途徑。對其中發表在《時事新報》上的部分，賀麟有很高的評價。他說：「據作者的印象，任公談義理之學的文字，以『五四』運動前後，在《時事新報》發表的幾篇談孟子要旨的文章最為親切感人。對於「先立乎其大則小者不能奪」之旨，發揮最為透徹。」〔註127〕

關於孟子的人生哲學思想，梁啓超首先有一個精要而又有體系的概括。他說：

> （孟子）以為人所以能宏道者，由其有良知良能，故言性善。此善性當務自得而有諸己，故言存養。此善性當博極其量，故言擴充。其教人在先立乎其大者則其小者不能奪。故與曾子一派專務致謹於容貌辭氣顏色之間者有異，與子夏一派專講進退應對之節傳章句之文者亦有異，其示人入道之途有二：曰狂，曰狷。狂者進取，故勇於自任，以聖人為必可學，以天下事為必可為；狷者有所不為，故尚名節峻崖岸，不屑不潔，終未嘗枉道以徇乎人也。〔註128〕

此為梁啓超論孟子人生哲學的總綱，即孟子人生修養論大綱。具體言之，孟子人生修養論的理論根基是性善論。既持人性本善的先驗論，那麼修養就從性善出發，故孟子的修養方法講立乎其大，曰存養、擴充（按：梁啓超在具體論述時還先講了立志），修養途徑於是就有狂者之路和狷者之路。梁啓超即按照這一大綱對孟子的人生哲學展開詳細論述。

性善論是孟子人生哲學思想（甚至整個孟子思想）的理論根基，這可能是民國學界一種共識。郎擎霄說：「孟子之人生哲學，根據其性善論，蓋性善論為孟子全部哲學之中心思想，亦其人生哲學之關鍵也。」〔註129〕錢穆說：「今當推求其學說之本源，則不可不明孟子性善之旨。性善者，孟子學說精神之

完成稿，但至少是一篇相當完整而系統地闡釋了孟子人生哲學的文章。

〔註126〕丁文江、趙豐田：《梁啓超年譜長編》，上海人民出版社1983年版，第864頁。

〔註127〕賀麟：《五十年來的中國哲學》，商務印書館2002年版，第4頁。按：所謂「『五四』運動前後，在《時事新報》發表的幾篇談孟子要旨的文章」，實際上就是1919年2月4日至8日和10日至13日發表在《時事新報》上的《讀〈孟子〉記（修養論之部）》。因此賀麟所說的時間有誤，應是「五四」運動前，而不是「五四」運動前後，可能是賀麟的記憶有誤，或筆誤。

〔註128〕梁啓超：《梁啓超論孟子遺稿》，《學術研究》1983年第5期，第77頁。

〔註129〕郎擎霄：《孟子學案》，商務印書館1926年版，第100頁。

所在，不明性善，即爲不知孟子。」〔註130〕當然，梁啓超在郎、錢之前，已提出了這一觀點。他說：「孟子之學，出於子思，其特標性善爲進德關鍵，則《中庸》之教也。『孟之（按：『之』爲『子』之誤）道性善，言必稱堯舜。』（《滕文公》上）此孟子一生論學大宗旨。」〔註131〕又說：「人皆有同情心，而心皆有善端，人人各將此心擴大而充滿其量，則彼我人格相接觸，遂形成普遍圓滿的人格，故日：『苟能充之足以保四海』也，此爲孟子人生哲學、政治哲學之總出發點。」〔註132〕在具體論述性善論時，梁與郎、錢不同，郎、錢主要重在客觀的學術梳理，梁則作了更多的哲學上的發揮，並融進了佛學、心學和西方哲學的內容。

梁啓超主要從三個方面來闡述孟子的性善論：一是對性善基本義的解釋，二是對性善圓滿義的闡發，三是對五家論「性」（包括孟子性善論）的判教。

關於孟子性善的基本義，梁啓超說：「孟子所謂善者，仁義禮智也。所謂性者，生而固有，非由外鑠，所謂不慮而知之良知，不學而能之良能是也。乍見入井而怵惕，過視委壑而頻泚，此二節皆舉常情之必然者以立證，非所以納交云云，非爲人泚云云，即非由外鑠我固有之之注腳也，亦即不學而知不慮而能之注腳也。」〔註133〕也就是說，孟子所謂的性善，即人先天具有的仁義禮智的本性，是不慮而知、不學而能的良知良能。這是一種先驗人性論。

梁啓超進而認爲，「言我固有而非由外鑠，其言尚似局於我之一身」，其實孟子「更推原人性共同之所自出以完其說也」，孟子「極力發明人類有共通性。性既非吾一人所獨而爲全人類之所共，則人類所具之德，吾固當具之；人類所能之事，吾固當能之。人類中既產聖賢，則人類之本質能產聖賢甚明。吾既爲人類之一，則吾亦能爲聖賢甚明。」〔註134〕李錦全先生認爲，梁啓超的這一演繹，是將孟子的先驗人性論，解釋爲人類的共同本能。但這只是一種「善質」或「善端」，還未具有現實性。梁氏這樣的點化很重要，否則人人

〔註130〕錢穆：《孟子研究》，開明書店 1948 年版，第 79 頁。
〔註131〕梁啓超：《梁啓超論孟子遺稿》，《學術研究》1983 年第 5 期，第 79～80 頁。
　　　　按：梁啓超此文寫於 1918 年。
〔註132〕梁啓超：《先秦政治思想史》，《飲冰室合集・專集之五十》，中華書局 1989 年版，第 85 頁。按：梁啓超此書寫於 1922 年。
〔註133〕梁啓超：《梁啓超論孟子遺稿》，《學術研究》1983 年第 5 期，第 80 頁。
〔註134〕梁啓超：《梁啓超論孟子遺稿》，《學術研究》1983 年第 5 期，第 80 頁。

都已經是全知全能的天生聖賢，就無所謂受教育的問題。梁氏的解釋開出了一條路子，爲研究孟子的教育思想展開了廣闊的前景。〔註135〕當然，從人生哲學的角度看，梁啓超的這一闡釋是爲後面講孟子的人生修養論奠定基礎。孟子的修養方法不過是將這一「善質」或「善端」存養、擴充而已。

關於性善的圓滿義，梁啓超認爲，孟子的「萬物皆備於我矣，反身而誠，樂莫大焉」（《盡心》上），是「《孟子》全書最精到之語也」，「此性善之圓滿義」。〔註136〕梁氏以佛學、陸九淵心學和笛卡爾哲學對此加以闡釋，他說：

> 孟子「萬物備我」之義，所謂「我」者，必非指此七尺之恒幹甚明，此恒幹至蠢陋至澁濼，何以能容萬物，備我者亦備於我心而已。我心非他，即人類同然之心也，即天之所以與我之心也，亦即佛典所云眾生心也。是故雖我也，而與物同體與天同體也。然則不云我備於萬物，不云萬物備於天，而必云「萬物備於我」者何也？宇宙萬有之現象，皆由我識想分別而得名，苟無我則天與萬物且不成安立也。昔法人笛卡兒，以懷疑哲學聞，其言謂一切萬有之存否皆不能無疑，惟必有我存，斯無可疑。何也，若疑我不存，則能疑之主體既先亡矣，萬物則皆我心體中所函之象，而我之心體，則超乎此七尺恒幹之上（此恒幹亦萬物之一也）。與萬物爲一體，與天爲一體，因其爲我意識所體認，則名之曰「我」，故曰「萬物皆備於我」也。我意識能體認眞我，則萬物立備矣，故曰：「反身而誠，樂莫大焉。」〔註137〕

梁啓超對「萬物皆備於我」之義的發揮，可謂透徹，將各家學說融爲一爐，而又彰顯孟子之義。在梁氏看來，孟子此義，貫通心物，通達天人，圓融無礙（即所謂「圓滿義」也）。梁氏說：「所謂『萬物皆備於我』也，此實千聖眞傳同條共貫之第一義，孟子直揭以示人，群儒之所莫能及也。」〔註138〕梁此處的闡釋，實是爲了說明由「心」能開出其後所說的修養工夫，所謂「立乎其大者」，即立「心」也。

最後，梁啓超對各家論「性」進行了判教。他先總結古代論「性」有五

〔註135〕 李錦全：《評梁啓超關於教育思想和人才學觀點的重要遺稿》，《學術研究》1983年第6期，第56頁。
〔註136〕 梁啓超：《梁啓超論孟子遺稿》，《學術研究》1983年第5期，第80頁。
〔註137〕 梁啓超：《梁啓超論孟子遺稿》，《學術研究》1983年第5期，第81頁。
〔註138〕 梁啓超：《梁啓超論孟子遺稿》，《學術研究》1983年第5期，第81頁。

家：「孟子言性善，其一也；荀子言性惡，其二也……；告子言性無善無不善，其三也……；世子等言性有善有不善，其四也……；……有性善有性不善，其五也。」〔註139〕然後以《大乘起信論》的「一心開二門」加以判教。一心者即眾生心，是心總攝一切世間法，依此心顯大乘義；依此心有二門，一是心眞如門，二是心生滅門，此二門各總攝一切法，而又不相離。梁啓超以此義與各家論「性」相印證，說：

> 告子所謂無善無不善者，蓋指此眾生心，即所謂一心法也。此一心法超絕對待，不能加以善不善之名。孔子所謂性即指此，故只能概括其辭，曰性相近也。然依此一心法能開二種門，故可以爲善可以爲不善也，孔子則言習相遠也……。孟子言性善者，指眞如相，即一心法下所開之心眞如門也。荀子所謂性惡者，指生滅因緣相，即一心法下所開之心生滅門也……。兩俱得謂之性者，以是二門各總攝一切法，是二門不相離故。不寧惟是，生滅門所顯示之體相用，千狀萬態，故謂性有善有不善可也，謂有性善有性不善亦可也……。
> 〔註140〕

梁啓超認爲，五家論「性」似相反，實各明一義，如果要論品次優劣，「則告子所說，與孔子合，義最圓融……孟子指眞如爲性，所以勸向上，其義精。荀子指無明爲性，所以警墮落，其義切。」而後二說則粗淺不圓。〔註141〕應該說，梁啓超的判教是相當精彩的，他以佛學融會各家學說，條分縷析，通貫暢達。如對孟子的性善論和荀子的性惡論並沒有判其高下，而是辨析他們的性的內容實質不一樣，一指眞如爲性，一指無明爲性，各有指向。

不過，梁啓超的目的不是爲比較而比較，而是與人生修養聯繫起來。他說：「性雖善而可以習於不善，如何而始能免於不善？曰惟修養。性雖惡而可以習於善，如何而能進於善？曰惟修養。故孟荀言性雖相反，而其歸本於修養一也。」〔註142〕但因孟荀因持論不同，故修養之法也異，「孟言性善，故其教法在發揮本能；荀言性惡，故其教法在變化氣質。二者各有所長，而孟子尤能先立乎其大矣。」〔註143〕「以比佛法，荀子則小乘法也，漸教也；孟子

〔註139〕梁啓超：《梁啓超論孟子遺稿》，《學術研究》1983年第5期，第81頁。
〔註140〕梁啓超：《梁啓超論孟子遺稿》，《學術研究》1983年第5期，第81～82頁。
〔註141〕梁啓超：《梁啓超論孟子遺稿》，《學術研究》1983年第5期，第82頁。
〔註142〕梁啓超：《梁啓超論孟子遺稿》，《學術研究》1983年第5期，第84頁。
〔註143〕梁啓超：《梁啓超論孟子遺稿》，《學術研究》1983年第5期，第83頁。

則大乘法也，頓教也。」〔註144〕

　　對於孟子的修養方法，梁啓超總括爲：「《孟子》全書教人修養者千言萬語，可以兩言蔽之，曰：『先立乎其大者，則其小者不能奪也。』（《告子》上）故眞能率孟子之教者，大徹大悟，一了百了。本無次第之可言，推如何然後能立乎其大，則孟子提挈三義焉：曰立志，曰存養，曰擴充。」〔註145〕

　　梁啓超認爲，孟子的修養方法首重立志。「王子墊問曰：『士何事？』孟子曰：『尙志』。」（《盡心》上）〔註146〕對此，梁啓超解釋說：「『尙志』者，謂高尙其志也。……志一立，則肌膚筋骸皆挺舉，而神明自發皇。而不然者，則奄奄若陳死人，更復何事，直一齊放倒耳。故孟子首以此教學者。」所謂「孟子首以此教學者」，即在人生修養上，孟子首先教人立志。那麼如何立志呢？梁氏認爲，「孟子之教，則志爲聖人而已」，「孟子教學者，刻刻以堯、舜、文王自比較，更無絲毫躲閃之餘地，亦永無躊躇滿足之一日，此師子頻呻、龍象蹴踏氣象也。」又認爲，孟子又教人模範古人之法，曰：「聞伯夷之風者，玩夫廉，懦夫有立志；聞柳下惠之風者，薄夫敦，鄙夫寬。奮乎百世之上，百世之下，聞者莫不興起也。」（《盡心》下）對此，梁啓超加以引申，指導今人如何立志：「立志之法，莫妙於懸一所崇拜之古人以爲模範，如該撒常自比亞歷山大，拿破侖常自比該撒，揚雄常自比司馬相如，蘇軾常自比白居易，皆刻意模範，而所成就亦略相等，或且過之。」〔註147〕

　　同時，梁啓超又認爲，關於立志，儘管孟子教人模仿古人，但又強調自力，不依傍古人，所謂「待文王而後興者，凡民也；若夫豪傑之士，雖無文王猶興。」（《盡心》上）這與荀子不同，「荀子之教尊他力，故言假物。……此與其性惡之旨相一貫。蓋性既惡，則非藉他力不能矯正也。」而「孟子言性善，故尊自力，其言曰：『萬物皆備於我』（《盡心》下）；曰：『反求諸己而已矣』（《公孫丑》上）；曰：『行有不得者，皆反求諸己』（《離婁》上）。」故孟子對於不以自力向上者，苟之曰「自暴」，曰「自棄」，曰「自賊」。〔註148〕

〔註144〕梁啓超：《梁啓超論孟子遺稿》，《學術研究》1983年第5期，第84頁。

〔註145〕梁啓超：《梁啓超論孟子遺稿》，《學術研究》1983年第5期，第84頁。

〔註146〕按：因梁啓超引用《孟子》之文時，簡稱篇名，爲求行文統一，筆者在引用《孟子》之文時也簡稱篇名。

〔註147〕此節引用見：梁啓超：《梁啓超論孟子遺稿》，《學術研究》1983年第5期，第84～85頁。

〔註148〕此節引用見：梁啓超：《梁啓超論孟子遺稿》，《學術研究》1983年第5期，第85～86頁。

這裡，梁啓超將孟子的立志與性善論貫通起來了。

梁啓超認爲，「孟子曰立志，曰自力，皆導人嚮學而已」；而志立之後，就是如何嚮學，孟子提撕二義：第一是存養，第二是擴充。

關於存養，梁啓超說：「孟子教人以第一義，則曰『存養』，所謂存其心養其性是也（《盡心》上）。蓋性本善，能常存其善性使勿失，常養其善性使日長，斯人格具矣。」〔註149〕簡言之，「存養」就是存善性、養善性。

梁啓超首先從孟子「人之所以異於禽獸者幾希」的觀點出發，來講存之工夫。梁氏認爲，人類合神明和軀幹兩部分而成，人之所以異於禽獸者在於人有神明，「惟此神明，能審量焉、能別擇焉，能比推焉、擴充焉。」但人之神明寓於軀幹之中，常受其牽縛。一旦爲軀幹所束縛而失去自由意志，就變成軀幹的奴隸，與禽獸無異。然神明雖爲軀幹所牽縛，但畢竟未嘗泯滅。所以孟子稱之曰「失」，曰「喪」，曰「放」，曰「忘」，「皆一時迷失之謂」；稱之曰「害」，曰「梏」，曰「陷溺」，「皆是一時失其自由之謂」。「故孟子惟標舉一『存』字：『人之所以異於禽獸者，君子存之』；『君子所以異於人者，亦以其存心而已』（《離婁》下）。」所謂「存」，就是存人所本有的神明或善心、善性，也就是梁氏所說的「孟子之教，則凡以喚起人類之自覺心而已」。〔註150〕

接著又認爲，孟子存、養並舉，不養則不能久存。孟子曰：「苟得其養，無物不長；苟失其養，無物不消」（《告子》上）；又曰：「豈惟口腹有饑渴之害？人心亦皆有害」（《盡心》上）。故孟子教人自養。那麼所養者爲何呢？孟子說：「無以小害大，無以賤害貴。養其小者爲小人，養其大者爲大人。」（《告子》上）所謂「小者」、「賤者」，即軀體；所謂「大者」、「貴者」，即神明。也就是說，孟子認爲所養應爲大者，爲神明。但孟子又認爲，人們往往小者（軀幹）所奪，爲了耳目口體而成爲物欲的奴隸，故當恢復我之自主權，對一切物而宣告獨立，不復爲奴隸。我一作此念，則一切物聽命於我，故曰「思則得之也」，故曰「先立乎其大者則其小者不能奪也」。梁啓超認爲，「此孟子之霹靂手段也」。然後梁氏列舉了孟子種種「先立乎其大者，則小者不能奪也」的「立大」、「養大」的工夫。對此，梁氏可謂發揮得淋漓盡致。孟子又認爲，大者即立，則小者固不能奪。然必無以小害大，則然後大乃能立。所以孟子

〔註149〕梁啓超：《梁啓超論孟子遺稿》，《學術研究》1983年第5期，第86頁。

〔註150〕此節引用見：梁啓超：《梁啓超論孟子遺稿》，《學術研究》1983年第5期，第86～87頁。

教人說：「養心莫善於寡欲。其爲人也寡欲，雖有不存焉者寡矣；其爲人也多欲，雖有存焉者寡矣。」（《盡心》下）多欲必至以小害大、養小失大，只有寡欲才能不以小害大、不養小失大。但何以能寡欲，仍在務立其大。〔註151〕

同時，孟子又將養性轉換爲養氣。因爲性是形上的，氣是形下的。梁啓超認爲，孟子所說的「吾善養吾浩然之氣」，即其養性的工夫，是其道德之得力處；「孟子養氣，全是從本原處下工夫，以與前北宮黝、孟施捨、告子等所用之方法比較，彼等皆隨事爲臨時抵抗者也。孟子則無事時不斷致力而臨事之抵抗反無所用也。譬諸攝生治病，北宮黝、孟施捨以峻劑攻治，告子食不出戶以防外邪之襲，孟子則中氣充盈，病自不能侵也。所謂大立而小不能奪，其本領全在是。」〔註152〕

關於擴充，梁啓超認爲，「存養在求自得而勿失也。然非此而已足也，其大作用則在擴充。」擴充則是孟子教人之第二義。什麼是擴充呢？梁啓超說：「孟子以惻隱羞惡辭讓是非之心，爲仁義禮智之端。端也者，始基云爾，非謂即此已具其全體也，故曰：『凡有四端於我者，知皆擴而充之矣；若火之始然，泉之始達。苟能充之，足以保四海』。此言四端力量之偉大也。其下即繼之曰：『苟不充之，不足以事父母』，此言僅有四端之不可恃也。」也就是說，所謂「擴充」，就是將人先天具有的仁義禮智「四端」進一步發展、擴大、充實。梁啓超還認爲，孟子所說的「達」也是擴充的意思，如孟子說：「人皆有所不忍，達之於其所不忍，仁也；人皆有所不爲，達之於其所爲，義也。」（《盡心下》）〔註153〕

梁啓超認爲，以擴充爲教，是因勢而利導之，是「發揮本能之教，亦曰盡性之教，所謂『充類至義之盡』是也」（《萬章》下《交際》章）。他舉例說：「個人當孩提時，智識材力道德能有幾？何以閱數十年遂能變爲聖賢豪傑？社會當草昧時，文物制度能有幾？何以閱數千年，乃遂光華燦爛與日月齊耀也？無他，擴而充之而已。」所以，「自修養者務發揮自己之本能，教人者務發揮人之本能，爲國民教育者務發揮國民之本能，如斯而已矣。」〔註154〕梁

〔註151〕此節引用見：梁啓超：《梁啓超論孟子遺稿》，《學術研究》1983年第5期，第87～89頁。

〔註152〕梁啓超：《梁啓超論孟子遺稿》，《學術研究》1983年第5期，第90頁。

〔註153〕此節引用見：梁啓超：《梁啓超論孟子遺稿》，《學術研究》1983年第5期，第91頁。

〔註154〕此節引用見：梁啓超：《梁啓超論孟子遺稿》，《學術研究》1983年第5期，第91頁。

氏認爲，《孟子》中言擴充的地方甚多。對此，他加以了歸納、總結：

> 山徑蹊間，介然成路，擴充也（《盡心》下《謂高子》章）。原泉混混，不捨晝夜，擴充也（《離婁》下《水哉水哉》章）。掘井九仞，而務及泉，擴充也（《盡心》上《有爲者》章）。城門之軌，非兩馬之力，擴充也（《盡心》下《禹之聲》章）。登東山而小魯，登泰山而小天下，擴充也（《盡心》上《登東山》章）。養氣由於集義，擴充也（《公孫丑》上《不動心》章）。知天由於盡心，擴充也（《盡心》上《盡心》章）。反約由於博學詳說，擴充也（《離婁》下《博學》章）。大任由於增益不能，擴充也（《告子》下《舜發畎畝》章）。以友天下之士爲未足，又尚論古之人，擴充也（《萬章》下《一鄉善士》章）。〔註155〕

梁啓超認爲，孟子除講修養方法外，還導人以「入道之途」即講修養的途徑。此因人之性情不同分爲狂者和狷者二路。孟子修養之途取乎狂狷，實在述孔子之言。孟子引孔子之言曰：「孔子『不得中道而與之，必也狂狷乎。狂者進取，狷者有所不爲也。』」然後釋之曰：「孔子豈不欲中道哉，不可必得，故思其次也。」（《盡心》下）也就是說，孟子認爲中道不易行，退而求其次，取狂狷二路。孟子對孔子的狂狷之義加以了豐富，梁啓超說：「其（孟子）釋狂之義，則曰：『其志嘐嘐然，曰古之人古之人，夷考其行，而不掩焉者（按：「者」字原缺）也。』其釋狷狷（按：後一個『狷』爲『之』之誤）義，則曰『不屑不潔』。」梁氏認爲，「凡《孟子》書中教人以發揚志氣堅信自力者，皆狂者之言也；凡《孟子》書中教人以砥礪廉隅峻守名節者，皆狷者之言也。」〔註156〕

梁啓超認爲，孟子尊狂者和狷者。他說：「孟子於孔子之外，最尊伯夷、伊尹。」尊伯夷即尊狷者，尊伊尹即尊狂者，因爲「伯夷近於狷者也，伊尹近於狂者也」。〔註157〕孟子爲什麼尊狂者和狷者呢？梁氏說：「狂之流也，由狂入聖，可以爲聖之任；由狷入聖，可以爲聖之清。」又說：「狂者進取，由狂入聖，聖之任」；「狷者不屑不潔，由狷入聖，聖之清。」〔註158〕也就是說，

〔註155〕梁啓超：《梁啓超論孟子遺稿》，《學術研究》1983年第5期，第91～92頁。
〔註156〕此節引用見：梁啓超：《梁啓超論孟子遺稿》，《學術研究》1983年第5期，第92頁。
〔註157〕梁啓超：《梁啓超論孟子遺稿》，《學術研究》1983年第5期，第92頁。
〔註158〕梁啓超：《梁啓超論孟子遺稿》，《學術研究》1983年第5期，第93頁。

狂者和狷者之路是進人聖人之途，故孟子尊之。在梁氏看來，孟子本人，既是一個狂者又是一個狷者，他正是從狂狷二路來入手修道的。「故學孟子之學，從狂狷入焉可耳。」〔註159〕作爲修養受用來讀《孟子》，「第一，宜觀其砥礪廉隅，崇尚名節，進退辭受取與之間竣立防閑，如此然後可以自守而不至墮落。」〔註160〕這是學孟子的狷。「第二，宜觀其氣象博大，獨往獨來，光明俊偉，絕無藏閃，能常常誦習體會，人格自然擴大。第三，宜觀其意志堅強，百折不回，服膺書中語，對於環境之壓迫，可以增加抵抗力。」〔註161〕這是學孟子的狂。同時，孟子與孔子一樣，抨擊鄉原，認爲鄉原與狂狷最相反，爲德之賊也。

應該說，通過對孟子人生哲學思想的闡釋，梁啓超建構了孟子性善主義的修證體系。這一體系既有對人性問題的形上闡發，又有對修養工夫的具體展開。此前，還未有人如此系統梳理過，這是梁氏研究孟子的貢獻所在。梁氏充分肯定孟子性善主義的學術價值，認爲，孟子「高唱性善主義，教人以自動的擴大人格，在哲學上及教育學上成爲一種有永久價值之學說。」〔註162〕同時又認爲，孟子的修養工夫可確立做人的根基。他說：「《孟子》爲修養最適當之書，於今日青年尤爲相宜。學者宜摘取其中精要語熟誦，或鈔出常常閱覽，使其精神深入我之『下意識』中，則一生做人基礎可以穩固，而且日日向上，至老不衰矣。」〔註163〕

〔註159〕梁啓超：《梁啓超論孟子遺稿》，《學術研究》1983年第5期，第92頁。

〔註160〕梁啓超：《要籍解題及其讀法》，《飲冰室合集・專集之七十二》，中華書局1989年版，第8頁。

〔註161〕梁啓超：《要籍解題及其讀法》，《飲冰室合集・專集之七十二》，中華書局1989年版，第8頁。

〔註162〕梁啓超：《要籍解題及其讀法》，《飲冰室合集・專集之七十二》，中華書局1989年版，第7頁。

〔註163〕梁啓超：《要籍解題及其讀法》，《飲冰室合集・專集之七十二》，中華書局1989年版，第8頁。

第五章　梁啓超對中國古代人生哲學的闡釋（下）

一、知行合一 —— 王陽明人生哲學的闡釋

梁啓超家鄉新會的主導思想是陳白沙的心學（而不是當時盛行的考据學），他從小就無形中受到了這種文化氛圍的薰陶。青年時，在萬木草堂跟隨康有爲學習陸王心學。此後，梁氏一直服膺於陸王心學尤其是王學。這一學說不僅是其學術思想的主要根基，而且是其修身養性的重要指導。梁氏因之致力於心學的闡揚。1897 年，主辦時務學堂時，嚮學生授以陸王心學的修養論。1905 年，編纂《德育鑒》和《節本明儒學案》，重點在傳播陸王心學尤其是王學及其後學。1926 年，在北京學術講演會及清華學校講《王陽明知行合一之教》，集中闡釋了王陽明的人生哲學。此外，他其他文章和著作，論及王學的地方也甚多。

梁啓超對王陽明人生哲學的闡釋是直接針對現代教育的弊端而發的。《王陽明知行合一之教》一開頭就點明了此意：

> 現代（尤其是中國的現在）學校式的教育，種種缺點，不能爲諱，其最顯著者，學校變成「智識販賣所」。辦得壞的不用説，就算頂好的吧，只是一間發行智識的「先施公司」，教師是掌櫃的，學生是主顧客人。頂好的學生，天天以「吃書」爲職業，吃上幾年，肚子裏的書裝的像蠱脹一般，便算是畢業。……再講到修養身心磨練人格那方面的學問，越發是等於零了。學校固然不注意，即使注意到，

也沒有人去教，教的人也沒有自己確信的方法來應用，只好把他擱在一邊拉倒。青年們稍爲有點志氣對於自己前途切實打主意的，當然不滿意於這種畸形教育，但無法自拔出來，只好自己安慰自己說道：「等我把智識的罐頭裝滿了之後，再慢慢的修養身心與及講求種種社會實務吧。」其實那裏有這回事，就修養方面論，把「可塑性」最強的青年時代白白過了，到畢業出校時，品格已經成型，極難改進，投身到萬惡社會中，像洪爐燎毛一般，攏着邊便化爲灰燼。就實習方面論，在學校裏養成空腹高心的習慣，與社會實情格格不入，到底成爲一個書獃子、一個高等無業遊民完事。青年們啊，你感覺這種苦痛嗎？你發見這種危險嗎？我告訴你唯一的救濟法門，就是依着王陽明知行合一之教做去。〔註1〕

以上是說，學校成爲「智識販賣所」，而缺乏人格修養的學問，學生精神無所寄託，然身處其中，無法自拔。梁啓超認爲，「養成作事的能力，書本子的知識，固屬緊要；精神修養，尤爲不可忽。然精神人格修養的方法，又祇有陸王學派最簡捷最美滿最有效驗。」〔註2〕針對上述弊病，梁氏此時開出的藥方是王陽明的知行合一之教，將其當作是「唯一的救濟法門」。其實在 1905 年，梁啓超針對科學日繁，就開出了這一藥方，他說：「吾儕生於今日，社會事物日以複雜，各種科學皆有爲吾儕所萬不可不從事者。然則此有限之日力，其能劃取之以爲學道之用者，校諸古人，抑已寡矣。若不用簡易直切之法門以導之，無論學者厭其難而不肯從事也，即勉而循焉，正恐其太費科學而闊於世用，反爲不學者所藉口。故竊以爲惟王學爲今日學界獨一無二之良藥。」〔註3〕

鑒於此，梁啓超必然從內省、躬行的路向來闡釋王陽明的人生哲學。此外，王學本是道德實踐之學，錢穆說王氏一生「實可算是以身修身，以心教心，最具體到家的一實例」〔註4〕，梁氏正是按照這一實踐品格來疏導王學的，而不像後來的胡適式的理性主義研究路向反重王學的形上學。

梁啓超對王陽明人生哲學的闡釋，主要從三個方面展開：（一）對知行合

〔註1〕 梁啓超：《王陽明知行合一之教》，《飲冰室合集·文集之四十三》，中華書局1989 年版，第 23～24 頁。

〔註2〕 梁啓超：《陸王學派與青年修養》，《〈飲冰室合集〉集外文》（中），北京大學出版社 2005 年版，第 1025 頁。

〔註3〕 梁啓超《德育鑒》，《飲冰室合集·專集之二十六》，中華書局 1989 年版，第24 頁。

〔註4〕 錢穆：《宋明理學概述》，九州出版社 2010 年版，第 210 頁。

一說主要內容的分疏（二）對知行合一說哲學根基的分析,（三）對具體的修養工夫的疏導。

（一）對知行合一說主要內容的分疏

知行合一說是王陽明的重要學說。他 38 歲在貴州龍場時始以此教學者。梁啓超以此來代表王陽明的哲學思想,認為,「知行合一這四個字,陽明終身說之不厭,一部《王文成全書》,其實不過這四個字的注腳。」〔註5〕

知行問題中國哲學史的重要命題,先秦文獻中已涉此命題,如《左傳·召公十年》曰:「非知之實難,將在行之。」不過,到宋代才提到相當重要的地位加以討論,如程頤、朱熹主張「知先行後」。梁啓超認為,「把知行分為兩件事,而且認為知在先行在後,這是一般易陷的錯誤。陽明的知行合一說即專為矯正這種錯誤而發」;而其立論的出發點則是對朱熹知行說的反動。對於《大學》中「欲修其身者先正其心,欲正其心者先誠其意,欲誠其意者先致其知,致知在格物」這幾句話,朱熹認為這是「古人為學次第」(《大學章句》):先致知格物,後誠意正心。王陽明早年也以朱熹之法用功,但終覺理與心為二。直至龍場悟道後,才發現朱子之誤,而倡知行合一說。梁啓超批評朱熹而張陽明之說:認為朱熹對於求知工夫看得尤重,要先求知,然後再力行,而「依朱子這種用功法,最少犯了下列兩種毛病,一是泛濫無歸宿,二是空偽無實著」;雖「陽明早年固嘗為此說所誤」,但「後來在龍場驛三年,勞苦患難,九死一生,切實體驗,才發明這知行合一之教。」〔註6〕

然後,梁啓超將知行合一說分疏為下面三組內容:

第一組:「未有知而不行者,知而不行,只要未知。」(《傳習錄》上)

梁啓超認為,這是說知行的本質:「第一組的話是將知行的本質為合理的解剖說明,陽明以為凡人有某種感覺,同時便起某種反應作用,反應便是一種行為,感覺與反應,同時而生,不能分出個先後。」梁啓超在此將王陽明的「知」解釋為感覺,「感覺(知)的本身,已是一種事實,而這種事實早已含有行為的意義在裏頭。」也就是說,知行在本質上是一致的。其實,這也是說知行本體〔註7〕(也即心之本體)問題,王陽明說:「知是心之本體,心

〔註5〕　梁啓超:《王陽明知行合一之教》,《飲冰室合集·文集之四十三》,中華書局
　　　　1989 年版,第 27 頁。

〔註6〕　此節引用見:梁啓超:《王陽明知行合一之教》,《飲冰室合集·文集之四十三》,
　　　　中華書局 1989 年版,第 25～27 頁。

〔註7〕　按:梁啓超認為,「陽明所謂本體專就『知』言,即所謂良知是也,但他既已

自然會知，見父自然知孝，見兄自然知弟，見孺子入井自然知惻隱。」（《傳習錄》上）眞知者，必然會付諸行；不行，只是被私欲隔斷了。

第二組：「知是行的主意，行是知的工夫，知是行之始，行是知之成。」
　　　　（《傳習錄》上）

梁啓超認爲，這是說知行的關係：「第二組的話，是從心理歷程上看出知行是相倚相待的。正如車之兩輪，鳥之雙翼，缺了一邊，那一邊也便不能發生作用了。凡人做一件事，必須先打算去做，然後會著手做去。打算便是知，便是行的第一步驟。換一面看，行是行個什麼，不過把所打算的實現出來，非到做完了這件事時候最初的打算不會完成。然則行也只是貫徹所知的一種步驟，陽明觀察這種心理歷程。把他分析出來。說道，『知是行的主意，行是知的工夫，知是行之始，行是知之成』。」〔註8〕也就是說，知行是一體的。王陽明此說實是針對當時把知行分作兩截的人而發的，也是針對宋儒「知先行後」而發的。而梁啓超的闡發也是有針對性的，他藉此批評現代教育，把知行分成了兩撅，只重知識的傳授，而不忽視應用。

第三組：「知行原是兩個字說一個工夫，知之眞切篤實處便是行，行之明
　　　　覺精察處便是知。」（《答友人問》）〔註9〕

這一組是爲了解答既然知行本體只是一件，爲什麼會分出兩個名詞來的問題。王陽明說：「知行原是兩個字說一個工夫，這一個工夫，須著此兩個字，方說得完全無弊。」（《答友人問》）又說：「知之眞切篤實處即是行，行之明覺精察處即是知。知行工夫本不可離，只爲後世學者分作兩截用工，失卻知行本體，故有合一並進之說。眞知即所以爲行，不行不足謂之知。」（《答顧東橋書》）又說：「行之明覺精察處便是知，知之眞切篤實處便是行。若行而不能精察明覺，便是冥行，便是學而不思則罔，所以必須說個知；知而不能眞切篤實，便是妄想，便是思而不學則殆，所以必須說個行，元來只是一個工夫。古人說知行皆是就一個工夫上補偏救弊說，不似今人分作兩件事做。」（《答友人問》）梁啓超認爲陽明對此問題已說得很明白，故不再解釋，而只

把知行認爲一事，知的本體也即行的本體。」（見：《王陽明知行合一之教》，
《飲冰室合集・文集之四十三》，第28頁）

〔註8〕梁啓超：《王陽明知行合一之教》，《飲冰室合集・文集之四十三》，中華書局
　　　　1989年版，第28~29頁。

〔註9〕按：這三句話，前一句和後兩句原沒有連在一起，梁啓超在此在引用時，糅
　　　　合在一起了。

用陽明本人的話作答。

（二）對知行合一說的哲學根基的分析

在梁啓超看來，「知行合一，本來是一種實踐的工作，不應該拿來在理上播弄，用哲學家譚玄的頭腦來討論這個問題，其實不免有違反陽明本意的危險。」〔註 10〕也就是說，不能用思辨的方法去對待王學。「但是，凡一個學說所以能成立光大，不能不有極深遠極強固的理由在裏頭，我們想徹底瞭解知行合一說之何以能顛撲不破，當然不能不推求到他在哲學上的根據。」〔註 11〕不過，知行合一說理論的建立，「目的在於爲道德修養，或致良知的工夫」。〔註 12〕

梁啓超認爲王陽明的知行合一說是從「心物合一說」、「心理合一說」演繹出來的；並認爲他是個絕對的一元論者：

> 「一」者何？即「心」是也。他根據這種唯心的一元論，於是把宇宙萬有都看成一體，把聖賢多少言語都打成一片，所以他不但說知行合一而已，什麼都是合一。孟子説「夫道一而已矣」，他最喜歡引用這句話。」〔註 13〕

關於心物合一說，梁啓超列舉了王陽明的如下言論：

> 要知身心意知物，是一件。問：「物在外，如何與身心意知是一件？」答：「耳目口鼻四肢，身也，非心安能視聽言動；心欲視聽言動，無耳目口鼻四肢亦不能。故無心則無身，無身則無心。但指其充塞處言之謂之身，指其主宰處言之謂之心，指心之發動處謂之意，指意之靈明處謂之知，指意之涉着處謂之物，只是一件，意未有懸空的必着事物。」（《傳習錄》下）

> 身之主宰便是心，心之所發便是意，意之本體便是知，意之所在便是物。（《傳習錄》上）

> 心者身之主也，而心之虛靈明覺，即所謂本然之良知也，其虛靈明

〔註 10〕 梁啓超：《王陽明知行合一之教》，《飲冰室合集·文集之四十三》，中華書局1989 年版，第 36 頁。

〔註 11〕 梁啓超：《王陽明知行合一之教》，《飲冰室合集·文集之四十三》，中華書局1989 年版，第 36 頁。

〔註 12〕 賀麟：《五十年來的中國哲學》，上海人民出版社 2012 年版，第 139 頁。

〔註 13〕 梁啓超：《王陽明知行合一之教》，《飲冰室合集·文集之四十三》，中華書局1989 年版，第 37 頁。

覺之良知感應而動者謂之意。有知而後有意，無知則無意矣，知非
意之本體乎？意之所用必有其物。物即事也，如意用於事親，即事
親爲一物；意用於治國，即治國爲一物；意用於讀書，即讀書爲一
物；意用於聽訟，即聽訟爲一物。凡意之所在，無有無物者。(《答
顧東橋書》)

目無體，以萬物之色爲體；耳無體，以萬物之聲爲體；……心無體，
以天地萬物感應之是非爲體。(《傳習錄》下) 〔註14〕

從上面言論看，所謂心物合一，就是指「身心意知物是一件」。梁啓超認爲，
這句話要分兩步解釋。第一步從生理學、心理學上說明身心意知如何會是一
件。具體而言，即：一是身與心爲一。身與心「驟看來像是兩件，但就生理
和心理的關係稍爲按實一下，則『耳目口鼻四肢非心不能視聽言動，心欲視
聽言動，離卻耳目口鼻四肢亦不能』，這是極易明之理，一點破便共曉了。」
二是心與意爲一。「『心之發動便是意』，這是人人所公認，不消下解釋。」三
是意與知爲一。即「意之本體便是知」，王陽明「所鄭重說明的『有知即有意，
無知即無意』這兩句話，我們試內省心理歷程，不容我不首肯，然則知爲意
的本體亦無可疑了。」總之，「陽明把生理歸納到心理上，再把心理的動態集
中到意上，再追求他的靜態發現出知爲本體，於是『身心意知是一件』的理
論完全成立了。」〔註15〕

第二步從論理學上或認識論上說明主觀的身心意知和客觀的物如何會
是一件。梁啓超認爲，王陽明把「物」字作廣義的解釋，「所謂物者不專限
於有形物質，連抽象的事物如事親、治國、讀書等凡我們認識的對象都包括
在裏頭。」從心的方面看，主觀的心不能離卻客觀的物單獨存在：「『意之所
在所涉，未有無物者』，『意不能懸空發動，一發動便涉着到事物。』層層推
剝不能不歸到『心無體以萬物之感應爲體』的結論。」〔註16〕這是說，意識
活動必然指向外物。意之所在之「物」，既包括意識中的對象物，也包括意
識已投入其中的實踐活動。從物的方面看，王陽明以爲「心外無物」。他說：

〔註14〕梁啓超：《王陽明知行合一之教》，《飲冰室合集·文集之四十三》，中華書局
1989 年版，第 38～39 頁。

〔註15〕此節引用見：梁啓超：《王陽明知行合一之教》，《飲冰室合集·文集之四十三》，
中華書局 1989 年版，第 39 頁。

〔註16〕梁啓超：《王陽明知行合一之教》，《飲冰室合集·文集之四十三》，中華書局
1989 年版，第 39～40 頁。

岩中花樹，「爾未看此花時，此花與爾心同歸於寂；爾來看此花時，則此花顏色，一時明白起來，便知此花不在爾的心外。」（《傳習錄》下）又說：「我的靈明，便是天地鬼神的主宰：天沒有我的靈明，誰去仰他高？地沒有我的靈明，誰去俯他深？鬼神沒有我的靈明，誰去辯他吉凶災祥？天地鬼神萬物，離卻我的靈明，便沒有天地鬼神萬物了；我的靈明，離卻天地鬼神萬物，亦沒有我的靈明。」（《傳習錄》下）陽明此說並不意味外物無人心便不存在，而是說離卻我的心，天地萬物便成為無心之物、無意義之物。〔註17〕天地萬物一體，人心是其發竅處，即人心開啓了世界的意義。梁啓超認同王陽明的這一說法，他說：「總之，凡不在我們意識範圍內的物，最多只能承認他有物理學上、數理學上或幾何學上的存在，而不能承認他有倫理學上或認識論上的存在，顯然甚明。再進一步看，物理學、數理學、幾何學的本身，能離卻人類的意識而單獨存在嗎？斷斷不能，例如一個等邊三角形，有人說，縱使亘古沒有人理會他，他畢竟是個等邊三角。殊不知若亘古沒有人理會時，便連『等邊三角』這個名詞先自不存在，何有於『他』，然則客觀的物不能離卻主觀的心而單獨存在，又至易見了。這是從物的方面看出心物合一。」〔註18〕梁氏顯然也是從人心對世界意義的開顯這一角度來看待陽明的「心外無物」說。

　　梁啓超進而認為，這種心物合一說在王陽明的人生哲學上得著一個結論，那就是「人我一體」的觀念、「天地萬物一體」的觀念：「夫人者天地之心，天地萬物本吾一體者也」（《答聶文蔚書》）；「大人者，以天地萬物為一體者也，其視天下猶一家，中國猶一人焉。若夫間形骸而分爾我者，小人矣。」（《大學問》）而「我」，不僅僅指七尺之軀，而為其主宰的心才是最重要的成分。「依陽明看法，心不能單獨存在，要靠著有心所對象的『人』，要靠著有心所對象的『天地萬物』，把人和天地萬物剔開，心便沒有對象。沒有對象的心，我們到底不能想像他的存在，心不存在，『我』還存在嗎？換句話說，人們和天地萬物們便是構成『我』的一部分原料——或者還可以說是唯一的原料，離卻他們，我便崩壞，他們有缺憾，我也便有缺憾。」〔註19〕

〔註17〕　張世英：《天人之際——中西哲學的困惑與選擇》，人民出版社 2007 年版，第307～308 頁。

〔註18〕　梁啓超：《王陽明知行合一之教》，《飲冰室合集・文集之四十三》，中華書局1989 年版，第 40～41 頁。

〔註19〕　梁啓超：《王陽明知行合一之教》，《飲冰室合集・文集之四十三》，中華書局

最後，梁啓超將王陽明的心物合一說與西方的唯心論派和心物平行論派進行比較，並指出王陽明學說的最終歸宿。梁氏說：

> 心物合一說之實在體相，驟看來似與西洋之唯心論派或心物平行論派之辨爭此問題同一步調。其實不然，儒家道術根本精神，與西洋哲學之以「愛智」爲出發點者截然不同。雖有時所討論之問題若極玄妙，而其歸宿實不外以爲實踐道德之前提，而非如西方哲人藉此爲理智的娛樂工具。凡治儒家學說者皆當作如是觀，尤其治陽明學者更不可不認清此點也。陽明所以反覆說明心物合一之實相，不外欲使人體驗出物我一體之眞理而實有諸己。〔註20〕

也就是，心物合一說最終還是歸結到修養工夫——知行合一和致良知，而非如西方哲學家藉此作理智的娛樂工具。在梁啓超看來，王陽明以爲人類一切罪惡，皆由「間形骸、分爾我」的私見演生出來。而這種私見，實非我們心體所本有。因此陽明晚年專提致良知之教。所謂良知，即是心之本體，「如目之本明，耳之本聰，若被私見（即分爾我的謬見）隔斷點污時，正如翳目以沙、塞耳以楔。」所以「只須見得本體親切」，必然立刻「去沙拔楔」，「其工夫自迫切而不能自己，所謂好善如好好色，惡惡如惡惡臭，必如是方能自慊。」所謂「見得本體親切」，也就是見得物我一體的實相。因爲「吾心與孺子爲一體」，所以一見孺子入井，良知立刻怵惕惻隱，同時便立刻援之以手；因爲吾心與國家爲一體，所以愛國如愛未婚妻，以國之休戚利害爲己之休戚利害。這也正是「知之眞切篤實處便是行」。所以哲理上的心物合一論必在實踐上歸宿到知行合一論。〔註21〕這樣，梁啓超將王陽明的本體論與其修養論打通了。

關於心理合一說，梁啓超認爲，心物合一說既成立，理當然不能離心物而存在，則心理合一說可不必再論。但王陽明屢屢論及此，且標「心即理」三字爲一種口號。故梁氏對此還是有所闡述，只是所論較簡。

在心與理的關係中，理主要指外在於個體的天道和人道，心則是內在於主體的個體意識。〔註22〕這兩者之間似乎存在某種張力，並不合一。如宋儒

1989 年版，第 41～42 頁。

〔註20〕 梁啓超：《王陽明知行合一之教》,《飲冰室合集・文集之四十三》，中華書局 1989 年版，第 42 頁。

〔註21〕 此節引用見：梁啓超：《王陽明知行合一之教》,《飲冰室合集・文集之四十三》，中華書局 1989 年版，第 42～43 頁。

〔註22〕 楊國榮：《心學之思——王陽明哲學的闡釋》，中國人民出版社 2009 年版，第

將理視爲形而上的天理，而將心分爲道心和人心，只有道心和天理是合一的，但道心其實也是形而上的存在，並不是現實的存在，人心雖是現實的存在，但與天理卻是相隔的。朱熹就是在這一理論設定下即物窮理，即於事事物物上求其所謂定理，以心求理於事事物物之中，欲求心與理合，但終將兩者判然爲二。王陽明的「心即理」、「心物合一」即針對此而發。他批評朱熹「析心與理爲二」：「夫求理於事事物物者，如求孝之理於其親之謂也。求孝之理於其親，則孝之理其果在於吾之心邪，抑果在於親之身邪？假而果在於親之身，則親沒之後吾心遂無孝之理歟？見孺子之入井，必有惻隱之理，是惻隱之理果在於孺子之身歟？抑在於吾心之良知歟？其或不可以從之於井歟？其或可以手而援之歟？是皆所謂理也，是果在於孺子之身歟，抑果出於吾心之良知歟？以是例之，萬事萬物之理，莫不皆然。是可以知析心與理爲二之非矣。」（《答顧東橋書》）

梁啓超認爲，「就事事物物上求所謂定理」，用於求科學之理（即自然法則）可，而用於求人事之理（即道德法則）則不可。因人事之理沒有絕對的標準，其是否妥當在於人心之善。因朱熹的格物窮理說是對《大學》而發的，故物並非客觀外物，理亦非科學之理。因此，梁氏判朱熹之說誤，而定王陽明「心即理」說是。具體言之，陽明認爲，「物理不外吾心，外吾心而求物理，無物理矣。遺物理而求吾心，吾心又何物耶？……外心以求理，此知行之所以二也。求理於吾心，此聖門知行合一之教。」（《答顧東橋書》）對此，梁啓超分析說，「外心以求理，結果可以生出兩種弊端，非向外而遺內，即向內而遺外。」「向外而遺內」，於自然科學研究固然甚好，但與修養之學已經關係較少；等而下之，則故紙堆裏討生活的考據之學，「無論其學問之爲好爲壞、爲有用爲無用，至少免不了博而寡要、勞而少功的毛病，其決非聖學入門所宜有事也。」「向內而遺外」，則「視理爲超絕心境之一怪物，如老子所謂『有物混成，先天地生』，『恍兮忽兮，其中有象』；禪宗家所謂『言語道斷，心行路絕』；後來戴東原譏誚宋儒言理是『如有物焉，得於天而具於心』者，正屬此類。」梁氏認爲，「陽明覺此兩弊皆是爲吾人學道之障，所以單刀直入，鞭闢近裏，說道：『心外無物，心外無事，心外無理，心外無善。』（《答王純甫書》）」〔註23〕因此，王陽明主張心理合一。

　　59頁。

〔註23〕梁啓超：《王陽明知行合一之教》，《飲冰室合集・文集之四十三》，中華書局
　　　　1989年版，第45頁。

所謂「心理合一」，是指普遍之理內在於個體意識中，兩者融合爲一。王陽明說：「理一而已：以其理之凝聚而言則謂之性，以其凝聚之主宰而言則謂之心，以其主宰之發動而言則謂之意，以其發動之明覺而言則謂之知，以其明覺之感應而言則謂之物。故就物而言謂之格，就知而言謂之致，就意而言謂之誠，就心而言謂之正。正者正此也，誠者誠此也，致者致此也，格者格此也。」(《答羅整菴書》)梁啓超認爲，「其實，凡一切心理現象，只是一刹那間同時並起，其間名相的分析，不過爲說明的一種方便」，實際上並無明顯界限和先後階段。故格物、致知、誠意、正心，並非如朱熹所說有先後次第，只是互爲條件而已，並統一於理。這樣，在宋儒（如朱熹）看來高高在上的絕對之天理，在王陽明那裡已落實到人心，成爲具體之「在」，與心、意、知、物相攝相融，即心理合一，也心物合一，在實踐上也必歸到知行合一。於是，最終梁啓超還是回到了其核心問題修養論。

（三）對具體修養工夫的疏導

知行合一說在王陽明那裡並非僅是探討心體的本體論，而主要是指導人們實踐修養的工夫論。而梁啓超闡釋的目的也即希望人們依其法去修行。因此，梁氏說：「我們若想遵從其教得個著力處，只要從眞知眞行上切實下工夫。若把他的話只當口頭禪玩弄，雖理論上辨析得很詳盡，卻又墮於『知而不行只是不知』的痼疾，非復陽明本意了」。〔註24〕。

那麼，王陽明所謂「眞知眞行」到底是什麼呢？梁啓超認爲，可用「動機純潔」四個字概括，並解釋說：

> 動是行，所以能動的機括是知，純是專精不疑貳，潔是清醒不受蔽。質而言之，在意念隱微處（即動機）痛切下工夫。如孝親，須把孝親的動機養得十二分純潔，有一點不純潔處務要克治去。如愛國，須把愛國的動機養得十二分純潔，有一點不純潔處務要克治去。純潔不純潔，自己的良知當然會看出，這便是知的作用。看出後登時絕對的服從良知命令做去，務要常常保持純潔的本體，這便是行的作用。若能如此，自能「好善如好好色，惡惡如惡惡臭」，便是大學誠意的全功，也即是正心修身致知格物的全功。所以他說，「君子之學誠意而已矣。」(《答王天宇書》)意便是動機，誠是務求純潔。陽

〔註24〕梁啓超：《王陽明知行合一之教》，《飲冰室合集・文集之四十三》，中華書局1989 年版，第 33 頁。

明知行合一說的大頭腦，不外如此。〔註25〕

　　在晚年，王陽明把良知與致良知納入知行關係中，強調人把良知所知貫徹到行為實踐中。〔註26〕故致良知，和知行合一在思想根本上是一致的。梁啟超說：「其實內容原只是一樣，我們拿知行合一那句話代表陽明學術精神的全部也可以，拿致良知這句話代表陽明學術的全部也可以。」〔註27〕然而，王陽明50歲以後，雖然仍提倡知行合一，但主要以致良知為教。這說明兩者仍有所區別，這表現主要在工夫論上，知行合一還不容易得著把柄，致良知則簡易直捷。故梁氏認為陽明之所以後來改用致良知之教，「取其意義格外明顯而已」〔註28〕因此，梁啟超主要從致良知的角度來闡發王陽明的修養工夫。

　　王陽明的致良知，是把《孟子》「人之所不學而知者，其良知也」和《大學》「致知在格物」兩句話聯綴而成。那麼，如何致良知呢？王陽明認為，良知人人皆有，這知便是命根，致良知就是抓住這一命根下「致」字工夫。對此，梁啟超發揮道：

> 抓著這命根往前致，致，致。由陰霾天的日，致出個浮雲天的日來，由浮雲天的日，致出個青天的日來。愚人便會搖身一變變成賢人，搖身再變變成聖人了。所以陽明說：「人若知這良知訣竅，隨他多少邪思枉念，這裏一覺，都自消融，真個是靈丹一粒，點鐵成金。」（《傳習錄·陳九川記》）利用這一覺，致良知工夫便得著把柄入手了。他又說：「殺人須在咽喉處著刀，吾人為學當從心髓入微處用力，自然篤實光輝，私欲之萌，真是洪爐點雪。天下之大本立矣。」（《答黃宗賢書》）專就「這一點明處」往前致，致到通體光明，如青天之日便有「洪爐點雪」氣象，便是致良知工夫成熟。〔註29〕

　　對於如何加以致良知之功，梁啟超再從以下幾個方面進行總結：

　　一、以致良知為誠意的工夫。所以王陽明最愛用「不欺良知」來作致知

〔註25〕梁啟超：《王陽明知行合一之教》，《飲冰室合集·文集之四十三》，中華書局1989年版，第33～34頁。

〔註26〕陳來：《宋明理學》，華東師範大學出版社2004年版，第215頁。

〔註27〕梁啟超：《王陽明知行合一之教》，《飲冰室合集·文集之四十三》，中華書局1989年版，第50頁。

〔註28〕梁啟超：《王陽明知行合一之教》，《飲冰室合集·文集之四十三》，中華書局1989年版，第50頁。

〔註29〕梁啟超：《王陽明知行合一之教》，《飲冰室合集·文集之四十三》，中華書局1989年版，第52～53頁。

的解釋。他說:「爾那一點良知,是爾自家的準則。爾意念着處,他是便知是,非便知非,更瞞他一些不得。爾只不要欺他,實實落落依着他做去,善便存,惡便去,何等穩當快樂!」(《傳習錄》下)又說:「凡應物起念處皆謂之意,意則有是有非,知得意之是與非者,則謂之良知。依得良知,即無有不是矣。」(《答魏師說書》下)因此,只要「不欺良知」,依着良知,就可作為善去惡的誠意工夫。梁啟超認為,這就是「絕對的服從良心命令」〔註30〕也就是康德所說的「服從良心第一個命令」〔註31〕。梁氏以康德心中的道德律來理解王陽明的良知,從絕對命令這一角度看,也是有一定道理的。

二、致良知工夫要無間斷且十分刻苦。致良知,除了私欲萌時,那一知要抓著做個命根外,平時還需用功。王陽明說:「譬之病瘧之人,雖有時不發,而病根原不曾除,則亦不得謂之無病之人矣。」(《答陸原靜書》)因此,「省察克治之功,無時而可間,如去盜賊,須有個掃除廓清之意。無事時將好色好貨好名等私逐一追究,披尋出來,定要拔去病根,永不復起,方始為快。常如貓之捕鼠,一眼看着,一耳聽着,才有一念萌動,即與克去,斬釘截鐵,不可姑容與他方便,不可窩藏,不可放他出路,方是真實用功,方能掃除廓清。」(《傳習錄》上)同時,王陽明又說「破山中賊易,破心中賊難。」(《與楊仕德薛尚誠》),並自述用功甘苦。「可見得這一個『致』字,內中含有多少扎硬寨、打死仗的工夫,絕非『一覺無餘事』了。」〔註32〕

三、致良知重在克服功利主義。王陽明認為,良知唯一的仇敵是功利主義,不把這個病根拔去,一切學問無從做起。王陽明所說的「功利」,並非指事功,而是指人的私欲。「凡專求滿足自己的肉欲如食膏粱、衣文繡、宮室之美、妻妾之奉等等,以及為滿足肉欲起見而發生的財貨欲,更進而求滿足自己的權勢欲,求滿足自己的虛榮欲,凡此之類,陽明統名之為私欲——即功利。」〔註33〕於是,致良知就是要克服人的私欲。這樣,修身的下手工夫,好像專在消極的克己。但王陽明認為,「人須有為己之心方能克己,能

〔註30〕 梁啟超:《王陽明知行合一之教》,《飲冰室合集·文集之四十三》,中華書局 1989年版,第51頁。

〔註31〕 梁啟超:《陸王學派與青年修養》,《〈飲冰室合集〉集外文》(中),北京大學 出版社2005年版,第1021頁。

〔註32〕 梁啟超:《王陽明知行合一之教》,《飲冰室合集·文集之四十三》,中華書局 1989年版,第54頁。

〔註33〕 梁啟超:《王陽明知行合一之教》,《飲冰室合集·文集之四十三》,中華書局 1989年版,第60頁。

克己方能成己。」（《傳習錄》上）為己即是為「大我」、「眞我」，克己即是克「小我」、「私我」。克己本是一件極難的事，然而陽明認為「見得良知親切時，工夫又自太難。」（《與黃宗賢書》），所謂「見得良知親切」，是見出那物我一體痛癢相關的本體。此時大本已立，克己之功自不容已。故克己的根本法乃在致良知。

四、致良知最要緊的是立志。對於不能致良知的人，王陽明以為首在立志。志什麼呢？志在必為聖人。陽明所說的「聖人」，並不是高不可攀的人，他說：聖人不在於才力的高下，而在於「其心純乎天理而無人欲之雜」，就好像金子，不在分量的多少，而在於「其成色足而無銅鉛之雜」。成聖的過程就好像煉金，不在於增加金的分量，而在於鍛造純金（《傳習錄》上）。梁啓超闡發道：「這番話可謂妙喻解頤，聖人中可以分出等第，有大聖人小聖人第一等第二等聖人乃至第九十九等聖人，而其為聖人則一。我們縱使夠不上做一萬斤重的一等聖人，最少也可以做一兩重一錢重一分重乃至一釐重的第九十九等聖人，做一釐重的九十九等聖人，比諸一萬斤重的一等凡人或壞人，其品格卻是可貴。孟子所謂『人皆可以為堯舜』，必要如此方解得通，否則成為大妄語了。」〔註34〕也就是說，王陽明給了每個人成聖的機會，只要立志，「人皆可以為堯舜」。而為聖人的工夫即致良知，當致乎「其心純乎天理而無人欲之雜」，即達聖人境界。

概言之，梁啓超釐清了王陽明的人生哲學體系，這是一個不重思辨而重踐行的哲學體系。應該說，梁氏把握了王學的眞正精神，這與後來的研究者偏重研究王學的本體論有很大的區別。其目的乃在指導人們當下的德性實踐，如果人們能依王學而行，則終身受用。他曾屢次表達這一意思：「但肯食此公共獨步單方（按：「致良知」），已盡殼我輩受用不盡。」〔註35〕「千言萬語只是發揮此兩句（按：致良知和知行合一之言），以此兩句為工夫，便有安心立命處，終身受用不盡。」〔註36〕「此示致良知之工夫也。人誰不有良知？良知誰不自知？只要不欺良知一語，便終身受用不盡，何等簡易直捷。」〔註37〕「『致良知』三字，眞是嘔心瀝血研究出來，增減不得，雖有

〔註34〕梁啓超：《王陽明知行合一之教》，《飲冰室合集‧文集之四十三》，中華書局
　　　　1989年版，第65～66頁。
〔註35〕梁啓超：《節本明儒學案‧例言》，商務印書館1916年版，第4頁。
〔註36〕梁啓超：《節本明儒學案》，商務印書館1916年版，第105～106頁，見書眉
　　　　梁啓超的按語。
〔註37〕梁啓超：《德育鑒》，《飲冰室合集‧專集之二十六》，中華書局1989年版，第

博辯敏給、目空一切之夫，律以此義，當下失其所據；雖有至頑下愚、不識一字之人，授以此義，當下便有把柄。眞所謂放之四海而皆準，俟諸百世而不惑者也。」〔註38〕

二、情感哲學——戴震人生哲學的闡釋

梁啓超對戴震（字東原）的研究直接起因於「戴東原生日二百年紀念會」的舉辦。爲此，他於 1923 年 10 月和 1924 年 1 月，寫了《戴東原生日二百年紀念會緣起》、《戴東原先生傳》、《戴東原哲學》、《戴東原著述纂校書目考》四篇研究戴震的文章。其中，《戴東原哲學》著重闡釋戴震的人生哲學。

在現代學人中，梁啓超可能是研究戴震哲學的第一人，他稱戴震的哲學爲情感哲學。他認爲，戴震在學術上的最大價值爲二，一是他的研究法，一是他的情感哲學。梁氏對戴震的情感哲學評價甚高，認爲，戴震「提出自己獨重情感主義，卓然成一家言」，「我們覺得他的話是在世界哲學史上有價值的，最少也應該和朱晦翁、王陽明平分位置，所以東原可以說是我們『哲學界的革命建設家』。」〔註 39〕所謂情感哲學，並非泛指戴震對感性認知或情感世界的看法，而是特指戴震在修正宋明以來正統理學家所強調的「理欲二元論」後，所提出的「理欲一元論」這一相對較具「現代性」的哲學命題。〔註40〕當然，這一哲學仍屬人生哲學的範圍。

梁啓超從六個方面來論戴震的哲學：一、客觀的理義與主觀的意見，二、情欲主義，三、性的一元與二元，四、命定與自由意志，五、宇宙觀，六、修養實踐談。除宇宙觀外，其他均屬於人生哲學的內容，而宇宙觀暫闕未寫（按：梁氏以後也未補寫過）。因此，梁氏論戴震哲學其實就是論他的人生哲學（即情感哲學）。其主要內容可爲二：第一、二、三部分主要論戴震的「理欲一元論」的內在體系和主要內容，第四、六部分論戴震建立在「理欲一元論」基礎上的人生修養論。

25 頁。

〔註38〕梁啓超：《德育鑒》，《飲冰室合集・專集之二十六》，中華書局 1989 年版，第 27 頁。

〔註39〕梁啓超：《戴東原生日二百年紀念會緣起》，《飲冰室合集・文集之四十》，中華書局 1989 年版，第 38 頁。

〔註40〕丘爲君：《戴震學的形成——知識論述在近代》，（臺北）聯經出版事業股份有限公司 2004 年版，第 101 頁。

（一）對戴震「理欲一元論」的闡釋

「理」是宋明理學的核心概念，有「性即理」和「心即理」兩大重要命題。「性即理」說認爲理在形而上的性體中，「心即理」說認爲理在人的心體中。戴震認爲宋明儒所講之「理」是主觀的意見（理在人心是主觀的，理在性體也是主觀的），而理應是客觀的、具體的。所以他給「理」下的定義是：「理者，察之而幾微必區以別之名也，是故謂之分理；在物之質曰肌理，曰腠理，曰文理；得其分則有條不紊，謂之條理。」（《孟子字義疏證》卷上）梁啓超即從這一角度來闡釋戴震之「理」，他說：「戴震以爲（宋明儒）這樣講『理』，只能謂『意見』，而不能謂之『理』。」〔註41〕又說：「依這話（按：即戴震關於『理』的定義），『理』是要從客觀的事物看出來的。……宋儒說『理在人心』，東原說『理在事情』。那麼，戴震爲什麼如此說呢？他引孟子『理義之悅我心，猶芻豢之悅我口。』釋之曰：『味也，聲也，色也，在物而接於我之血氣；理義在事而接於我之心知。』是『理』必爲客觀的存在甚明。」〔註42〕也就是說，理要憑藉客觀的事物才能存在，理在事物，不在人心，「心不是理，不過是一種思想判斷的官能。」〔註43〕

關於「理」，戴震認爲有兩大類：一是關於人事之理，二是關於物理之理。其中，其情感哲學談人事之理，科學方法談物理之理。梁啓超認爲，戴震是從「情」和「欲」上求人事之理的。戴震說：「凡事爲皆有於欲，無欲則無爲矣，有欲而後有爲，有爲而歸於至當不可易之謂理。無欲無爲，又焉有理？」（《孟子字義疏證》卷下）就是說，理之來源在「爲」，「爲」之來源在「欲」。至於如何「歸於至當不可易」，戴震以爲關鍵在「情」。他說：「理也者，情之不爽失者也。自然之分理，以我之情絜人之情而無不得其平是也。」就是說，人類有同欲，「一人之欲，天下人之同欲也。」（《孟子字義疏證》卷上）我欲這件事物，知道別人也欲，我不欲的，知道別人也不欲。這不過是人之常情，而戴震所說的「理」，就是如此，所謂「通天下之情，遂天下之欲，權之而分釐不爽謂之理。」（《孟子字義疏證》卷下）既然「理」從同情同欲上看出來，那麼必有客觀的萬人同認的標準，戴震以爲必須適合此標準才是理，而不然

〔註41〕梁啓超：《戴東原哲學》，《飲冰室合集·文集之四十》，中華書局1989年版，第61頁。

〔註42〕梁啓超：《戴東原哲學》，《飲冰室合集·文集之四十》，中華書局1989年版，第62頁。

〔註43〕胡適：《戴東原的哲學》，安徽教育出版社1999年版，第43頁。

者，則不謂之「理」而謂之「意見」。所謂「意見」，是離卻客觀的事物條理與同情同欲的公認標準，而欲從主觀上別求一個先天的理。〔註44〕

於是，梁啓超總結說：「可知義理和情欲不能分爲二事了，所以東原說：『理者存乎欲者也。』（《孟子字義疏證》卷上）」戴震因此提出了「理欲一元論」。這是針對宋儒主「理欲二元論」而發。宋儒「以爲『不出於理則出於欲，不出於欲則出於理。』所以嚴辯理欲，說君子小人之分就在這一點，他們做學問的最終目的，是要做到『人欲淨盡天理流行』。」〔註45〕戴震認爲這種話有極大的流弊，因此加以反駁。戴震反駁的關鍵是如何理解「欲」的問題。梁啓超認爲，「東原把『欲』和『私』分別講，依他的見解，『欲』是中性的，說不上好壞，『欲之失爲私』，是因『欲』過了制限生出來的，才可以說是壞。」〔註46〕戴震正是從此處指出儒家和佛老根本不同之處：「聖賢之道，無私而非無欲；老莊、釋氏，無欲而非無私。彼以無欲成其自私者也，此以無私通天下之欲者也。」（《孟子字義疏證》卷下）

對於儒家爲什麼不主張無欲，戴震說：「孟子言『養心莫善於寡欲』，明乎欲不可無也，寡之而已。人之生也，莫病於無以遂其生，欲遂其生亦遂人之生，仁也。欲遂其生而於戕人之生而不顧者，不仁也。不仁實始於欲遂其生之心，使其無此欲，必無不仁矣。然使其無此欲，生道窮促，亦將漠然視之。己不必遂其生而遂人之生，無是情也。」（《孟子字義疏證》卷上）對此，梁啓超解釋說：

> 這段話含有很深刻的眞理。善惡本來不是絕對的，仁與不仁，像是兩極端，其實只是從一根線上發生出來：一個「欲」字。仁與不仁都要靠做根核，所以說是中性。然則我們到底要欲不要欲呢？便先要問你要生不要生。換句話說，問你要詛咒人生呀，抑或讚美人生。東原以爲老氏自外其形骸貴其眞宰，所以要「使民無知無欲」；後之釋氏，其說似異而實同；吾儒不然。……儒教以人生爲立足點，所以一切理義都建設在體人情遂人欲上頭。〔註47〕

〔註44〕梁啓超：《戴東原哲學》，《飲冰室合集·文集之四十》，中華書局1989年版，第62～63頁。

〔註45〕梁啓超：《戴東原哲學》，《飲冰室合集·文集之四十》，中華書局1989年版，第65頁。

〔註46〕梁啓超：《戴東原哲學》，《飲冰室合集·文集之四十》，中華書局1989年版，第65頁。

〔註47〕梁啓超：《戴東原哲學》，《飲冰室合集·文集之四十》，中華書局1989年版，

　　在梁啓超看來，戴震回到了原始儒家，重視現實人生，重視情欲，「不過對於宋儒之『非生活主義』，而建設『生活主義』罷了。」〔註 48〕梁啓超顯然認同戴震的情欲主義，肯定它的現實意義。

　　梁啓超認爲，「佛老立足點不同，他們主張無欲，可以自成片段。宋儒並不打算脫離人生，卻雜取佛老的話，主張無欲，便鬧成四不像了，所以戴震要駁他。」〔註 49〕戴震批評宋儒把理欲看成兩橛，成「理欲二元論」，也即「性的二元論」，指出這實際上是雜糅而成的，存在內在的矛盾。他說：「宋儒以理爲如有物焉，得於天而具於心。人之生也，由氣之凝結生聚，而理則湊泊附着之，因以此爲完全自足。其所謂理別爲湊泊附着之一物，猶老莊、釋氏所謂『眞宰』、『眞空』之湊泊附着於形體也。理既完全自足，故不得不分理氣爲二本而咎形氣。蓋其說雜糅傳合而成，令學者眩惑。」（《孟子字義疏證》卷下）也就是說，戴震認爲宋儒受佛老影響，把佛老的「眞宰」、「眞空」轉化爲理，這「理」在他們那裡是外形骸而存在，但宋儒將理附着在氣上，結果造成內在的矛盾，不得不將理氣分爲二本，即分天理和人欲。戴震堅決反對這種「性的二元論」，主張「性的一元論」（「理欲一元論」）。他說：「天下惟一本無所外，有血氣則有心知，有心知則學以進於神明，一本然也。有血氣心知，則發乎血氣心知之自然者明之盡之使無幾微之失，斯無往而非仁義，一本然也。苟歧而二之，未有不外其一者。」（《孟子字義疏證》卷上）

　　梁啓超認爲，戴震「理欲一元論」的提出正是對宋儒反動的結果。他由此肯定戴震在哲學史的地位：「『性的二元論』，在哲學界當了專制帝王將近一千年，對於他舉叛旗的頭一位是顏習齋，第二位便是戴東原。」〔註 50〕戴震反叛宋儒的「天理」的超越性，將「理」拉回現實人間，與日常現實生活聯繫在一起，承認「欲」的正當性，將「理欲」合一。梁啓超對戴震這一哲學內涵的闡釋，與「五四」時期「爲人生」、「個性解放」的時代精神是相通的。

　　　　　第 66 頁。

〔註 48〕梁啓超：《戴東原哲學》，《飲冰室合集·文集之四十》，中華書局 1989 年版，第 67 頁。

〔註 49〕梁啓超：《戴東原哲學》，《飲冰室合集·文集之四十》，中華書局 1989 年版，第 66 頁。

〔註 50〕梁啓超：《戴東原哲學》，《飲冰室合集·文集之四十》，中華書局 1989 年版，第 69 頁。

（二）對戴震人生修養論的闡釋

探討戴震「理欲一元論」這一思辨體系後，梁啓超以此爲基礎，然後進一步闡發其人生修養論。這是梁氏闡釋戴震哲學的關鍵所在。梁氏發掘了戴震人生修養論的兩大內容：一是命定與自由意志問題（即修養如何可能的問題），一是修養實踐問題（即如何修養的問題）。

命定（或天命）是指人無法主宰的外在力量，而自由意志是指由自己主宰的內在意識。梁啓超認爲，這是哲學上很兩個重要的問題，看似絕對不相容，但「東原是兩說都主張而令他不矛盾。」〔註51〕戴震釋「命」曰：「如聽於所制者然之謂命。」（《原善》上）又曰：「據其限於所分而言謂之命」（《孟子字義疏證》卷下）又曰：「凡『命』之爲言，如命之東則不得而西，皆有數以限之，非受命者所得踰。……譬於大樹，有華實葉之不同，而華實葉皆分於樹。形之鉅細，色臭之濃淡，味之厚薄，又華與華不同，實與實不同，葉與葉不同。一言乎分，則各限於其所分。取水於川，盈罌盈瓶盈缶，凝而成冰，其大如罌如瓶如缶，或不盈而各如其淺深，水雖取諸一川，隨時與地，味殊而清濁亦異。由分於川則各限於所分。」（《答彭允初書》）梁啓超解釋說：

> 他（戴震）說「如聽於所制者然」，顯得並不是有什麼造化主在那裏宰制，卻是像似有的樣子。他所講命定，全是「分限」的意思。分限從那（哪）裏來呢？一曰遺傳的分限，如樹的華實葉之喻便是；二曰環境的分限，如水隨時隨地而異味殊清濁之喻便是；三曰受動的──即別方面的動作加於我的──分限，如水被汲於罌瓶缶之喻便是。這三種分限，我們都是不能不承認的。雖然不是有什麼造化主在暗中扯線叫我們如此如此，但我們在這幾個分限的圈子內，沒有法子跳出。比方任憑你怎樣的講求養生，你斷不能活到一百五十歲。這種法則，叫做命定。〔註52〕

既然有這樣的命定，那麼，意志自由如何可能呢，修養如何可能呢？梁氏認爲，戴震通過解釋孟子的一段話來解決這一問題。孟子曰：

> 口之於味也，目之於色也，耳之於聲也，鼻之於臭也，四肢之於安佚也，性也，有命焉，君子不謂性也。仁之於父子也，義之於君臣

〔註51〕梁啓超：《戴東原哲學》，《飲冰室合集·文集之四十》，中華書局1989年版，第72頁。

〔註52〕梁啓超：《戴東原哲學》，《飲冰室合集·文集之四十》，中華書局1989年版，第72～73頁。

也，禮之於賓主也，智之於賢者也，命也，有性焉，君子不謂命也。

（《孟子·盡心下》）

梁啓超說，「這段話向來最稱難解，宋儒因說，『氣質之性，君子有弗性者焉』，借來替他們的性的二元論做武器。」也就是說，前一句宋儒從氣質之性方面解，後一句從義理之性方面解。梁氏認爲戴震對這段話解釋得最好，戴震說：「『謂』猶云藉口耳，君子不藉口於性以逞其欲，不藉口於命之限之而不盡其材。『不謂性』非不謂之爲性，『不謂命』非不謂之爲命。」（《孟子字義疏證》卷中）戴震顯然不同意宋儒的理解，而是將「性」視爲一元，並將「性」和「命」聯繫起來了。而梁啓超又對戴震的話加以豐富，他說：

他（戴震）的意思以爲耳目聲色之欲，越享用豐富越好，固然是人性所同然。但有環境地位種種限制，不能藉口於性，説是我該享用的，便求分限外的享用。仁義禮智種種美德，有人得天獨厚，做得很圓滿。別的人爲才質所限，比不上他，例如顏淵聞一知十，子貢聞一知二，我們或者聞十不能知五，豈不是智的分限嗎？所以説是「命也」。但我們畢竟有能知之性，所以説「有性焉」。不能因爲分限不如人，就不復求知。所以説「不謂命」——不藉口於分限。〔註53〕

梁啓超認爲，「雖有性而不藉口於性以抹煞命，是承認命定說，叫人安心在遺傳環境之下做分內事。雖有命而不藉口於命以抹煞性，是承認自由意志說，叫人常常向上一步實踐道德責任。」〔註54〕這樣，戴震就解決了命定與自由意志看似矛盾的問題，也就解決了修養如何可能的問題：「承認自由意志說，叫人常常向上一步實踐道德責任」，是人生修養；「承認命定說，叫人安心在遺傳環境之下做分內事」，也是人生修養。

關於如何修養問題，梁啓超認爲戴震是從消極方面說起的。戴震既主「理欲一元論」，「欲」無所謂好壞，然則惡從哪裏來呢？如何對治惡呢？戴震說：「人之不盡其才，患二：曰私，曰蔽。私也者，其生於其心爲溺，發於政爲黨，成於行爲慝，見於事爲悖、爲欺，其究爲私己。蔽也者，其生於心爲惑，發於政爲偏，成於行爲謬，見於事爲鑿、爲愚，其究爲蔽己。鑿者其失誣，愚者其失固，誣而罔省，施之事亦爲固。……去私莫如強恕。解蔽

〔註53〕梁啓超：《戴東原哲學》，《飲冰室合集·文集之四十》，中華書局1989年版，第73頁。

〔註54〕梁啓超：《戴東原哲學》，《飲冰室合集·文集之四十》，中華書局1989年版，第73～74頁。

莫如學。」(《原善下》)這段話可以說是戴震修養法的總綱。梁啓超認爲「這一段是東原全部著述中極緊要的話。」〔註 55〕可見,他對戴震修養論的重視。然後,他分疏了戴震的修養法:「去私」和「解蔽」。

「去私」,首先要明白「私」從何來。戴震說:「私生於欲之失」(《孟子字義疏證》卷上);又說:「得乎生生者仁,及於是而害仁之謂私。」(《原善下》)也就是說,戴震承認並尊重人類的欲望,因爲「仁」的動機來自此,但是用之不當,「欲之失」,即會生出不仁的結果來。那麼,如何除卻「欲之失」以去私呢?戴震說:「人之知,小之能盡美醜之極致,大之能盡是非之極致。然後遂己之欲者,廣之能遂人之欲;達己之情者,廣之能發人之情。」(《孟子字義疏證》卷下)又說:「一人之欲,天下人之同欲也,故曰『性之欲』。好惡既形,遂己之好惡,忘人之好惡,往往賊人以逞欲。反躬者,以人之逞其欲,思身受之之情也。」(《孟子字義疏證》卷下)如是,則「以我之情絜人之情而無不得其平」(《孟子字義疏證》卷下)在梁啓超看來,戴震的「去私」,實行的就是孔子推己及人的「強恕」工夫,能恕,私自然會去。

然而,梁啓超認爲,戴震關於「去私」的話,「比較上也不過平平,其實東原最注重者還在去蔽,他說:『求去私不求去蔽,重行不先重知,非聖學也。』……可見,連強恕都是由知而來。所以去蔽是東原的修養第一義」。〔註 56〕

要「去蔽」,需知「弊」因何而產生。戴震說:「蔽生於知之失。」(《孟子字義疏證》卷上)又說:「得乎條理者智,隔於是而病智之謂蔽。」(《原善下》)梁氏解釋道:「東原所謂蔽者,莫過於不顧客觀的事情,而專憑主觀的意見。他常說,『不以人蔽己,不以己自蔽。』(《文集卷九‧答鄭用牧書》)其實人苟眞能不以己自蔽,那裏會被人所蔽呢?所以蔽皆起於主觀。」〔註 57〕那麼,如何「去蔽」或「解蔽」呢?戴震認爲,「解蔽莫如學。」如何學呢?他說:「最要體會孟子『條理』二字,得其條理,由合而分,由分而合,則無不可爲。」(段玉裁《戴東原先生年譜》)梁氏認爲這是「專從客觀的虛心研

〔註 55〕梁啓超:《戴東原哲學》,《飲冰室合集‧文集之四十》,中華書局 1989 年版,第 75 頁。

〔註 56〕梁啓超:《戴東原哲學》,《飲冰室合集‧文集之四十》,中華書局 1989 年版,第 75 頁。

〔註 57〕梁啓超:《戴東原哲學》,《飲冰室合集‧文集之四十》,中華書局 1989 年版,第 76 頁。

究事物條理，綜合一番又分析一番，分析一番又綜合一番便是」〔註58〕。至於學爲什麼能「去蔽」？戴震認爲學的功用在訓練自己心知的官能。他說：「聞見不可不廣，而務在能明於心。一事豁然使無餘蘊，更一事而亦如是。久之心知之明進於聖智，雖未學之事，豈足以窮其智哉？（《孟子字義疏證》卷下）對此，梁啓超加以解釋說：

> 每研究一件事理，務要正面反面平面側面都觀察到求其徹底了解，這種工作，並不專爲這一件事，是要借來磨練我智慧，磨練多次，自然會成一個有智慧的人。所以他又説：「知得十件而都不到地，不如知得一件却到地也。」〔註59〕

「去私」當然是道德修養的方法，而「去蔽」（「解蔽」）看起來只是求知的方法，與道德修養似無關。但是，梁啓超把戴震的知識主義納入到道德主義中，指出「去蔽」在道德修養上的作用：

> （去蔽）看過去像是專從智識方面講，無與於德性。其實不然，東原意思以爲天下罪惡起於蔽者什而八九，不蔽，則幾於至善了。從這一點説，也可以説東原哲學是「新知行合一主義」。〔註60〕

　　戴震的哲學體系本是在批評宋明理學的基礎上建立起來的，有很強的思辨性（其人幾近思辨型哲學家）。故梁啓超在闡釋這一哲學體系時，必然要注意其思辨性的方面，並對此加以闡述。然而，梁氏在闡釋古代人生哲學時，總是注重從躬行體驗的路向入手，因此對戴震的哲學仍不忘從這一路向著眼。儘管戴震的哲學並不以修養論見長，但梁氏仍盡力開掘其修養論方面的資源，最後竟將其哲學歸結爲「新知行合一主義」。此乃梁啓超的獨特視角。

　　如果我們比較梁啓超和胡適的戴震研究，就更易看出梁的這一特點。胡的戴震研究稍後於梁，他在 1925 年 12 月在《國學季刊》發表了《戴東原的哲學》。兩人都研究戴震的哲學，對其主要內容（如關於性、理等），均有所涉及，有些見解也相似，胡甚至還有時引用梁的看法。然後，兩人的研究路向根本不同，梁啓超偏重躬行體驗的路向（儘管梁對戴震哲學的論述有思辨

〔註58〕 梁啓超：《戴東原哲學》，《飲冰室合集·文集之四十》，中華書局 1989 年版，第 76 頁。
〔註59〕 梁啓超：《戴東原哲學》，《飲冰室合集·文集之四十》，中華書局 1989 年版，第 76 頁。
〔註60〕 梁啓超：《戴東原哲學》，《飲冰室合集·文集之四十》，中華書局 1989 年版，第 77 頁。

分析，但主要是引人向躬行體驗之路上走），而胡適完全是知識論的路向。因此在研究戴震的哲學時，胡適不僅闡釋戴震的人生哲學，而且還特別注重戴震的科學方法和科學精神；而梁啓超只闡釋戴震的人生哲學，對其科學方法略而不論。〔註61〕如對於戴震的「理」，兩人的側重點不同。戴震的「理」本有兩大內容：一是關於人事之理，二是關於物理之理。而梁啓超只論及前者，對後者則不論，因爲前者關涉戴震的情感哲學，而後者涉及科學方法，不在梁氏所理解的中國哲學之列。但胡適正相反，不僅兩者同時論述，而且尤重對後者的闡發，認爲「後者很少依據，可算是戴氏的貢獻。」〔註62〕再如對於戴震的「去蔽」說，兩人的理解也不同。儘管「去蔽」說主要是論求知，而梁啓超卻將其視作戴震道德修養的內容，而且是「修養第一義」。胡適則認爲，這是「從知識學問入手，每事必求其『豁然使無餘蘊』，逐漸養成一個『能審察事情而準』的智慧，然後一切行爲自能『不惑於所行』。這是戴震的『一以貫之』。」〔註63〕總之，對戴震哲學，梁啓超強調的是道德主義路線，而胡適則側重的是知識主義的路線，一重行，一重知。

對於戴震哲學的闡釋，梁、胡各有勝場。不過，戴震哲學重在哲學體系的建構，其知識主義的傾向是相當明顯的，其重點不在身心修養。可以說，戴震是中國古代哲學的異數。因此，知識論的路向比躬行體驗的路向，似更易貼近戴震哲學。比較梁、胡的研究，胡似乎更深入戴震哲學的精髓。然而，梁啓超的研究路向更值得關注，這不僅因爲戴震哲學中，畢竟有修養論的內容，更重要的是這一路向在戴震研究似乎已被人遺忘。

三、精神自由——佛教人生哲學的闡釋

中國佛教在相對沉寂了六七個世紀後，在近代出現了復興。這種復興主要表現在三個方面：一是以佛教來接引西學，以促進西學的傳播；二是將佛教當作哲學來研究，特別是對唯識宗的研究尤爲深入；三是把佛教當作救世的宗教，用以改造社會。梁啓超是近代佛教復興運動中一位有影響的人物，不僅對佛教做學術研究，也以佛教來修身和改造世道人心。20 世紀 20 年代，

〔註61〕 按：儘管梁啓超在《清代學術概論》中總結了戴震的科學方法和科學精神，
　　　　 但他把這視作學術思想而不是哲學思想的內容。
〔註62〕 胡適：《戴東原的哲學》，安徽教育出版社 1999 年版，第 44 頁。
〔註63〕 胡適：《戴東原的哲學》，安徽教育出版社 1999 年版，第 58 頁。

梁氏致力於佛教史的研究，寫出了《佛教研究十八篇》（此外，其他文章也有涉及佛教的）。這些研究主要是對佛教史的梳理，但也有對佛教義理的闡發，即主要闡釋佛教的人生哲學。

佛教哲學是一門有著嚴密的思辨和修證體系的人生哲學。但是，梁啓超在闡釋佛教人生哲學時，並不著眼於其思辨體系的重構，而是關注佛教如何解決現實人生問題，尋求精神自由之路。他主要闡發其中兩大主題：一是佛教的入世精神，一是佛教的自由精神。其中尤重對後者的闡述。

（一）對佛教人生哲學入世精神的闡釋

佛教雖然也關注現實人生問題，但最終以出世爲歸宿，畢竟宗教在本質上是超世間的。但是，梁啓超在闡釋佛教人生哲學時，緊扣現實人生問題，凸顯其「入世性」。這主要表現在兩個方面：一是認爲佛教以中庸實踐爲教，二是認爲佛教注意理論與實踐的調和。

梁啓超以佛陀比孔子，認爲「釋迦恰是那時印度的孔子，他在群言淆亂之中，折衷長短，以中庸爲教」，在修養方法論、靈魂問題論和因果問題論三個方面都體現了中庸之道：

> 就修養方法論，一面有順世派之極端快樂主義，一面有耆那派之極端苦行主義，釋迦兩皆不取，以「不苦不樂」爲精神修養之鵠。就靈魂問題論，一面有極端常住論者，一面有極端斷滅論者，釋迦兩皆不取，出「因緣和合」之流動生命觀。就因果問題論，一面有極端的宿命論，一面有極端的無因論，釋迦兩皆不取，以「自業自得」明道德的責任。〔註64〕

在梁啓超看來，佛陀和孔子非常類似，以中庸爲教，注重人生實踐問題。他說：「一般人多以佛教爲談玄家，在後此各派佛學誠有此傾向。原始佛教卻不然，釋迦是一位最注重實踐的人」，佛陀對當時最時髦的理論問題如「世界有始無始」、「有邊無邊」、「身體與生命是一是二」等都不感興趣，「以爲不必研究，研究徒擔閣實踐工夫，於人生無益。」〔註65〕梁啓超以《箭喻經》爲例，來說明佛陀的這一看法。當時有位鬘童子拿這些問題問佛陀，佛陀回答說：譬如有人中了毒箭，命在呼吸之間，醫生應該馬上把箭拔出來，敷藥救

〔註64〕 梁啓超：《佛陀時代及原始佛教教理綱要》，《飲冰室合集·專集之五十四》，中華書局 1989 年版，第 7 頁。
〔註65〕 梁啓超：《佛陀時代及原始佛教教理綱要》，《飲冰室合集·專集之五十四》，中華書局 1989 年版，第 7 頁。

他。如果不先救人而是先去研究關於人和箭的理論問題，等研究清楚後，那人早已死了。梁氏評價說：

> 這段譬喻，真算得千古妙文快文。因此可見，釋迦說法並不是談空說有鬧着頑，他是一位最忠實的臨床醫生，專講究對證下藥。凡一切玄妙理論，「非梵行本，不趣智、不趣覺、不趣涅槃者，一向不說。」（《箭喻經》原文）就這一點論，和孔子說的「未能事人焉能事鬼，未知生焉知死」正同一態度。〔註66〕

但梁啓超又認為：佛陀並不是絕對的排斥理論，而是將人生實踐建立在理論的基礎上，即注重理論與實踐的調和。一般的宗教大率建立在迷信的基礎上，而佛教則建立在科學的理性分析的基礎上。他說：

> 釋迦唯一目的在替眾生治病，但決不是靠神符聖水來治，決不是靠湯頭歌訣來治。他是以實際的醫學為基礎，生理解剖、病理……等等，一切都經過科學的嚴密考察、分析、批評，然後確定治病方針。不惟如此，他要把這種學識傳給病人，令他們會病前豫防，病中對治，病後療養，把自己本身力量培養發展用來剷除自己病根。就這一點論，釋迦很有點像康德，一面提倡實踐哲學，一面提倡批判哲學，所以也可以名佛教為「哲學的宗教」。〔註67〕

不過，梁氏又認為，這種調和仍是現實人生問題為中心，他說：「佛未嘗不說宇宙，但以為不能離人生而考察宇宙。換句話說，佛教的宇宙論，完全以人生問題為中心。所以佛的徽號亦名「世間解」。〔註68〕

（二）對佛教人生哲學自由精神的闡釋

梁啓超是中國自由主義思潮的代表人物之一，〔註69〕他融合中西關於自由的思想資源，形成了自己的自由觀。在各種自由中，他最重人的精神自由，因此特別強調除「心奴」。他說：「若有欲求真自由者乎，其必自除心中之奴隸始。」〔註70〕梁氏認為，儒佛的主要精神就是除「心奴」，導人以真正的自

〔註66〕梁啓超：《佛陀時代及原始佛教教理綱要》，《飲冰室合集·專集之五十四》，中華書局 1989 年版，第 8 頁。

〔註67〕梁啓超：《佛陀時代及原始佛教教理綱要》，《飲冰室合集·專集之五十四》，中華書局 1989 年版，第 8 頁。

〔註68〕梁啓超：《佛陀時代及原始佛教教理綱要》，《飲冰室合集·專集之五十四》，中華書局 1989 年版，第 8 頁。

〔註69〕侯外廬：《中國近代啓蒙思想史》，人民出版社 1993 年版，第 2 頁。

〔註70〕梁啓超：《新民說》，《飲冰室合集·專集之四》，中華書局 1989 年版，第 47 頁。

由（即精神自由），特別是佛教更是如此。他說：「儒佛……的共同目的，都是願世人精神方面，完全自由。現在自由二字，誤解者不知多少。其實人類外界的束縛，他力的壓迫，終有方法解除，最怕的是『心為形役』，自己做自己的奴隸。儒佛都用許多的話來教人，想叫把精神方面的自縛，解放淨盡，頂天立地，成一個真正自由的人。這點，佛家弘發得更為深透，真可以說佛教是全世界文化的最高產品。〔註71〕可以說，佛教的主要精神就是教人成為一個真正自由的人。這樣，在梁啓超那裡，佛教就成為一門追求精神自由的修身之學。

追求精神自由，所謂除「心奴」，關鍵靠自己的意志力。意志力，也稱心力，是獲得精神自由的內在動力。所以梁啓超在闡釋佛教的因緣觀和業力輪迴說時，引進並強調一個核心的概念──意志力。

因緣觀是佛教宇宙觀、人生觀的基礎，梁啓超對「因緣」和「十二因緣」加以瞭解說。他說，「因緣」，用現代通行的話解釋，「大約『關係』這個字和原意相去不遠。」〔註72〕十二因緣包括：一、無明，二、行，三、識，四、名色，五、六入，六、觸，七、受，八、愛，九、取，十、有，十一、生，十二、老死。梁氏認為，「以『無明』為最初的動因，從無明到老死這十二件，都是以因果連鎖的關係，組織成人生之一期。」〔註73〕就是說，生命的活動，由十二個因素構成，環環相扣，形成一個因果鏈。這本是一個嚴密的體系，梁啓超在解釋時，作了進一步發揮，即用「意志力」將這十二個因素全部統貫起來，並認為意志力是它們的關鍵，是人的生命的創造者。他說：

> 佛以為一個人的生命，並非由天所賦予，亦非無因而突然發生，都是由自己的意志力創造出來。現在的生命，乃由過去的「無明」與「行」所構成，當生命存在期間，「識」、「名色」、「六入」、「觸」、「受」、「愛」、「取」、「有」刹那刹那，展轉相緣，增長「無明」的業力，又造出未來的生命，於是乎繼續有「生」有「老死」。〔註74〕

〔註71〕梁啓超：《治國學的兩條大路》，《飲冰室合集・文集之三十九》，中華書局1989年版，第119頁。
〔註72〕梁啓超：《佛陀時代及原始佛教教理綱要》，《飲冰室合集・專集之五十四》，中華書局1989年版，第9～10頁。
〔註73〕梁啓超：《佛陀時代及原始佛教教理綱要》，《飲冰室合集・專集之五十四》，中華書局1989年版，第11頁。
〔註74〕梁啓超：《佛陀時代及原始佛教教理綱要》，《飲冰室合集・專集之五十四》，中華書局1989年版，第13頁。

關於業力輪迴說，梁啓超認爲業報、輪迴的關鍵是人自己的意志力。他說：

> 「業」梵名 Karma，音譯爲羯，用現在的話來解釋，大約是各人憑自己的意志力不斷的活動。活動的反應的結果，造成自己的性格，這性格又成爲將來活動的根抵支配自己的運命。從支配運命那一點說，名曰業果或業報。業是永遠不滅的，除非「業盡」——意志活動停止。活動若轉一個方向，業便也轉個方向而存在，業果、業報決非以一期的生命之死亡而終了。死亡不過這「色身」——物質所構成的身體循物理的法則由聚而散，生命並不是純物質的，所以各人所造業，並不因物質的身體之死亡而消滅。死亡之後，業的力會自己驅引自己換一個別的方向別的形式，又形成一個新生命。這種轉換狀態名曰「輪迴」。懂得輪迴的道理，便可以證明「業力不滅」的原則。〔註75〕

梁啓超凸顯意志力在因緣和業報輪迴中的作用，意在強調佛教的精神自由的獲得不是靠他力（如神、上帝），而是靠自力（即意志力）

如何走上精神自由之路，梁啓超通過闡釋佛教主要思想「三法印」（即「諸行無常」、「諸法無我」、「涅槃寂靜」）來回答這一問題。

關於「諸行無常」，佛說「凡世間一切變異法、破壞法皆無常。」梁氏解釋說：「世界所有一切現象都是變異的、破壞的，顯而易見。地球乃至恒星系，天天在流轉變遷中，再經若干千萬年終須有一天毀滅。人生更不消說了，『君不見黃河之水天上來，奔流到海不復回。君不見高堂明鏡悲白髮，朝如青絲暮如雪。』何止生理上如此，從心理上看，後念甫生，前念已滅，所謂『刹那刹那念念之間不得停住』，所以後來唯識家下一個妙喻說『恒轉如瀑流』。」〔註76〕

與「無常論」相連帶的是「無我論」。梁啓超認爲，佛教的核心思想就是「無我」。他說：「佛說法五十年，其法語以我國文字書寫解釋今存大藏中者垂八千卷，一言以蔽之，曰『無我』。」〔註77〕又說：「尚若有人問我佛教經

〔註75〕 梁啓超：《佛陀時代及原始佛教教理綱要》，《飲冰室合集·專集之五十四》，中華書局1989年版，第15頁。

〔註76〕 梁啓超：《佛陀時代及原始佛教教理綱要》，《飲冰室合集·專集之五十四》，中華書局1989年版，第20頁。

〔註77〕 梁啓超：《說無我》，《飲冰室合集·專集之五十四》，中華書局1989年版，第

典全藏八千卷，能用一句話包括他嗎？我便一點也不遲疑答道：『無我我所』，再省略也可以僅答兩個字，『無我』，因爲『我』既無，『我所』不消說也無了。」〔註78〕

　　佛教認爲，一切有情眾生皆由五蘊和合而成。五蘊包括物質（色蘊）、精神（受、想、行、識四蘊）兩個方面，「生命不過物質、精神兩要素在一期間內因緣和合，俗人因喚之爲『我』。」〔註79〕但到底有沒有「我」，梁啓超認爲從物質和精神兩個方面看，實是「無我」。他說：

> 今試問我在那裏？若從物質要素中求我，到底眼是我呀？還是耳是我、鼻是我、舌是我、身是我？若說都是我，豈不成了無數的我？若說分開不是我，合起來才成個我。既已不是我，合起來怎麼合成個我？況且構成眼耳鼻舌身的物質排泄變遷，刻刻不同，若說這些是我，則今日之我還是昨日之我嗎？若從精神要素中求我，到底受是我呀？還是想是我、行是我、識是我？析或合起來才成我，答案之不可通，正與前同，況且心理活動刻刻變遷，也和物質一樣。……一般人所指爲人格爲自我者，不過我們錯覺所構成，並沒有本體，佛家名之爲補特伽羅 Pudgala，譯言「假我」，不是眞我。要而言之，佛以爲在這種變壞無常的世間法中，絕對不能發見出有眞我。既已無我，當然更沒有我的所有物，所以佛教極重要一句格言曰「無我無所」。〔註80〕

　　梁啓超認爲，「無常、無我」是佛如實見到的人生實相，然則這樣的人生價值何在呢？「佛毅然下一個斷語說是『一切苦』。」〔註81〕如此看來，佛教似乎是消極厭世的，但是梁氏認爲不然：「佛教當然不是消極的，詛咒人生，他是對於一般人的生活不滿足，自己別有一個最高理想的生活，積極的闖上前去。」〔註82〕這種最高理想生活，就是「涅槃寂靜」。梁氏認爲，

　　　　　27頁。
〔註78〕梁啓超：《佛教心理學淺測》，《飲冰室合集・專集之六十八》，中華書局1989年版，第39頁。
〔註79〕梁啓超：《佛陀時代及原始佛教教理綱要》，《飲冰室合集・專集之五十四》，中華書局1989年版，第21頁。
〔註80〕梁啓超：《佛陀時代及原始佛教教理綱要》，《飲冰室合集・專集之五十四》，中華書局1989年版，第21～22頁。
〔註81〕梁啓超：《佛陀時代及原始佛教教理綱要》，《飲冰室合集・專集之五十四》，中華書局1989年版，第22頁。
〔註82〕梁啓超：《佛陀時代及原始佛教教理綱要》，《飲冰室合集・專集之五十四》，

涅槃的境界，就是一種自由的境界。他說：涅槃「大概是絕對清涼無熱惱，絕對安定無破壞，絕對平等無差別，絕對自由無繫縛的一種境界。」〔註83〕獲得涅槃之境，佛教也稱解脫。梁啟超以自由、除「心奴」釋「解脫」二字，他說：「解脫梵名本義 Moksa，譯言離縛得自在，用現在話解釋，則解放而得自由。詳細點說，即脫離囚奴束縛的生活，恢復自由自主的地位。再詳細點說，這些束縛，並非別人加之於我，原來都是自己找來的，解脫不外自己解放自己。」〔註84〕這樣，梁啟超完全將佛教視作爲一門追求精神自由的人生哲學。

對於如何獲得精神自由得解脫，梁啟超認爲，佛教教我們努力從事修養。至於佛教的修養方法，有「八萬四千法門」，如三學、四聖諦、八正道等。在梁氏看來，要其指歸，不外兩種，「一曰慧解脫，即從智識方面得解放，二曰心解脫，即從情、意方面得解放」；也可分爲智、意、情三種修養。

一、智慧的修養。所謂智慧的修養，是指通過智慧之觀照達到解脫。梁啟超說：

> 佛所謂智慧者，謂對於一切「世相」能爲正當之價值判斷，根據這種判斷更進求向上的理想。《心經》說：「行深般若波羅密多時，照見五蘊皆空，度一切苦厄。……乃至無掛礙無有恐怖。」般若譯言智慧，一面觀察世相，深通因緣和合無常無我之理，不受世俗雜念之所纏繞；一面確認理想界有高純妙樂之一境，向上尋求。佛家所用各種「觀」，全是從這方面著力。〔註85〕

二、意志的修養。這種修養有消極、積極兩方面。消極的方面，主要在破除我執、制御意志。梁啟超說：

> 要立下決心，自己不肯做自己奴隸。佛以爲眾生無明業種，皆由對於我的執著而生。因爲誤認五蘊和合之幻體爲我，既認有我，便有我所。事事以這個假我爲本位，一切活動，都成了假我的奴隸。……我們向來一切活動，都爲他所左右。我們至少要自己當得起自己的

中華書局 1989 年版，第 22 頁。
〔註83〕梁啟超：《佛陀時代及原始佛教教理綱要》，《飲冰室合集·專集之五十四》，中華書局 1989 年版，第 24 頁。
〔註84〕梁啟超：《佛陀時代及原始佛教教理綱要》，《飲冰室合集·專集之五十四》，中華書局 1989 年版，第 23 頁。
〔註85〕梁啟超：《佛陀時代及原始佛教教理綱要》，《飲冰室合集·專集之五十四》，中華書局 1989 年版，第 23 頁。

家，如何能令這種盲目意志專橫，非以全力克服他不可，後來禪家最愛說「大死一番」這句話，就是要把假我觀念完全征伏絕其根株的意思。〔註86〕

積極的方面，是「求意志之昂進」，以「法欲」、「大欲」克服「小欲」。梁啓超說：

> 佛常說「法欲」，又說「欲三昧」。凡夫被目前小欲束縛住，失卻自由。佛則有一絕對無限的大欲在前，懸以爲目標，教人努力往前驀進，所以「勇猛」、「精進」、「不退轉」一類話，佛常不離口。可見佛對於意志，不僅消極的制御而已，其所注重者，實在積極的磨煉激勵之一途。〔註87〕

三、感情的修養。所謂感情的修養，就是同情心的擴大，把它擴大到物我一體的境界。梁啓超說：

> 感情方面，佛專教人以同情心之擴大，所謂「萬法以慈悲爲本」，慈謂與人同喜，悲謂與人同憂。佛以破除假我故，實現物我同體的境界，對於一切眾生，恰如慈母對於愛子，熱戀者對於其戀人，所有苦樂，悉同身受。佛以爲這種純潔的愛他心必須盡量發揮，才算得佛的眞信徒。〔註88〕

四、創造哲學——老子人生哲學的闡釋

梁啓超對於道家思想的認識，前後期有很大的變化，前期對道家哲學基本上採取否定的態度，而後期雖對其有所批評，但主要從正面肯定它的的價值。〔註89〕後期的梁氏認爲，「道家最大特色，在撇卻卑下的物質文化，去追尋高尚的精神文化，在教人離開外生活以完成其內生活」；〔註90〕像老子、莊

〔註86〕梁啓超：《佛陀時代及原始佛教教理綱要》，《飲冰室合集·專集之五十四》，中華書局1989年版，第23～24頁。
〔註87〕梁啓超：《佛陀時代及原始佛教教理綱要》，《飲冰室合集·專集之五十四》，中華書局1989年版，第24頁。
〔註88〕梁啓超：《佛陀時代及原始佛教教理綱要》，《飲冰室合集·專集之五十四》，中華書局1989年版，第24頁。
〔註89〕蔣廣學：《梁啓超和中國學術的終結》，江蘇教育出版社2001年版，第188～189頁。
〔註90〕梁啓超：《先秦政治思想史》，《飲冰室合集·專集之五十》，中華書局1989年版，第108頁。

子哲學就是教人「精神向上的學問」,「這些操練心境的學問」,恰恰「和學體育來操練身體一般,萬不可說他無用」。〔註91〕同時,梁氏張揚道家對現代文明批評的價值。他認爲現代文明的弊端在於,一是「所謂文明,大部分皆爲擁護強者利益之工具」;二是「凡爛熟之文明,必流爲形式的相率於僞」。而「道家對於此等毒害之文明,揭破其假面目,高叫赤裸裸的『自然』一語以逼之,使如湯沃雪,實刷新人心之一良劑也」。〔註92〕於是,他充分肯定道家人生哲學、政治哲學的現代價值,張揚其積極方面的精神。其中,對老子、莊子的人生哲學加以了重點闡釋。〔註93〕

梁啓超對老子人生哲學的闡釋,主要集中在 1920 年的《老子哲學》中。他以佛解老,即以《大乘起信論》「宇宙心」的體、相、用,將老子哲學分爲本體論、名相論、作用論。今以西方哲學而言,本體論爲形而上學,名相論爲認識論,作用論爲人生論。梁氏在思路上雖分爲三個部分,但最終還是歸到人生論,所以其核心乃人生論(即人生哲學)。

本體論部分,主要論「道」。「道」是老子哲學最高、最本質的概念。這一概念以及其他一系列相關概念(如「有」、「無」等)的創造,使老子成爲中國最富形上學的哲學家。梁啓超以佛教的「眞如」釋老子的「道」。眞如是什麼呢?《大乘起信論》說:「依一心有兩種門,一者心眞如門,一者心生滅門。」〔註94〕心眞如門,即如來藏心(一心)的第一種含義,指其體性而言。〔註95〕梁氏引《大乘起信論》解說「眞如」的本體:「是故一切法,從本已來,離言說相,離名字相,離心緣相,畢竟平等,無有變異,不可破壞。唯是一心,故名眞如。以一切言說,假名無實,但隨妄念,不可得故。言眞如者,亦無有相,謂言說之極,因言遣言。此眞如體無有可遣,以一切

〔註91〕 梁啓超:《老子哲學》,《飲冰室合集・專集之三十五》,中華書局 1989 年版,第 2 頁。

〔註92〕 梁啓超:《先秦政治思想史》,《飲冰室合集・專集之五十》,中華書局 1989 年版,第 107~108 頁。

〔註93〕 按:梁啓超對道家政治哲學(思想)也進行了重點研究,但不在本書的論述之列。

〔註94〕 〔梁〕眞諦譯,高振農校釋:《大乘起信論》,中華書局 1992 年版,第 16 頁。

〔註95〕 〔梁〕眞諦譯,高振農校釋:《大乘起信論》,中華書局 1992 年版,第 17 頁。

法悉皆眞故；亦無可立，以一切法皆同如故。當知一切法不可說不可念，故名爲眞如。」〔註96〕於是即以「眞如」本意來具體解說「道」的本體：

　　究竟道的本體是怎麼樣呢？他是「寂兮寥兮」「視之不見聽之不聞搏之不得」的東西，像《起信論》說的「如眞空」；他是「其中有精，其精甚眞，其中有信」的東西，像《起信論》說的「如實不空」；他是「獨立而不改周行不殆」的東西，像《起信論》說的「畢竟平等無有變異不可破壞」；他是「可以爲天下母」「似萬物之宗」「是謂天地根」的東西，像《起信論》說的「總攝一切法」。《莊子・天下篇》批評老子學說，說他「以虛空不毀萬物爲實」，這句話最好，若是毀萬物的虛空，便成了玩空了，如何能爲萬物宗爲天地根呢？
　　老子所說，很合著佛教所謂「眞空妙有」的道理。〔註97〕

　　在梁啓超看來，「道」即是「眞如」。其闡釋徹底佛教化，非常透徹。至於如何領會「道」，梁氏也認爲老子之意切近佛教。佛教講證悟，《大乘起信論》說：「離念境界唯證相應。」老子說：「知者不言，言者不知」；「其出彌遠，其知甚少」；「爲學日益，爲道日損，損之又損，以至於無爲。」因爲老子知道「道」的本體，不是靠學問知識得來，而是「要參證得來」。〔註98〕

　　接著，梁啓超以「心生滅門」闡釋老子的名相。心生滅門，即如來藏心（一心）的第二種含義，是從其相用，即所謂「隨緣起滅」的意義上來說的。〔註99〕梁氏認爲，老子的「道可道，非常道；名可名，非常名」說的是「心眞如門」；而「無名，天地之始；有名，萬物之母」是說「心生滅門」〔註100〕，即名相。

　　那麼，名相從何而來呢？梁啓超解釋說：「老子以爲從人類『分別心』來，他說：『天下皆知美之爲美，斯惡已；皆知善之爲善，斯不善已。故有無相生，難易相成，長短相校，高下相傾，音聲相和，前後相隨。』」〔註101〕

〔註96〕梁啓超：《老子哲學》，《飲冰室合集・專集之三十五》，中華書局1989年版，第7頁。
〔註97〕梁啓超：《老子哲學》，《飲冰室合集・專集之三十五》，中華書局1989年版，第7～8頁。
〔註98〕梁啓超：《老子哲學》，《飲冰室合集・專集之三十五》，中華書局1989年版，第8頁。
〔註99〕〔梁〕眞諦譯，高振農校釋：《大乘起信論》，中華書局1992年版，第17頁。
〔註100〕梁啓超：《老子哲學》，《飲冰室合集・專集之三十五》，中華書局1989年版，第9頁。
〔註101〕梁啓超：《老子哲學》，《飲冰室合集・專集之三十五》，中華書局1989年版，

也就是說，因爲有了「分別心」，才產生種種相對待的名，如美醜、善惡、有無、難易、長短、高下、前後等。有了這些名之後，又拿這些名來解釋世界萬有。故《老子》四十二章說：「道生一，一生二，二生三，三生萬物。」梁氏以爲這裡含有對立統一的思想：事物是相對待而生的，不是由「一」直接產生萬物，而是陰陽相對，一陰一陽相交而成一物，等到第三個出來後，成爲獨立實體，又還爲一，再陰陽相對而生一，如此循環下去，產生萬物。〔註102〕

由於這些名相是由人的分別心產生出來的，因此靠不住。如善惡並沒有一定的標準和一定的距離，都是人爲所制的，和自然法則不合。故老子說：「大道廢，有仁義；智慧出，有大僞；六親不合，有孝慈；國家昏亂，有忠臣。」「天下多忌諱，而民彌貧；民多利器，國家滋昏；人多伎巧，奇物滋起；法令滋彰，盜賊多有。」梁氏解釋說：老子以爲這些所謂的「人文」都是由分別妄見產生，而種種妄見起於「我相」；而破除分別心的第一要著是破除我身，老子說：「吾所以有大患者，爲吾有身，及吾無身，吾有何患？」連自身都沒有了，一切名相就跟着破除了。當名相都破除了，就回到了「無名之樸」，也就復歸了本體。〔註103〕這裡，梁氏的解釋，將老子的本體論、認識論、人生論打成一片。

老子講本體論、名相論，最終還是要歸到人生論。人生論是老子哲學的「重頭戲」，梁啟超說：「五千言的《老子》，最少有四千言講道的作用（按：即人生論）。」梁啟超的著重點也在闡發人生論，以爲人們修養之用。梁氏認爲，「道」的作用，可用《老子》的一句話概括，即「常無爲而無不爲」。〔註104〕這是老子人生哲學的中心思想。「無爲」是「道」的空性之用，「無不爲」是「道」之妙有之用。梁氏認爲，一般人只注重老子的「無爲」，而忘掉「無不爲」，於是「弄成一種坡腳的學說，失掉老子的精神」。〔註105〕

第 10 頁。
〔註102〕梁啟超：《老子哲學》，《飲冰室合集·專集之三十五》，中華書局 1989 年版，第 11 頁。
〔註103〕梁啟超：《老子哲學》，《飲冰室合集·專集之三十五》，中華書局 1989 年版，第 13～14 頁。
〔註104〕梁啟超：《老子哲學》，《飲冰室合集·專集之三十五》，中華書局 1989 年版，第 15 頁。
〔註105〕梁啟超：《老子哲學》，《飲冰室合集·專集之三十五》，中華書局 1989 年版，第 15 頁。

　　如何使「無爲」和「無不爲」調和起來呢？梁啓超認爲，老子主張作而不辭，生而不有，爲而不恃，長而不宰，正將兩者調和起來了。對此，梁氏借用了羅素的老子闡釋。羅素認爲，人類的本能，有兩種衝動，一是占有的衝動，一是創造的衝動。前者是要把某種事物據爲己有，這種衝動發達起來，人類便在爭奪相殺中；後者是要某種事物創造出來，公之於眾，這種衝動發達起來，人類便日日進化。前者是「爲而有」，後者是「爲而不有」。羅素說老子的「生而不有，爲而不恃，長而不宰」，「是專提倡創造的衝動」，是「最高尚而且最有益的哲學」。〔註106〕梁氏認爲羅素解釋得很好，並進一步引申說：老子的「損有餘而補不足」是說創造的衝動，「老子要想獎勵這種『爲人類貢獻』的精神，」故全書以此意作結：「既以爲人己愈有，既以與人己愈多，天之道利而不害，聖人之道爲而不爭。」梁氏認爲，人類的創造活動（如學問、藝術），不僅對人類有貢獻，而且自己也得到快樂，「這不是『既以爲人己愈有，既以與人己愈多』嗎？老子講『無不爲』就是指這一類，雖是『爲』實同於『無爲』。」〔註107〕其實，老子的「無爲」是指無功利之爲，超出有我之私；「無不爲」是指創造性活動，無所占有。這樣，兩者實二而一。梁啓超又以「爲而不有」、「無所爲而爲」來概括老子的這一重要思想，並認爲這是「爲勞動而勞動，爲生活而生活」，即「勞動的藝術化，生活的藝術化」〔註108〕，且批判了流行全球的功利主義思想。梁氏認爲「老子的得力處就在此」，甚至還認爲「孔子的席不暇暖、墨子的突不得黔」也是這種精神的體現。〔註109〕

　　這樣，梁啓超就將老子人生哲學闡釋爲一種創造哲學，充分彰顯其積極意義。從而批評老子哲學是厭世哲學之說，他說：「我讀了一部《老子》，就沒有看見一句厭世的語，他若是厭世，也不必著這五千言了。老子是一位最熱心腸的人，說他厭世的，只看見『無爲』兩個字，把底下『無不爲』三字

〔註106〕梁啓超：《老子哲學》，《飲冰室合集・專集之三十五》，中華書局1989年版，第16頁。

〔註107〕梁啓超：《老子哲學》，《飲冰室合集・專集之三十五》，中華書局1989年版，第17頁。

〔註108〕梁啓超：《「知不可而爲」主義與「爲而不有」主義》，《飲冰室合集・文集之三十七》，中華書局1989年版，第67頁。

〔註109〕梁啓超：《老子哲學》，《飲冰室合集・專集之三十五》，中華書局1989年版，第19頁。

讀漏了。」〔註110〕對於這種「爲而不有」主義，梁啓超認爲，雖然使人「容易把精力消費在不經濟的地方」，「但在人類精神生活上卻有絕大的價值」，「可使世界從極平淡上顯出燦爛」；雖然「必須到社會組織改革之後，對於公眾有種種供給時，才能實行這種主義」，但「拿來寄託我們的精神生活，使他站在安慰清涼的地方」，「恰是青年修養的一副清涼劑」。〔註111〕這樣，「爲而不有」、「無所爲而爲」、「無爲而無不爲」，就是一種修養方法。

　　然後，梁啓超進一步開掘老子的人生修養論。他認爲，老子教人用功最要緊的兩句話是：「爲學日益，爲道日損。」並解釋說：「若是爲求智識起見，應該一日一日的添些東西上去；若是爲修養身心起見，應該把所有外緣逐漸減少他。」這種理論的根據在於，老子說的「五色令人目盲，五音令人耳聾，五味令人口爽，馳騁畋獵令人發狂，難得之貨令人行妨」。對此，梁啓超進行了生動的解釋：

> 這段話對不對呢？我說完全是對的。試舉一個例，我們的祖宗晚上點油燈，兩根燈革也過了幾千年了。近來漸漸用起煤油燈，漸漸用起電燈，從十幾枝燈光的電燈加到幾十枝幾百枝，漸漸大街上當招牌的電燈裝起五顏六色來，漸漸又忽燃忽滅的在那裏閃。這些都是我們視角漸鈍的原因，又是我們視角既鈍的結果。初時因爲有了亮燈，把目力漫無節制的亂用，漸漸的消耗多了，用慣亮燈之後，非照樣的亮，不能看見。再過些日子，照樣的亮也不夠了，還要加亮，加——加——加——加到無了期。總之，因爲視覺鈍了之後，非加倍刺激不能發動他的本能，越刺激越鈍，越鈍越刺激，原因結果，相爲循環。若這樣鬧下去，經過幾代遺傳，非「令人目盲」不可。此外，無聲五味，都同此理。近來歐美人患神經衰弱的，年加一年，煙酒等類麻醉興奮之品日用日廣，都是靠他的刺激作用。文學美術音樂，都是越帶刺激性的越流行，無非神經疲勞的反響。越刺激，疲勞越甚，像吃辣椒吃鴉片的人，越吃量越大。所以有人說這是病的社會狀態，這是文明破滅的徵兆。雖然說得太過，也不能不算含有一面的眞理。老子是要預防這種病的狀態，所以提倡「日損」主

〔註110〕梁啓超：《老子哲學》，《飲冰室合集・專集之三十五》，中華書局 1989 年版，第 23 頁。

〔註111〕梁啓超：《「知不可而爲」主義與「爲而不有」主義》，《飲冰室合集・文集之三十七》，中華書局 1989 年版，第 61、66、68～69 頁。

義。〔註112〕

梁啓超此文，可謂是現代性批判（或現代文明批評）的絕妙好詞（故在此不惜全文引用）。於是，他充分肯定老子的「去甚、去奢、去泰」，「見素抱樸，少私寡欲」，「致虛極，守靜篤」，認爲這是「教人把精神用之於經濟的，節一分官體上的嗜欲，得一分心境上的清明」。因爲「凡官體上的嗜欲，那動機都起於『占有的衝動』」，故「常常欲得，自然常常不會滿足」，這是自尋煩擾，「把精神弄得很昏亂」。所以老子的「少私寡欲」，「不當專從消極方面看，還要從積極方面看。」〔註113〕這樣，老子的用功之法就是克己（克治私欲）。老子說：「知人者智，自知者明。勝人者有力，自勝者強。」梁氏認爲，「自知自勝兩意，可算得老子修養論的入門了。」〔註114〕「自知自勝」即是克己法門。老子的這一修養論，在本體論上的依據就是道體之「空性」。體證本體即空，自然不執著有我之私，克己之功自然見效。此爲積極法，而非消極法。於是，其修養論又和本體論貫通起來了。

五、求見眞我──莊子人生哲學的闡釋

梁啓超對莊子人生哲學的闡釋，集中在 1920 年的《老孔墨以後學派概觀·（三）莊子》中。他從莊子豐富的思想世界中，拾出「眞我」二字，以此概括莊子的人生哲學，並以佛解莊、以儒解莊、以西解莊，對此加以了詳細的闡釋。

梁啓超從人生意義出發來解讀莊子人生哲學。他說：昔托爾斯泰因感於「人生無意義」，幾乎自殺；楊朱對於「人生無意義」一語，有痛切之感，結果歸於斷滅自恣，也無異於自殺。莊子則「從無意義中求出意義，謀人生心物兩方面之調和」。〔註115〕那麼，莊子到底求出了什麼意義呢？曰：眞我。

爲何求眞我？如何求眞我？梁啓超說：人生苦痛從生活狀態的矛盾而來，「肉感與靈感交戰，陷於人格分裂」，人生之苦莫此爲甚。如果人類如禽

〔註112〕梁啓超：《老子哲學》，《飲冰室合集·專集之三十五》，中華書局 1989 年版，第 21～22 頁。

〔註113〕梁啓超：《老子哲學》，《飲冰室合集·專集之三十五》，中華書局 1989 年版，第 22 頁。

〔註114〕梁啓超：《老子哲學》，《飲冰室合集·專集之三十五》，中華書局 1989 年版，第 22 頁。

〔註115〕梁啓超：《老孔墨以後學派概觀》，《飲冰室合集·專集之四十》，中華書局 1989 年版，第 7 頁。

獸，除飲食男女之外，無所寄其情志，則「矛盾已不少，苦痛已甚多」，但此苦畢竟是單調的，「旋起旋落，可以自支」。無奈人有靈性，此點靈性對於肉的生活，常取批評的態度，「於是種種悔恨悲哀恐怖，皆由此而起」，但也因此「生一種向上的推求，知現實境界之外，別有真我存在，而此真我即為吾儕最後安慰之所」。於是印度產生兩種求法：印度多數外道和小乘佛教認為真我完全與現實境界為二物，故脫離現境以求之；大乘佛教則認為真我與現境非一非異，可以不捨離現境而求之。莊子則近於後者。〔註116〕

梁啓超認為《莊子‧天下篇》中莊子的自我批評之語，貼近大乘佛教真我之義：其中所謂「獨與天地精神往來」，所謂「充實不可以已，上與造物者遊，而下與外死生、無終始者為友」，皆言契合真我之義；所謂「不傲睨於萬物，不遣是非，以與世俗處」，所謂「應於化而解於物也，其理不竭」，皆言不捨離現境之義。〔註117〕這是梁氏以佛解莊。又說：「《天下篇》又言：『內聖外王之道，闇而不明，鬱而不發。』莊子著書之意，將以明其闇而發其鬱。契合真我者，內聖也；不離現境者，外王也。」〔註118〕這是梁氏以儒解莊。

梁啓超又認為，《莊子》內七篇「總攝莊學之全體大用」，其核心內容即求真我。於是提契其綱領：《逍遙遊》微示真我之端倪。常人執著於現實之境，終身役役於其中，不得解脫，此篇首破其迷，指出人類在無窮之宇宙占一極小之位置，經一極短之年壽，而弊弊然惢薾其間，可謂大愚。因此教人勿以小障大，以「至人無己，聖人無名」二語，使人向上尋求人生之真諦。《齊物論》從消極方面詮釋真我之體相。篇首所謂「吾喪我」，即喪其幻我，幻我既喪，必有真我。然此真我非感覺所能見，非名相所能形容，全立於知識系統以外。莊子以為以知識求之為大誤，當由親證得其全相。《養生主》、《人間世》、《德充符》言如何求真我。《養生主》略言如何契合真我之境界。如庖丁解牛之喻，所謂「以神遇不以目視」，能契合真我，則雖在世間，而得大自在。《人間世》極言真理與世諦不相妨。即言如何不脫離世間而求得真我。此篇窮極人類心理狀態之微，言入世順應之法和利物善導之方，而其

〔註116〕梁啓超：《老孔墨以後學派概觀》，《飲冰室合集‧專集之四十》，中華書局1989年版，第8頁。

〔註117〕梁啓超：《老孔墨以後學派概觀》，《飲冰室合集‧專集之四十》，中華書局1989年版，第8頁。

〔註118〕梁啓超：《老孔墨以後學派概觀》，《飲冰室合集‧專集之四十》，中華書局1989年版，第8頁。

關鍵是「虛而待物」。《德充符》言需有所捐棄才能得眞我。此篇述王駘、申徒嘉、哀駘它等人，皆形骸殘缺而得道，證明眞我在形骸外。「以死生爲一條，以可不可爲一貫，解其桎梏」三語，即教人對於自己的肉體而得解放。《大宗師》言如何以「眞我」行。如能參透一切平等之理，無我見存，則安往而不得樂？故莊子是行菩薩行（也即「眞我」行）之人，如佛說「不畏生死，不愛涅槃」，雖住五濁惡世，亦常以爲樂。《應帝師》言政治上的自由主義。莊子排斥政治上的干涉主義，主張萬事聽人民之自由處置。〔註119〕此篇實莊子之政治哲學，也其人生哲學之應用而已：既主眞我之自由，必主政治上的自由主義。

　　然後，梁啓超具體闡釋了莊子人生哲學的三大主要內容：一、什麼是眞我，二、如何見眞我，三、如何破除我慢。

　　《逍遙遊》曰：「至人無己。」《在宥》曰：「大同而無己。」梁啓超認爲，莊子所謂「無己」，即孔、佛所言「無我」。接著發問：然眞的無我嗎？如無我，則證知此無我者爲誰？笛卡爾謂宇宙萬物皆可懷疑，獨有一物不容懷疑，即「我」，故他說：「我思故我在。」如此，「無我」之義似難成立。〔註120〕但梁氏認爲莊子解決了這一問題，即《齊物論》言：

> 非彼無我，非我無所取，是亦近矣，而不知其所爲使。若有眞宰，而特不得其朕。可行己信，而不見其形，有情而無形。百骸、九竅、六藏、賅而存焉，吾誰與爲親？汝皆說之乎？其有私焉。如是皆有爲臣妾乎？其臣妾不足以相治乎？其遞相爲君臣乎？其有眞君存焉。

　　對於這段話，郭象和成玄英謂：萬物皆自化，並無什麼眞宰或眞君存在。〔註121〕梁啓超的解釋顯然與他們不同，別具新意，他說：我之名，因彼而生，所謂「非彼無我」，但若無我，則知彼者爲誰？故「非我無所取」。如此，彼我互爲因果，結果歸於兩空，則彼我二覺緣何而起？故曰「不知其所爲使」。由此以思，則知從前所認之我相，不過「假主宰者」，必有「眞主宰者」，但不得其朕兆，故曰：「若有眞宰，而特不得其朕。」而從前所認之我相，若宛

〔註119〕梁啓超：《老孔墨以後學派概觀》，《飲冰室合集·專集之四十》，中華書局1989年版，第9～10頁。

〔註120〕梁啓超：《老孔墨以後學派概觀》，《飲冰室合集·專集之四十》，中華書局1989年版，第10頁。

〔註121〕參見：〔晉〕郭象注、〔唐〕成玄英疏《莊子注疏》，中華書局2011年版，第29～31頁。

然在前，一若「可行己信」，但究竟不可見，則「有情而無形」。若強求其形，則「百骸、九竅、六藏、賅而存焉」。但它們只是臣妾，畢竟不是主宰者。因此悟知常識所謂我相，絕非眞我，非眞我等於無我。故必別有「眞君（即眞我）〔註122〕存焉」。〔註123〕

那麼，莊子的「眞我」到底爲何物？梁啓超解釋說：此眞我者，離言說相，離文字相，不應以言語形容之。但爲眾生說法，如欲言，則《齊物論》「天地與我並生，而萬物與我爲一」，爲眞我實相。若欲灼見，當由自證，若見眞性，則並天地萬物等名，亦不容立。如用淺諦解釋，亦易明白。所謂「天地與我並生」，當作如是解：我們身體由幾十種原質所合成，此種原質與天地始生同時存在。若云未始有生，則我與天地俱不生；若云有生，則天地與我並生矣。所謂「萬物與我爲一」，可與《寓言》所言「萬物皆種也，以不同形相禪，始卒若環，莫得其倫，是謂天均」相發明。此有二義，就精魂方面論，有情之屬，舍生趨生，「人死爲羊，羊死爲人」（《楞嚴經》語），鯀化爲黃熊，緩作秋柏，業力不滅，雖復殊形，實相禪也。就形態方面論，其一，以遺傳學說言，瓜果之核，易形嬗傳，前卉之精，衍爲後卉，至於動物，應化遺傳，代代相嬗。我輩七尺之軀，含有父母精血，乃至性情之一部分，如果往上追溯，則伏羲、軒轅的精血、性情，至今仍有一部分存留我身。如此伏羲、軒轅並未死，只是「以不同形相禪」耳。其二，以細胞學說言，人食眾生肉，旋化爲人體，乃至食蔬菜瓜果亦然；此諸肉及果實等，皆由細胞合成，細胞皆各有其生命，此諸生命遞死遞生，更相爲種，皆「以不同形相禪」耳。〔註124〕在此，梁氏以化學、佛學和生物學知識來解釋莊子「眞我」之義，可謂妙解！其實，此眞我乃大我，分佈在無始以來之時空中，即是精神的，也是物質的。

梁啓超認爲，他對莊子「眞我」的解釋，只是以俗諦釋眞諦而已，其實，「莊子所教人體驗眞我之實相，實不在此。蓋眞我之爲物，惟用直覺親證，

〔註122〕按：關於「眞君」、「眞宰」之義，有不同的解釋，曹礎基釋爲：天然的主宰者，亦即道（曹礎基《莊子淺注》，中華書局 1982 年版，第 20 頁）；陳鼓應釋爲：「眞正的自我」（陳鼓應《老莊新論》（修訂版），商務印書館 2010 年版，第 212 頁）。後者解釋同梁啓超。

〔註123〕梁啓超：《老孔墨以後學派概觀》，《飲冰室合集·專集之四十》，中華書局 1989 年版，第 11 頁。

〔註124〕梁啓超：《老孔墨以後學派概觀》，《飲冰室合集·專集之四十》，中華書局 1989 年版，第 11～12 頁。

乃可得見。一用理智的剖析、言說的詮議，即已落對待而非其本相。」〔註125〕
也就是說，惟有用「直覺親證」才能見真我之本相。關於莊子主張「直覺親
證」之義，梁氏引《知北遊》之言，並加闡釋。

> 知北遊於玄水之上，登隱弅之丘，而適遭無為謂焉。知謂無為謂
> 曰：「予欲有問乎若：何思何慮則知道？何處何服則安道？何從何
> 道則得道？」三問而無為謂不答也，非不答，不知答也。知不得
> 問，反於白水之南，登狐闋之上，而睹狂屈焉。知以之言也問乎
> 狂屈。狂屈曰：「唉！予知之，將語若，中欲言而忘其所欲言。」
> 知不得問，反於帝宮，見黃帝而問焉。黃帝曰：「無思無慮始知道，
> 無處無服始安道，無從無道始得道。」知問黃帝曰：「我與若知之，
> 彼與彼不知也，其孰是邪？」黃帝曰：「彼無為謂真是也，狂屈似
> 之，我與汝終不近也。夫知者不言，言者不知，故聖人行不言之
> 教。」（《知北遊》）

莊子此言與禪宗相通：禪宗打破語言相、文字相、思維相、知識相，講
究當下的直接體證，莊子亦是如此。梁啓超說：這段話與禪宗之作用極相似，
不當作玄談，其實乃言尋常事。如人痛楚，只能自喻，不能喻人，如人飲水，
冷暖自知，此皆各自受用而不能與眾共者。此其事皆「在覺在證」，而知識退
居其次，「部分之情感且然，而況宇宙之大理乎？」要之，人的知、情、意，
各自為用，情感、意志之所有事，非理知所能任，亦猶理知之所有事，非情
感、意志之所能任。〔註126〕

莊子認識到了知識的局限性，認為知識只能達「物之粗」，不能至「物
之精」，宇宙的全體大用（如道、如真我），只能「直覺親證」。其理論依據
在於，莊子認識到因果律不足恃，最終無法找到宇宙的第一因，他說：「夫
知必有所待而後當，其所待者特未定也。」（《大宗師》）故莊子曰：「道行之
而成，物謂之而然。惡乎然？然於然。惡乎不然？不然於不然。」（《齊物論》）。
對此，梁啓超解釋並發揮道：所謂「道」，所謂「物」，非皆有自性，皆由人
類分別記度所構成，乃於萬物一體中強生分別，畫其部分，指之為我，則我
身我家我國種種名相起焉。名相起，則有愛憎取捨、我見我慢，於是是非之

〔註125〕梁啓超：《老孔墨以後學派概觀》，《飲冰室合集·專集之四十》，中華書局 1989
　　　　年版，第 12～13 頁。

〔註126〕梁啓超：《老孔墨以後學派概觀》，《飲冰室合集·專集之四十》，中華書局 1989
　　　　年版，第 13 頁。

論?起。〔註127〕

換言之，我見、我慢之生，是由於人們不明白事物之間的相對性，各自是其所是，非其所非，甚且借名以行其惡，結果造成怨嫉爭軋。梁啟超認爲，莊子對此深自痛恨，故曰：「名也者，相軋也；知也者，爭之器」（《人間世》），「大亂之本，必生於堯舜之間，其末存乎千世之後。千世之後，其必有人與人相食者也。」（《庚桑楚》）梁氏對此解釋說：假美名以窮其惡者，以中國及歐洲之近事衡之，其證驗既歷歷可睹。苟無此美名以爲之護符，其稔惡或不至如是甚也。再如爭教宗之異同、爲某種主義而奮鬥者，皆此類。由莊子看來，此皆出於人類之「自己誇大性」（即佛教所謂「我慢」），此種我慢實社會爭亂之源，必至「千世之後，其必有人與人相食者也」。所以莊子欲破除此我慢性。〔註127〕

如何破除這種我慢呢？梁啟超引《秋水》云：

以道觀之，物無貴賤；以物觀之，自貴而相賤；以俗觀之，貴賤不在己。以差觀之，因其所大而大之，則萬物莫不大；因其所小而小之，則萬物莫不小。知天地之爲稊米也，知毫末之爲丘山也，則差數睹矣。以功觀之，因其所有而有之，則萬物莫不有；因其所無而無之，則萬物莫不無。知東西之相反而不可以相無，則功分定矣。以趣觀之，因其所然而然之，則萬物莫不然；因其所非而非之，則萬物莫不非。知堯、桀之自然而相非，則趣操睹矣。

梁啟超解釋說：「此言大小有無是非諸名相，皆從相對待比較得來。……雖相反而實相待也。然則執一以自封者，其亦可以寤矣。」並說莊子這類言論對於「人類誇大狂」是當頭一棒。〔註129〕也就是說，如果「以道觀之」，則知萬物皆相對待而生，無需執著；無執著，自無我慢；無我慢，即無我，無我即眞我。

於是，梁啟超進一步發揮道：莊子「既參透此種無我境界，自然對於世界無所欣厭，隨所遇以事其事而已。故曰：『固有所不得已，行事之情而忘其

〔註127〕梁啟超：《老孔墨以後學派概觀》，《飲冰室合集·專集之四十》，中華書局1989年版，第15~16頁。

〔註127〕梁啟超：《老孔墨以後學派概觀》，《飲冰室合集·專集之四十》，中華書局1989年版，第17頁。

〔註129〕梁啟超：《老孔墨以後學派概觀》，《飲冰室合集·專集之四十》，中華書局1989年版，第17、18頁。

身，何暇至於悅生而惡死。』（《人間世》）。」因此，梁氏認爲莊子哲學並非消極避世之學，而是救世之學。他說：

> 莊子對於社會，非徒消極的順應而已，彼實具一副救（世）熱腸，其言曰：「哀莫大於心死，人死亦次之。」（《田子方》）又曰：「終身役役而不見其成功，苶然疲役而不知其所歸，可不哀邪！人謂之不死，奚益！其形化，其心與之然，可不謂大哀乎？人之生也，固若是芒乎？其我獨芒，而人亦有不芒者乎？」（《齊物論》）彼蓋見眾生不明自性，甘沒苦海，深可憐愍，故出其所自證，翻廣長舌，以覺群迷。此正所謂行菩薩行者，與孔墨殊途同歸矣。〔註130〕

梁啓超闡釋莊子人生哲學，最終還是爲了落實到人生修養。因此，除闡發了莊子見眞我、破我慢的修養法之外，最後還補充了幾條可資修養者，以爲青年修身之用。

其一，「有人者累，見於人者憂。」（《山木》）郭象注曰：「有人者，有之以爲己私也。見有於人者，爲人所役用也。」〔註131〕梁啓超解釋說：今日中國社會組織，可謂分爲「有人者」與「見有於人者」兩個階級，故非累則憂，必居其一，或者二者兼之。剛成年的青年學生可以不有人、不見於人，「宜乘此時切實修養，以自固其基，且力保此種地位使較久，且懸此以爲改造社會之鵠。」〔註132〕

其二，「其耆欲深者，其天機淺。」（《大宗師》）梁啓超解釋說：「莊子主張任運而動，本不教人以強制的節欲，但以爲耆（嗜）欲深者可以汨人靈性。故學者宜遊心於高尚，勿貪肉體的享樂以降其人格。」〔註133〕

其三，「自事其心者，哀樂不易施乎前。」（《人間世》）梁啓超解說：莊子本是一個情感極強之人，但有更強的意志爲之節制，所謂能「自事（事即治）其心」，也即「不以好惡內傷其身」（《德充符》）。青年人處於情感正盛之時，好惡內傷其心之患，最所易蹈。每遇環境有劇變，輒喪其所守。故非

〔註130〕梁啓超：《老孔墨以後學派概觀》，《飲冰室合集·專集之四十》，中華書局1989年版，第18頁。

〔註131〕〔晉〕郭象注、〔唐〕成玄英疏：《莊子注疏》，中華書局2011年版，第362頁。

〔註132〕梁啓超：《老孔墨以後學派概觀》，《飲冰室合集·專集之四十》，中華書局1989年版，第18～19頁。

〔註133〕梁啓超：《老孔墨以後學派概觀》，《飲冰室合集·專集之四十》，中華書局1989年版，第19頁。

平日修養十分致意不可。而莊子教人順應之法：「得者，時也；失者，順也。安時而處順，則哀樂不能入也。」（《大宗師》）此爲「自事其心」之最妙法門。〔註134〕

　　其四，「用志不分，乃凝於神。」（《達生》）梁啓超解釋說：此條述孔子觀痀僂承蜩，痀僂丈人曰：「雖天地之大，萬物之多，而唯蜩翼之知。吾不反不側，不以萬物易蜩之翼，何爲而不得！」孔子然後謂弟子曰：「用志不分，乃凝於神。」（《達生》）此言精神集中，則無事不可爲。而行集中之事，不問大小，只要足爲修養之助即可。〔註135〕

〔註134〕梁啓超：《老孔墨以後學派概觀》，《飲冰室合集·專集之四十》，中華書局 1989 年版，第 19 頁。

〔註135〕梁啓超：《老孔墨以後學派概觀》，《飲冰室合集·專集之四十》，中華書局 1989 年版，第 19 頁。

第六章　梁啓超對中國古代人生哲學
的創新

按照美國學者張灝的說法，1895 年以後西方新的世界觀和價值系統湧入中國，打破了中國人一向藉以安身立命的傳統世界觀和人生觀，他們開始陷入嚴重的「精神迷失」的境地。〔註1〕也就是說，中國古代人生哲學已經失範，而新的人生觀、價值觀還沒有建立。於是人生哲學的重建，就成爲晚清民國的一個重要課題。在這一重建的過程中，主要有三條道路：一是激進主義者發展馬克思主義人生哲學，二是自由主義者建立以自由主義、個人主義爲核心的人生哲學，三是現代新儒家復興古代人生哲學。所謂「復興〔註2〕古代人生哲學」，就是以此哲學爲根基，來創立自己的人生哲學。是爲此哲學之創新，它因而獲得了新的生命，於是生生不息，慧命不斷。像梁啓超、梁漱溟、熊十力、馬一浮等都從事了這一創造性的工作，並取得了突出的成就。如梁漱溟、熊十力、馬一浮均融會儒釋道三家思想，創建了自己的人生哲學。

梁啓超作爲新儒家的先驅〔註3〕，也走的是這一道路。他曾夫子自道：「我自己的人生觀，可以說是從佛經及儒書中領略得來。」〔註4〕他所說的

〔註1〕 轉引：劉長林《中國人生哲學的重建——陳獨秀、胡適、梁漱溟人生哲學研究》，華東師範大學出版社 2001 年版，第 3 頁。

〔註2〕 所謂「復興」，如「歐洲文藝復興」中「復興」之意，復古、繼承中有創造、創新；《周易》「復」卦，也有恢復再生、進化之意，其《象》曰：「反覆其道，七日來復，天行也。」

〔註3〕 按：蔣廣學先生認爲梁啓超是「現代新儒學」的倡導者，並稱「其影響可謂不在江河而在汪洋大海矣」。見：蔣廣學《梁啓超評傳》，南京大學出版社 2005年版，第 309、319 頁。

〔註4〕 梁啓超：《東南大學課畢告別辭》，《飲冰室合集・文集之四十》，中華書局 1989年版，第 13 頁。

人生觀，也即人生哲學。〔註5〕當然，這說得並不全面，他在人生哲學的建構過程中，也融進了西方生命哲學、人格主義以及自由主義的內容，但其思想來源的核心部分乃中國古代人生哲學，其中主要是儒佛〔註6〕二家（而最主要者則是儒家），間也有道家。其人生哲學可說主要是在後者基礎上的創新，從而形成了人格主義哲學、精神自由價值觀、趣味主義人生觀三大主要內容。這些哲學思想的提出，也是梁啓超個人生活經驗提煉的結果，更是他爲了應對當時人們的價值危機、意義危機而重建人生哲學的結果。晚清以來，古代人生哲學日漸衰落和流失，人們越來越缺乏內在的修養工夫，而日益向外追逐，向西走。而「一戰」後歐遊的經歷，又使梁啓超看到，西方的「純物質的純機械的人生觀」，不僅沒有給人類帶來福音，反而戕害了人性。因此，梁啓超欲復興古代人生哲學，以救治這一向外求、向西走的弊病，從而創立這些哲學思想。

一、人格主義哲學

20世紀初，梁啓超提出了「新民說」，以建構現代「新民」人格。這是以西方思想爲核心而建構的。但這只是人格建構的個案分析，而不是理論的建立。直到民國時期，梁啓超在西方人格主義的啓發下，融會中國古代人生哲學，創立了自己的人格主義哲學。

人是什麼？怎樣才算一個完整的人？怎樣成爲一個完整的人？對這些哲學問題的回答，構成了梁啓超人格主義哲學的核心內容。

關於什麼是人，西方哲學有種種說法，如人是理性的動物，人是符號的動物，人是一切社會關係的總和等。西方人格主義則用「人格」這一概念來界定人，把人格（即人的自我）當作第一位的存在。梁啓超也借用這一概念來定義人，他說：

> 人格者，簡言之，則人之所以爲人而已。中國先賢有曰：「人之所
> 以異於禽獸者幾希。」然則先賢之意曰：若何若何則爲人，否則非

〔註5〕 按：劉邦富認爲，梁啓超所謂的「人生哲學」，既是他對中國儒家人生哲學傳統理論的簡稱，也是他對中國傳統哲學的理論概括。「人生哲學」的基本精神同他的人生觀理論是完全一致的（見：劉邦富《梁啓超哲學思想新論》，湖北人民出版社1994年版，第307頁）。筆者認同這一看法。

〔註6〕 按：筆者在論述時從廣義上把佛教視作了中國古代思想的內容，沒有特意去區分印度佛教和中國佛教。因爲印度佛經一旦翻成漢文，就已經中國化了。

人，其限界雖嚴，而差別而甚微。究其所以爲人之處安在，啓超嘗
爲杜撰一名詞，曰人者，合神格與獸格二者而成者也。昔人有言：
「與天地合其德。」此爲神格。人生不能無男女飲食之欲，此爲獸
格。〔註7〕

簡言之，人只有具備了人格，才算是人，而人格則由神格和獸格組合而
成。這應是人首要的存在。梁啓超認爲，中外古今學說宗教，不外二者：「其
一重現實，譬諸倫理學中之功利主義，政治學上之多數幸福，此爲樂天主義。
此偏於獸格之學說也。其二則以現實爲污濁，爲苦惱，爲過渡，而究竟則在
將來，死後則昇天國。此偏於神格之說也。」〔註8〕在梁氏看來，二者均有弊，
「蓋人自比於禽獸固不可，然不顧血肉之軀，而但求靈魂之超脫，原屬疑問。
即能矣，而謂人生在世，專爲受苦，必到天國，乃有樂境，則入世之無意味，
莫過是矣。」所以，「貴有人格者」在於，「將理想施之於現實，將未來顯之
於現在，將個性充而至於群性」，〔註9〕即將獸格和神格進行調和。

梁啓超強調獸格和神格的調和，「調和則人格完全，不調和則爲人格分
裂。」〔註10〕那麼怎樣才能調和呢？他認爲，首先「貴在發達身體，注意獸
格一方，簡言之，則成爲一強而善之動物而已」。〔註11〕如果身體不保，則精
神必受損。但是人還有精神，而且精神和身體常相衝突，此時應服從良心的
第一命令。這是梁氏的調和法，他說：

諸君知良心爲物，時時對於諸君而發言，即諸君不願聽，而良心之
發言自若。而第一句大抵眞語也，第二第三則有他人爲之代發言者
矣。譬諸父母病則之良心第一語必曰：君非回去不可。而第二句則
曰：奈我外間妻子之樂何，奈我海上逍遙之樂何；第三第四句或者
曰：父母雖親，奈路上辛苦何，奈歸而無益何。此皆自行掩蓋之語，
非眞語也。聽第一句則精神（安）而身體必不痛苦；聽第二第三語，

〔註7〕梁啓超：《在上海青年會之演詞》，《《飲冰室合集》集外文》（中），北京大學
　　　出版社2005年版，第650頁。
〔註8〕梁啓超：《在上海青年會之演詞》，《《飲冰室合集》集外文》（中），北京大學
　　　出版社2005年版，第651頁。
〔註9〕梁啓超：《在上海青年會之演詞》，《《飲冰室合集》集外文》（中），北京大學
　　　出版社2005年版，第651～652頁。
〔註10〕梁啓超：《在上海青年會之演詞》，《《飲冰室合集》集外文》（中），北京大學
　　　出版社2005年版，第651頁。
〔註11〕梁啓超：《在上海青年會之演詞》，《《飲冰室合集》集外文》（中），北京大學
　　　出版社2005年版，第652頁。

> 則身體受虧，而精神永無安寧之日。〔註12〕

梁啓超認爲，「良心之第一命令出於天然，本於公理，有歸束，有折衷，而人格調和之大方針也。」〔註13〕梁氏綜合王陽明的「致良知」和康德的「道德的第一命令」來調和獸格和神格的矛盾。

以上關於「人格」的說法，形成於 1917 年，是梁啓超人格主義哲學的一個基本內容，其中已有儒家的內容。到了 20 世紀 20 年代，其人格主義的內容有了豐富和發展，主要思想和思路是進一步歸宗儒家；關鍵是回答兩個問題：怎樣才算一個完整的人（即人格完善的人）？怎樣才能成爲一個完整的人？

孔子曰：「知者不惑，仁者不憂，勇者不懼。」（《論語·子罕》）《中庸》曰：「知、仁、勇三者，天下之達德也」。20 世紀 20 年代梁啓超人格主義的主要內容和思路即從此演化出來。他說：

> 人類心理有知、情、意三部分，這三部分圓滿發達的狀態，我們先哲名之爲三達德──智、仁、勇。爲什麼叫做「三達德」呢？因爲這三件事是人類普通道德的標準，總要三件具備，才能成一個人。
>
> 〔註14〕
>
> 自儒家言之，必三德具備，人格才算完成。」〔註15〕

由此可見，梁啓超所謂的「人格」包括智、仁、勇三部分，只有這三者具備，才算是一個人格完善的人。這是梁氏所謂「人格」的廣義內涵，但是他有時又在狹義上使用「人格」一詞，認爲人格就是「仁」，稱他的人格主義爲「仁」的人生觀。故王左峰先生即認爲梁啓超的人格主義就是「仁」的人生觀〔註16〕，這可能是王先生只看到梁氏所謂「人格」的狹義一面。對於梁氏所謂的「人格」，我們應從廣義上看待，但也應兼顧其狹義。

〔註12〕梁啓超：《在上海青年會之演詞》，《〈飲冰室合集〉集外文》（中），北京大學出版社 2005 年版，第 652 頁。

〔註13〕梁啓超：《在上海青年會之演詞》，《〈飲冰室合集〉集外文》（中），北京大學出版社 2005 年版，第 653 頁。

〔註14〕梁啓超：《爲學與做人》，《飲冰室合集·文集之三十九》，中華書局 1989 年版，第 105 頁。

〔註15〕梁啓超：《儒家哲學》，《飲冰室合集·專集之一百三》，中華書局 1989 年版，第 3 頁。

〔註16〕王左峰：《梁啓超後期哲學中的人格主義》，《哲學研究》1983 年第 11 期，第 55 頁。

梁啓超認爲，人格的第一項內容是「智」，「智」即教人不惑，所謂「知者不惑」。西方哲學認爲，求知是人的本性，是人先天具備的一種能力，因而認爲人是理性的動物。梁氏沒有從這一角度對「智」進行形而上的思考，而是直接談如何成爲一個智者，即如何才能不惑。他認爲，「最要緊是養成我們的判斷力。」如何養成判斷力呢？第一步是要有相當的常識，第二步是對自己要做的事須有專門知識，第三步是要有遇事能斷的智慧。〔註17〕

在梁啓超看來，常識和專門知識還只是基礎，最重要的是遇事能斷的智慧，因爲「宇宙和人生是活的不是呆的，我們每日所碰見的事理是複雜的變化的，不是單純的印板的。倘若我們只是學過這一件才懂這一件，那麼，碰着一件沒有學過的事來到跟前，便手忙腳亂了，所以還要養成總體的智慧」。〔註18〕那麼，如何養成這種總體的智慧？他說：

> 第一件，要把我們向來粗浮的腦筋，著實磨練他，叫他變成細密而且踏實，那麼，無論遇着如何繁難的事，我都可以徹頭徹尾想清楚他的條理，自然不至於惑了。第二件，要把我們向來昏濁的腦筋，着實將養他，叫他變成清明，那麼，一件事理到跟前，我才能很從容很瑩澈的去判斷他，自然不至於惑了。〔註19〕

人格的第二項內容是「仁」，「仁」即教人不憂，所謂「仁者不憂」。梁啓超首先解釋了什麼叫「仁」：

> 「仁」到底是什麼，很難用言語說明，勉強下個解釋，可以說是「普偏人格之實現」。孔子說：「仁者，人也。」意思說是人格完成就叫做「仁」。但我們要知道，人格不是單獨一個人可以表見的，要從人和人的關係上看出來，所以仁字從二人，鄭康成解他「相人偶」。總而言之，要彼我交感互發，成爲一體，然後我的人格才能實現。所以我們若不講人格主義，那便無話可說，講到這個主義，當然歸宿到普遍人格。換句話說，宇宙即是人生，人生即是宇宙，我的人格，和宇宙無二無別。〔註20〕

〔註17〕 梁啓超：《爲學與做人》，《飲冰室合集·文集之三十九》，中華書局1989年版，第105頁。

〔註18〕 梁啓超：《爲學與做人》，《飲冰室合集·文集之三十九》，中華書局1989年版，第106頁。

〔註19〕 梁啓超：《爲學與做人》，《飲冰室合集·文集之三十九》，中華書局1989年版，第105～106頁。

〔註20〕 梁啓超：《爲學與做人》，《飲冰室合集·文集之三十九》，中華書局1989年版，

以上是說，「仁」就是普遍人格的實現，人格主義就是講普遍人格（當然這裡梁啓超是從狹義的角度來談人格主義的）。但是，梁氏並不忽視個體人格，認為人格離不開個體（自己），他說：

> 人類生活的根本義，自然是保全自己發展自己，但人人各有個自己，用「自己」這個字，稱呼通換不過來，所以給他一個通名，就叫做「人格」。這「人格」離了各個的自己，是無所附麗。〔註21〕

於是，梁啓超提出現代社會需要有新人格，即獨立人格、個體人格。他認為中國過去的人格是一種依附人格，「舊時代無論社會家庭，總是一部分人為主體，一部分人為附庸，國家是帝王為主，人民為附庸，家庭是父母為主，子女為附庸，學校是校長為主，學生為附庸。」而現在所謂新人格，「即是各個人到了成人的時候，必有各個人自立的能力。」〔註22〕不過，梁氏又認為，個體人格與社會人格是一體的，無法單獨實現，需要和社會人格共同向上，才能實現，他說：

> （人格）專靠各個的「自己」也不能完成。假如世界上沒有別人，我的「人格」從何表現？假如全社會都是罪惡，我的「人格」受了他的漸染和壓迫，如何能健全？由此可知人格是個共通的，不是個孤另的。想自己的人格向上，唯一的方法，是要社會的人格向上。然而社會的人格，本是從各個「自己」化合而成，想社會的人格向上，唯一的方法，又是要自己的人格向上。這就是意力和環境提攜便成進化的道理。〔註23〕

這樣，梁啓超就擺脫了西方自由主義和社群主義關於個體與群體的矛盾。西方思想家從二元對立的思維模式來看待人己關係，於是不管是自由主義也好（重個體卻忽視了群體），社群主義也好（重群體卻忽視了個體），總是無法解決個體與群體的矛盾。而梁啓超從中國天人合一（即主客合一）的思維方式看待這一問題，故很輕易地化解了西方人總是解決不了的矛盾。

梁啓超又認為，人格的最後實現是為求得一個完善圓滿的大人格，這就

第 106～107 頁。

〔註21〕梁啓超：《歐遊心影錄節錄》，《飲冰室合集·專集之二十三》，中華書局 1989 年版，第 18 頁。

〔註22〕梁啓超：《什麼是新文化》，《〈飲冰室合集〉集外文》（中），北京大學出版社 2005 年版，第 907 頁

〔註23〕梁啓超：《歐遊心影錄節錄》，《飲冰室合集·專集之二十三》，中華書局 1989 年版，第 18 頁。

是佛教和儒家最終的人生目的，佛陀說「一眾生不成佛，我誓不成佛」，孔子講立人達人。對此，梁氏說：「蓋宇宙最後目的，乃是求得一大人格實現之圓滿相，絕非求得少數個人超拔的意思。」〔註 24〕他認為，這個完善圓滿的大人格，最終還要和宇宙融為一體。怎樣才能融為一體呢？梁氏提出運用宋儒的「體驗」方法。如何體驗呢？他說：

> 第一件，他們認自然界是和自己生命為一體，絕對可讚美的，只要領略得自然界的妙味，也便領略得生命的妙味。《論語》「吾與點也」那段，最能傳出這個意思。第二件，體驗不是靠冥索，要有行為、有活動才有體驗。因為儒家所認的宇宙，原是生生相續的動相，活動一旦休息，便不能「與天地相似」了。第三件，對於這種動相，雖然常常觀察他，卻不是靠他來增加知識。因為知識的增減，和自己真生命沒有多大關係的。〔註 25〕

這樣，梁啓超所謂的「大人格」的完成，就避免成為尼采式「超人」、「狂人」人格。尼采的「超人」、「狂人」人格雖有一種大精神、大創造力在，但畢竟「懸空」，過於自我化，能立而不能達。而梁啓超的「大人格」則已超越了尼采的這種人格，可謂「完善圓滿」。

然後，梁啓超解釋什麼叫「仁者不憂」。在梁氏看來，大凡人之所憂，不外兩端，一憂成敗，二憂得失。而「仁者」一不憂成敗。為什麼呢？因為仁者是一個完善圓滿的大人格的實現，最終達到了與宇宙同一的地步。這就是「宇宙即人生」，「人生即宇宙」；宇宙和人生永遠不會停止，正在創造和進化中。「我們所做的事，不過在宇宙進化幾萬萬里的長途中，往前挪一寸兩寸，那配說成功呢？」但是如果不做事，那便「連這一寸兩寸都不往前挪」，算是真失敗了，因此只有「知其不可而為之」。「仁者」看透了這個道理，超越了成敗，因此不憂成敗。「仁者」二不憂得失。為什麼呢？「因為認定這件東西是我的，才有得失之可言。連人格都不是單獨存在，不能明確的畫出這一部分是我的，那一部分是人家的。然則那（哪）裏有東西可以為我所得，既已沒有東西為我所得，當然也沒有東西為我所失。」〔註 26〕因此，「仁者」不憂

〔註 24〕 梁啓超：《治國學的兩條大路》，《飲冰室合集·文集之三十九》，中華書局 1989 年版，第 119 頁。

〔註 25〕 梁啓超：《評胡適之中國哲學史大綱》，《飲冰室合集·文集之三十八》，中華書局 1989 年版，第 61 頁。

〔註 26〕 梁啓超：《為學與做人》，《飲冰室合集·文集之三十九》，中華書局 1989 年版，

得失。

人格的第三項內容是「勇」，「勇」即教人不懼，「所謂勇者不懼」。「勇」即意志。意志是人自覺地確定目標，並根據目標調節支配自身的行動，從而克服困難、實現預定目標的心理過程。梁啓超沒有對意志作形而上的探討，而是指出意志的重要性，他說：

> 一個人若是意志力薄弱，便有很豐富的智識，臨時也會用不着；便有很優美的情操，臨時也會變了卦。〔註27〕

> 人生最要緊的是意志，不論大小事業，都是從堅強意志產生出來。意志薄弱的人，什有九是一事無成；便偶然有成，也不過僥倖。爲甚麼呢？因爲意志是行爲的主宰，我們一切大小行爲，無非奉着意志的號令去幹。〔註28〕

那麼，如何使意志堅強呢？梁啓超認爲：第一、須要心地光明，他說：「孟子說：『浩然之氣，至大至剛，行有不慊於心，則餒矣』。又說：『自反而不縮，雖褐寬博，吾不惴焉。自反而縮，雖千萬人吾往矣。』俗語說得好，『生平不作虧心事，夜半敲門也不驚。』一個人要保持勇氣，須要從一切行爲可以公開做起。」第二、要不爲劣等欲望所牽制，他說：「一被物質上無聊的嗜欲東拉西扯，那麼，百煉鋼也會變爲繞指柔了。……受別人壓制，做別人奴隸，自己只要肯奮鬥，終須能恢復自由。自己的意志做了自己情欲的奴隸，那麼，真是萬劫沉淪，永無恢復自由的餘地，終身畏首畏尾，成了個可憐人了。」〔註29〕

梁啓超認爲，只有意志堅強，才能成爲一個人，「做人不做到如此，決不會成一個人。」但要做到這樣，很不容易，「非時時刻刻做磨練意志的工夫不可」，〔註30〕因爲「意志這件東西好像鋼鐵一般，非經過錘煉，不能成就；越發錘煉，越發堅強」。〔註31〕如何磨練呢？梁啓超認爲，除了要心地光明、不

第 107 頁。

〔註27〕 梁啓超：《爲學與做人》，《飲冰室合集·文集之三十九》，中華書局 1989 年版，第 108 頁。

〔註28〕 梁啓超：《意志的磨練》，《〈飲冰室合集〉集外文》（中），北京大學出版社 2005 年版，第 770 頁。

〔註29〕 梁啓超：《爲學與做人》，《飲冰室合集·文集之三十九》，中華書局 1989 年版，第 108 頁。

〔註30〕 梁啓超：《爲學與做人》，《飲冰室合集·文集之三十九》，中華書局 1989 年版，第 108 頁。

〔註31〕 梁啓超：《意志的磨練》，《〈飲冰室合集〉集外文》（中），北京大學出版社 2005

爲劣等欲望所牽制外，還要到事上去磨練；具體而言，大致有三種方法：

其一，「借着外界種種困難，將自己的意志千錘百煉」。梁啓超認爲，如果一個人遇着種種困難，正是「別人要想也想不到手的一種磨練意志（的）絕好材料」，得着這種機會來成就一輩子的人格。這種種小難關擺在眼前，「只要來一回，捱一回，捱過一關」，「意志便堅強一度」，將來擔當大事業，「便有天大的難關，也見慣不驚，行所無事了」。但是，如果沒有困難光顧，那就自己去找它，拿意志和它挑戰。梁氏舉例說：「譬如你在學堂的功課，覺得數學最難，覺得外國地理討厭，你便拿出你的意志來和他拚一拚。非弄到不困難，不討厭，誓不干休。」〔註32〕

其二，「揀一兩件細微習慣，拿起堅強意志去矯正他」。梁啓超以戒煙爲例，認爲可以此「做個操練場」，「不打主意戒便罷，既打主意，一戒就要到底。這些事別要看輕他，這是試驗意志最嚴最準的一個寒暑表，也是自己扶植自己意志的一個最妙法門。」他說曾國藩曾經過一番艱難的戒煙過程，後來成就了堅強的意志。梁氏甚至認爲，「佛教爲甚麼立許多極繁瑣的戒律，儒教爲甚麼立許多極繁瑣的禮儀，都不過（是）叫人磨練意志的一種手段。」〔註33〕

其三，「揀一兩件無關緊要的事件，拿起堅強意志來，日日有一定的規律去做他」。梁啓超舉例說，晉朝名臣陶侃每日搬磚，英國名相格蘭斯頓每日劈柴，曾國藩在軍中每日下一盤棋，李鴻章在軍中每日臨帖；他們操練的不是身體，不是技術，而是意志。梁氏認爲，「自己立一種規律拘束自己，自己便恪恭遵守他，一點不含糊，非有極堅強意志的人，斷斷辦不來。」因此，若能於日常不關要緊的事任舉一件，幾十年如一日做去，「這個人意志的力量，就比泰山還堅，比雷霆還大。」〔註34〕

總之，梁啓超建構了自己的人格主義哲學。其實，這一哲學也是他日常生命實踐的昇華。他不僅青年時代注意人格的磨練，即使在晚年也仍然如此。1927年，他對清華國學院的學生說：「我自己做人不敢說有所成就，不過直到

年版，第770頁。

〔註32〕梁啓超：《意志的磨練》，《〈飲冰室合集〉集外文》（中），北京大學出版社2005年版，第771、772頁。

〔註33〕梁啓超：《意志的磨練》，《〈飲冰室合集〉集外文》（中），北京大學出版社2005年版，第773頁。

〔註34〕梁啓超：《意志的磨練》，《〈飲冰室合集〉集外文》（中），北京大學出版社2005年版，第773～774頁。

現在我覺得還是天天想向上，在人格上的磨煉及擴充，吾自少到現在，一點不敢放鬆。」〔註35〕不僅如此，他還對學生和子女進行人格教育。對學生，如他在清華國學院貫穿的教育宗旨，一個重要的方面就是人格的培養；對子女，如他不斷提撕他們要在艱難困苦的環境中磨練人格。

二、精神自由價值觀

人爲什麼活著？人生的意義和價值何在？人生的眞諦在哪裏？梁啓超綜合儒、佛人生哲學（當然也吸收了西方哲學），並回應現代問題，提出了精神自由的價值觀。

人類進入現代，出現了人生價值的迷失，在忙忙碌碌的奔波中，不知生活的目的和意義何在？梁啓超看到了人類的這一生活無目的的迷亂狀態，如他以美國青年爲例說：

> 現在多數美國的青年，而且是好的青年，所作何事？不過是一生到死，急急忙忙的，不任一件事放過。忙進學校，忙上課，忙考試，忙升學，忙畢業，忙得文憑，忙謀事，忙花錢，忙快樂，忙戀愛，忙結婚，忙養兒女，還有最後一忙——忙死。……像在這種人生觀底下過活，那麼，千千萬萬人，前腳接後腳的來這世界上走一趟，住幾十年，幹些什麼哩？唯一無二的目的，豈不是來做消耗麵包的機器嗎？或是怕那宇宙間的物質運動的大輪子，缺了發動力，特自來供給他燃料。果眞這樣，人生還有一毫意味嗎？人類還有一毫價值嗎？〔註36〕

梁啓超認爲，不僅僅是美國的青年如此，「現在全世界的青年，都因此無限的悽惶失望，知識愈多，沉悶愈苦，中國的青年，尤爲利害（按：應爲厲害）。」〔註37〕這種精神的迷惘，散佈全世界，中國人尤其如此。他在《人生的目的何在》一文中，詳細地描繪了中國人這種人生無目的的「忙」：

> 那安分守己的人，從稍有知識之日起，入學校忙，學校畢業忙，求

〔註35〕丁文江、趙豐田：《梁啓超年譜長編》，上海人民出版社 1893 年版，第 1140 頁。

〔註36〕梁啓超：《東南大學課畢告別辭》，《飲冰室合集·文集之四十》，中華書局 1989 年版，第 10 頁。

〔註37〕梁啓超：《東南大學課畢告別辭》，《飲冰室合集·文集之四十》，中華書局 1989 年版，第 10 頁。

職業忙，結婚忙，生兒女忙，養兒女忙，每日之間，穿衣忙，吃飯忙，睡覺忙，到了結果，老忙，病忙，死忙。

還有那些號稱上流社會，號稱國民優秀分子的，做官忙，帶兵忙，當議員忙，賺錢忙；最高等的，爭總理總長忙，爭督軍省長忙，爭總統副總統忙，爭某項某處勢力某處地盤忙；次一等的，爭得缺忙，爭兼差忙，爭公私團體位置忙。由是而運動忙，交涉忙，出風頭忙，搗亂忙，奉承人忙，受人奉承忙，攻擊人忙，受人攻擊忙，傾軋人忙，受人傾軋忙。由是而妄語忙，而欺詐行為忙，而妒忌忙，而恚恨忙，而怨毒忙。由是而決鬥忙，而慘殺忙。由是而賣友忙，而賣國忙，而賣身忙。那一時得志的便宮室之美忙，妻妾之奉忙，所識窮乏者得我忙；每日行事，則請客忙，拜客忙，坐馬車汽車忙，麻雀忙，撲克忙，花酒忙，聽戲忙，陪姨太太作樂忙，和朋友評長論短忙。不得志的那裏肯干休，還是忙；已得志的那裏便滿足，還是忙。就是那個面像極安閑的時候，心裏千般百計轉來轉去，恐怕比忙時還加倍忙。乃知夜裏睡着，夢想顛倒罣癡恐怖，和日間還是一樣的忙。到了結果，依然還他一個老忙，病忙，死忙。〔註38〕

因此，梁氏認為，人類陷入了一種精神的饑荒狀態（無目的的生活即是一種精神饑荒）。於是，他反思人生的目的和意義：「那全世界十餘萬萬人，個個都是為穿衣吃飯兩件事來這世間鬼混幾十年，那則自古及今無量無數人，生生死死死死生生，不過專門來幫造化小兒吃飯，則人生豈復更有一毫意味？」〔註39〕梁氏認為，生活有無目的，是人和禽獸的根本區別，「無目的的生活，只算禽獸不算人。」雖然他並不否定人生的「忙」，但是認為「終日忙終年忙，總須向著一個目的忙去」。〔註40〕這個目的，就是人生的眞諦，就是人安身立命之所在。這是人生需要尋找的。他說：「我勸汝尋根究柢還出一個目的來，便是叫汝黑暗中覓取光明，教汝一個安身立命的所在。」〔註41〕

〔註38〕 梁啓超：《人生的目的何在》，《〈飲冰室合集〉集外文》（中），北京大學出版社2005年版，第745頁。

〔註39〕 梁啓超：《人生的目的何在》，《〈飲冰室合集〉集外文》（中），北京大學出版社2005年版，第746頁。

〔註40〕 梁啓超：《人生的目的何在》，《〈飲冰室合集〉集外文》（中），北京大學出版社2005年版，第746、747頁。

〔註41〕 梁啓超：《人生的目的何在》，《〈飲冰室合集〉集外文》（中），北京大學出版社2005年版，第747頁。

又說:「一個人自己修養自己,總須拈出個見解(按:這『見解』就是人生的目的),靠他來安身立命。」〔註42〕

　　人生的眞諦到底是什麼?出路在哪裏呢?東方還是西方?梁啓超首先否定了西方的人生觀,認爲西方的科學主義,導致西方人建立了「一種純物質的純機械的人生觀,把一切內部生活外部生活,都歸到物質運動的『必然法則』之下」,在這種人生觀的指導下,「千千萬萬人前腳接後腳的來這世界走一躺住幾十年……獨一無二的目的就是搶麵包吃。」〔註43〕因此不能眞正解決人的安身立命的問題。〔註44〕梁啓超認爲救這種精神的饑荒,出路在東方人生哲學。他說:「救知識饑荒,在西方找材料;救精神饑荒,在東方找材料。」〔註45〕梁氏所謂「在東方找資料」,是指回到中國古代人生哲學和印度佛教哲學中,在那裡尋找人安身立命的意義。梁氏認爲,東方人生哲學的核心問題,是求得精神的絕對自由,他說:

> 東方的人生觀,無論中國、印度,皆認物質生活爲第二位,第一就是精神生活。物質生活,僅視爲補助精神生活的一種工具,求能保持肉體生存爲已足。最要,在求精神生活的絕對自由,精神生活,貴能對物質界宣告獨立,至少,要不受其牽制。……東方的學問道德,幾全部是教人如何方能將精神生活對客觀的物質或己身的肉體宣告獨立。……東方的主要精神,即精神生活的絕對自由。〔註46〕

> 儒佛……的共同目的,都是願世人精神方面,完全自由。〔註47〕

　　其實,梁啓超在實際的精神探索中,也是回到了東方人生哲學(尤其是儒、佛哲學),在那裡找到了人生的眞諦——獲得了精神的自由。

〔註42〕 梁啓超:《「知不可而爲」主義與「爲而不有」主義》,《飲冰室合集・文集之三十七》,中華書局 1989 年版,第 60 頁。

〔註43〕 梁啓超:《歐遊心影錄節錄》,《飲冰室合集・專集之二十三》,中華書局 1989 年版,第 12、13 頁。

〔註44〕 按:不過,梁啓超認爲,西方當時興起的生命哲學,打破了這種「純物質的純機械的人生觀」,重視人的精神生活,代表西方人生哲學新的發展方向,但是和東方(尤其是中國古代)的人生哲學相比,仍然很幼稚。

〔註45〕 梁啓超:《東南大學課畢告別辭》,《飲冰室合集・文集之四十》,中華書局 1989 年版,第 12 頁。

〔註46〕 梁啓超:《東南大學課畢告別辭》,《飲冰室合集・文集之四十》,中華書局 1989 年版,第 12 頁。

〔註47〕 梁啓超:《治國學的兩條大路》,《飲冰室合集・文集之三十九》,中華書局 1989 年版,第 119 頁。

　　至於如何抵達精神自由之境，梁啓超主要論及了四個問題：一、人的自由意志問題，二、精神如何超越物質問題，三、什麼是「我」的問題。四、生死問題。這四個問題都與中國古代人生哲學息息相關。

　　自由意志問題，是哲學史上一個頗有爭議的話題。梁啓超說：「人類到底能否有自由意志，在東西哲學家，仍成為一多年辯論不決之問題。」〔註48〕他對中西方的反自由意志說者進行了批判，認為人類如果沒有自由意志，人就沒有善惡的責任，「那就道德、法律、宗教連根拔起，不能存在」，那麼人類生在世間，無意義和價值可言。〔註49〕梁啓超極力主張自由意志說，認為「必須承認意志自由，然後我之為我才能實現，然後人格才有價值。」〔註50〕梁氏此說的思想源頭首先來自柏格森的生命哲學。梁氏推崇柏氏的生命哲學，曾提到其自由意志說，他說：柏格森認為，「宇宙一切現象，都是意識流轉所構成，方生已滅，方滅已生，生滅相銜，便成進化。這些生滅，都是人類自由意志發動的結果。」〔註51〕梁氏顯然吸收了柏氏的這一思想。其次，來自孔子和佛教思想。梁氏從中開掘自由意志說的內容，他說：

> 孔子說的「我欲仁，斯仁至矣」，又說的「為仁由己，而由人乎哉」，又說的「人能弘道，非道弘人」，又說的「先天而天不違，天且不違，而況於人乎」，又說的「能盡其性，則可以贊天地之化育，可以與天地參」；佛世尊說的「一切眾生，只要肯發心修行，各個都可以成佛」。這種偉大的教義都是先認定了人類有自由意志，認定了自由意志是萬能，所以教人拿自己來做世界進化的中樞。〔註52〕

　　梁啓超強調自由意志的作用，突出人的自主性，認為人類萬能，自己萬能，「因為天下事都是從人的意志生出來，人的意志，卻是自由發展，本無限制。」並認為自由意志是人的本來面目，如果我們「沒出息甘做那遺傳習慣境遇的奴隸，把最可寶貴的天賦自由拋棄了，這是人生最可恥的事」。所以勸

〔註48〕梁啓超：《自由意志》，《〈飲冰室合集〉集外文》（中），北京大學出版社2005年版，第759頁。

〔註49〕梁啓超：《自由意志》，《〈飲冰室合集〉集外文》（中），北京大學出版社2005年版，第760頁。

〔註50〕梁啓超：《自由意志》，《〈飲冰室合集〉集外文》（中），北京大學出版社2005年版，第760頁。

〔註51〕梁啓超：《歐遊心影錄節錄》，《飲冰室合集·專集之二十三》，中華書局1989年版，第18頁。

〔註52〕梁啓超：《自由意志》，《〈飲冰室合集〉集外文》（中），北京大學出版社2005年版，第764頁。

人，「只要將你的自由意志恢復擴充起來，這才不枉卻爲人一世」。〔註53〕

梁啓超論證意志自由實是爲了抵達精神自由之境。因爲只有意志自由，才能精神自由，前者是後者的先決條件。

「精神」是與「物質」相對的一個概念，精神自由問題也是一個精神對物質的超越問題。梁啓超認爲，精神要獲得自由必須擺脫物質的羈絆，對後者宣告獨立。至於如何超越，梁氏認爲有兩種方法（這是他對古代修身方法總結的結果）：「（一）裁抑物質生活，使不得猖獗，然後保持精神生活的圓滿。」梁氏認爲，印度小乘、中國的墨家、道家以及程朱都用此法。如程朱的「持敬制欲」，就「注重在應事接物上裁抑物質生活，以求達精神自由的境域」。〔註54〕「（二）先立高尚美滿的人生觀，自己認清楚將精神生活確定，靠其勢力以壓抑物質生活。」梁氏認爲，孟子所說的「先立乎其大者，則其小者不能奪也」即是此法；此外，大乘佛教、陸王亦皆用此法。〔註55〕相比而言，前者是消極法，後者是積極法。梁氏認爲，對現代青年而言，「採積極的方法較好，就是先立定美滿的人生觀。」〔註56〕

但是，梁啓超並不完全否定物質生活，而是主張精神生活和物質生活的調和。不過，調和的目的，仍在於保持精神的自由。他的這一主張，是吸收儒家中庸觀念的結果。他說：

> 吾儕確信「人之所以異於禽獸者」在其有精神生活，但吾儕又確信人類精神生活不能離卻物質生活而獨自存在。吾儕又確信人類之物質生活，應以不妨害精神生活之發展爲限度。太豐妨焉，太觳亦妨焉，應使人人皆爲不豐不觳的平均享用，以助成精神生活之自由而向上。吾儕認儒家解答本問題，正以此爲根本精神，於人生最爲合理。〔註57〕

要獲得精神的絕對自由，還要解決一個非常重要的問題，那就是「什麼

〔註53〕 梁啓超：《自由意志》，《〈飲冰室合集〉集外文》（中），北京大學出版社 2005 年版，第 764 頁。

〔註54〕 梁啓超：《東南大學課畢告別辭》，《飲冰室合集·文集之四十》，中華書局 1989 年版，第 12 頁。

〔註55〕 梁啓超：《東南大學課畢告別辭》，《飲冰室合集·文集之四十》，中華書局 1989 年版，第 13 頁。

〔註56〕 梁啓超：《東南大學課畢告別辭》，《飲冰室合集·文集之四十》，中華書局 1989 年版，第 13 頁。

〔註57〕 梁啓超：《先秦政治思想史》，《飲冰室合集·專集之五十》，中華書局 1989 年版，第 182 頁。

是我」。一般人皆有我執，故不能獲得精神的絕對自由。梁啓超認爲，儒釋道三家都在破我執，孔子講「毋我」，佛教說「無我」，莊子求「眞我」。梁氏說：

> 說世界上那一部分是我，很不對的，所以孔子「毋我」，佛家亦主張「無我」。〔註58〕

> 今存《大藏經》中者垂八千卷，一言以蔽之，曰：「無我」。〔註59〕

> 《天下篇》又言：「內聖外王之道，闇而不明，鬱而不發。」莊子著書之意，將以明其闇而發其鬱。契合眞我者，內聖也；不離現境者，外王也。明此綱領，可以讀《莊子》。〔註60〕

於是，梁啓超將三者融會貫通，並形成了自己的「我」見、「我」觀。首先，他否定「肉體的我」是「我」。佛教認爲，人的肉體由地、火、水、風四大（即色蘊）和合而成，最後又歸於四大。梁氏認爲，這可與西方的細胞說相印證。據細胞說，人身由數十種原質和合而成，有無數的細胞，時時刻刻在進行新陳代謝中。因此，在「肉體的我」身上，根本就找不出一個固定不變的本質——一個「我」。故梁氏說：「這皮囊裏頭幾十斤肉，原不過是我幾十年間借住的旅館。那四肢五官，不過是旅館裏頭應用的器具。自然另外還有個住旅館的人、使用器具的人，這個總算是我。那旅館和器具，不是我，只是物。」〔註61〕

那麼，什麼才是「我」呢？梁啓超認爲，在「現實境界之外，別有眞我存在，而此眞我即爲吾儕最後安慰之所」。〔註62〕這個「眞我」，就是莊子所追尋的「我」，即「精神的我」。在梁氏看來，這個「精神的我」，不是一個固定不變的「我」，如印度舊教所說的「神我」。他說：「如說精神的某部分是我，我敢說今天我講演，我已跑入諸君精神裏去了。常住學校中，許多精神變爲

〔註58〕梁啓超：《東南大學課畢告別辭》，《飲冰室合集·文集之四十》，中華書局1989年版，第14頁。
〔註59〕梁啓超：《說無我》，《飲冰室合集·專集之五十四》，中華書局1989年版，第27頁。
〔註60〕梁啓超：《老孔墨以後學派概觀》，《飲冰室合集·專集之四十》，中華書局1989年版，第8頁。
〔註61〕梁啓超：《甚麼是「我」》，《〈飲冰室合集〉集外文》（中），北京大學出版社2005年版，第765頁。
〔註62〕梁啓超：《老孔墨以後學派概觀》，《飲冰室合集·專集之四十》，中華書局1989年版，第8頁。

我的一部分。讀孔子的書及佛經，孔佛的精神，又有許多變爲我的一部分。」〔註63〕也就是說，「精神的我」是變化的。這一說法，顯然和佛教思想是相通的。佛教認爲，有情衆生由五蘊和合而成，從色蘊（即物質）中找不到「我」，從受想行識（即精神）中也找不到「我」，因爲受想行識這些心理活動，刻刻變化，無法把握到一個固定的「精神的我」。實際上，梁啓超欲融會佛道，即承認有一個「眞我」或「精神的我」，但又認爲這不是一個固定不變的「我」。

在梁啓超看來，這個「精神的我」不僅不是固定不變的，而且還超出了個體的界限。梁氏認爲，「我」的觀念和「我們」的觀念很難劃清界限。如說我身我家我國，身自然是我的，但家是我們的，國是我們的，卻仍可說我家我國。越是人格境界高的人，越把更多的人當作「我」，「『我』的分量的大小，和那人格的高下，文化的深淺，恰恰成個比例。」「其實拚卻許多人才成個『我』，乃是眞我的本來面目。」〔註64〕爲什麼呢？梁啓超說：

> 因爲這個「我」本來是個超越物質界以外的一種精神記號。這種精神，本來是普遍的。這一個人的「我」和那一個人的「我」，乃至和其他同時千千萬萬的「我」，乃至和往古來今無量無數人的「我」，性質本來是同一。不過因爲有皮囊裡幾十斤肉那件東西把他隔開，變成了這是我的「我」那是他的「我」。然而這幾十斤肉隔不斷的時候，實到處發現，碰著機會，這同性質的此「我」彼「我」，便拚合起來。於是於原有的舊「小我」之外，套上一層新的「大我」。再加擴充，再加拚合，又套上更大的「大我」。層層擴大的套上去，一定要把橫盡處空豎盡來劫的「我」合爲一體，這纔算完全無缺的「眞我」，這卻又可以叫做「無我」了。〔註65〕

梁啓超這種「我」觀，有很大的創造性，乃融會儒釋道三家思想的結果。他說：「孟子說的『萬物皆備於我』，佛說的『一切衆生同一佛性』，就是這個道理。」〔註66〕同樣，莊子的「天地與我並生，而萬物與我爲一」（《齊物論》），

〔註63〕梁啓超：《東南大學課畢告別辭》，《飲冰室合集·文集之四十》，中華書局1989年版，第14頁。

〔註64〕梁啓超：《甚麼是「我」》，《〈飲冰室合集〉集外文》（中），北京大學出版社2005年版，第766、767頁。

〔註65〕梁啓超：《甚麼是「我」》，《〈飲冰室合集〉集外文》（中），北京大學出版社2005年版，第767～768頁。

〔註66〕梁啓超：《甚麼是「我」》，《〈飲冰室合集〉集外文》（中），北京大學出版社2005年版，第768頁。

也是這個道理。

梁啓超所說的「真我」或「精神的我」，已經擺脫了肉體的束縛，超出了個體的範圍，是「大我」，也是「無我」。人生最大的目的，就是體認這個「真我」、「大我」，向其無限發展。他說：「人生最大的目的，是要向人類全體有所貢獻。爲什麼呢？因爲人類全體才是自我的極量。我要發展自我，就須向這條路努力前進。」〔註67〕這裡所說的「自我的極量」，就是梁氏所說的「真我」、「大我」。只有體認到了這個「真我」、「大我」，才能獲得精神的絕對自由，梁氏說：

> 常常用內省工夫，體認出一個真我，凡一切束縛這真我的事物，一層一層的排除打掃，這便是徹底解放的第二義。」〔註68〕

人是否能夠獲得絕對的精神自由，還有最後一個問題必須解決，那就是生死問題。所謂生死問題，實際上是說人死後即人的永恒性問題。〔註69〕這是哲學和宗教的終極性問題。梁啓超探索人生的真諦，追尋精神的自由，必然要面臨和解決這一問題。只有它得到了圓滿的解決，人的精神自由才有可能徹底獲得。但從時間上看，梁啓超早已解答了這一問題，他的《余之生死觀》發表於1904～1905年。

梁啓超的生死觀，以佛教思想爲核心，並融會進化論、基督教和儒家思想，從而形成了自己的學說。梁氏認爲，人終有一死，但有「不死者存」。他說：

> 我見我國若全世界過去之聖哲，皆有其不死者存；我見我國若全世界過去之豪傑，皆有其不死者存；我見我國若全世界過去億兆京垓無量數不可思議之人類，無論智愚賢不肖，皆有其不死者存。故知我與君皆有其不死者存。」〔註70〕

如何理解這「不死者」？首先，梁啓超以佛教業力說（即業報說）和西

〔註67〕梁啓超：《歐遊心影錄節錄》，《飲冰室合集·專集之二十三》，中華書局1989年版，第35頁。
〔註68〕梁啓超：《歐遊心影錄節錄》，《飲冰室合集·專集之二十三》，中華書局1989年版，第28頁。按：在《歐遊心影錄節錄》中，梁氏還說到學問的解放，即徹底解放的第一義，故這裡說指精神的解放（即精神的絕對自由）是第二義。
〔註69〕按：因爲只有學會了如何面對死，才知道如何生，生與死密切相關，所以死後的問題可稱爲生死問題。
〔註70〕梁啓超：《余之死生觀》，《飲冰室合集·文集之十七》，中華書局1989年版，第1頁。

方進化論加以解釋。佛教認爲，「一切萬象，悉皆無常，刹那生滅，去而不留。獨於其中，有一物焉，因果連續，一能生他，他復生一，前波後波，相續不斷，而此一物，名曰羯磨。」〔註71〕「羯磨」，佛教又叫業力，梁啓超釋之曰：「羯磨爲物，殆如然電燈者，電雖消去，而其遺漬，緣表筒中銖黍不爽。又如人食物品，品中土性鹽質，除穢泄外，而其餘精，遍灌血管。於是乎有因果之律，謂凡造一業，必食其報，無所逃避。」〔註72〕也就是說業力不滅，凡造業必受報，「我輩一舉一動，一言一話，一感一想，而其影像，直刻入此羯磨總體之中，永不消滅。」〔註73〕因業力因果相續「爲我一身及我同類，將來生活一切基礎」，於是組成家、家族、國家和社會。梁啓超認爲，進化論的遺傳學說與佛教的業力不滅說「若合符契」，「進化論家之說遺傳也，謂一切眾生，當其生命存立之間，所受境遇，乃至所造行爲習性，悉皆遺傳於其子孫。」〔註74〕此遺傳性即相當於佛教的業力，即「一切眾生皆死而有不死者存」者。佛教所謂羯磨，進化論所謂遺傳性，梁啓超謂之「精神」。〔註75〕也就說「不死者」即精神，或者說精神不死。

其次，梁啓超認爲，基督教和儒家也講「不死者」或精神不死。他說，景教（按：即基督教）言聖父聖子聖靈三位一體，聖靈就是精神，「通於帝（按：即上帝）與尊（按：即耶穌）與一切人類之間者也」。〔註76〕也就是說，精神將人與上帝、耶穌貫通起來，超越肉體，從而不死。他說，儒家儘管不言靈魂，但也謂有不死者存，這就是：「一曰家族之食報，二曰名譽之遺傳。所謂積善之家必有餘慶，積不善之家必有餘殃；又曰君子疾沒世而名不稱焉，是也。」〔註77〕梁氏認爲，此二者也屬精神領域，並以佛教業報說解釋前者。

〔註71〕梁啓超：《余之死生觀》，《飲冰室合集·文集之十七》，中華書局 1989 年版，第 2 頁。

〔註72〕梁啓超：《余之死生觀》，《飲冰室合集·文集之十七》，中華書局 1989 年版，第 2～3 頁。

〔註73〕梁啓超：《余之死生觀》，《飲冰室合集·文集之十七》，中華書局 1989 年版，第 3 頁。

〔註74〕梁啓超：《余之死生觀》，《飲冰室合集·文集之十七》，中華書局 1989 年版，第 3 頁。

〔註75〕按：梁啓超將遺傳性叫做精神，不盡合理，因爲遺傳既有身體方面，也有個性（即精神）方面，梁氏在《余之死生觀》中也說到此點，但還是以精神來概括遺傳性，這僅是他的方便說法。

〔註76〕梁啓超：《余之死生觀》，《飲冰室合集·文集之十七》，中華書局 1989 年版，第 5 頁。

〔註77〕梁啓超：《余之死生觀》，《飲冰室合集·文集之十七》，中華書局 1989 年版，

他說：個人有個人的業力，個人的業力組合成家族特別同一的業力；個人的業力，個人食其果報，家族的業力家族食其果報，所以餘慶、餘殃流於後代，精神不死。其實，後者也當作如是觀。

最後，梁啓超在各家學說的基礎上，對所謂「不死者」作了進一步闡發。他認為，這「不死者」也是指群體。他說：「吾輩皆死，吾輩皆不死。死者，吾輩之個體也；不死者，吾輩之群體也。」〔註78〕具體言之，「我」作為個體，是「小我」，是「肉體的我」；這「小我」（「肉體的我」）不僅最終會死，而且「歲歲死，月月死，日日死，刻刻死，息息死」。但是，「我」又「至今巋然不死」，「歷千百年乃至千百劫而終不死」。「何以故？我有群體故。我之家不死，故我不死；我之國不死，故我不死；我之群不死，故我不死；我之世界不死，故我不死；乃至我之大圓性海不死，故我不死。」〔註79〕這個「群體」，就是梁啓超所說的「大我」、「精神的我」，它可以超越時空而存在，是不死的。因此，所謂「精神不死」，就是「大我」不死，「真我」不死。

既然「小我」（「肉體的我」）會死，那麼人生的終極意義顯然不在追求肉體的快樂。梁啓超說：「我之軀殼，共知必死，且歲月日時，刹那刹那，夫既已死，而我乃從而寶貴之，罄吾心力以為彼謀，愚之愚也。譬之罄吾財產之總額以莊嚴輪奐一宿之逆旅，愚之愚也。」〔註80〕因此，人生的真諦，乃是追求精神的自由。這種精神的自由超越時空，超越生死，走向永恒。這才是人生的終極意義。

三、趣味主義人生觀

人如何活著？對這一人生哲學問題，20世紀20年代，梁啓超提出了趣味主義人生觀。他說：

> 假如有人問我，「你信仰的（是）甚麼主義？」我便答道：「我信仰的是趣味主義。」有人問我：「你的人生觀拿什麼做根柢？」我便答

第 6 頁。

〔註78〕梁啓超：《余之死生觀》，《飲冰室合集‧文集之十七》，中華書局1989年版，第 8 頁。

〔註79〕梁啓超：《余之死生觀》，《飲冰室合集‧文集之十七》，中華書局1989年版，第 8 頁。

〔註80〕梁啓超：《余之死生觀》，《飲冰室合集‧文集之十七》，中華書局1989年版，第 11 頁。

道：「拿趣味做根柢。」〔註81〕

我是個主張趣味主義的人，倘若用化學化分「梁啓超」這件東西，
把裏頭所含一種原素名叫「趣味」的抽出來，只怕所剩下僅有個 0
了。〔註82〕

可見，梁啓超的這種趣味主義人生觀（或人生哲學）是一種過程哲學，
強調人生過程的趣味性、愉悅性、審美性和無功利性。

梁啓超這一人生哲學的建構也是與古代人生哲學分不開的，其根源是中
國的「樂感文化」。中國古代人生哲學重視生命的過程，以生命過程的「樂」
（肉體之「樂」和精神之「樂」，尤其是精神之「樂」）作爲人生的一種追求。
「樂」也代表古人的生命質量和生命境界。孔子多次講樂，如說「知之者不
如好之者，好之者不如樂知者」（《論語・雍也》），稱讚顏回「回不改其樂」
（《論語・雍也》）；莊子追求精神的逍遙之樂；禪宗體悟參禪打坐開悟之樂；
明代陽明學派主張學孔顏之樂。這些都是古代人生哲學講求生命之樂的表
現。李澤厚將中國文化的這一內容概括爲「樂感文化」。他認爲，「中國文化
心理不以另一個超驗世界爲指歸，他肯定人生爲本體，以身心幸福的生活在
這個世界爲理想、爲目的。」〔註83〕在李澤厚看來，中國文化因爲無上帝信
仰，才建立了「樂生」的宇宙觀，以爲支持，以求奮進；日日新，又日新，
以積極樂觀的態度來對待生存、生命和認識。這種生命哲學最終歸結爲「樂」
的心理、生活和人生境界，「成人」、「立聖」即成此境界。〔註84〕梁氏儘管
沒有像李氏那樣，上升到一個理論的高度來概括中國古代文化（也是古代人
生哲學）的這一特色，但他顯然也洞察到了其「樂感」性質。梁氏尤其強調
孔子之「樂」，認爲孔子的生命和活動的重要表現就在於「樂」，在於「不厭
不倦」。他說：

不厭不倦，是孔子人生哲學第一要件。「子路問政……請益。子曰：
毋倦。」「子張問政，子曰：居之無倦，行之以忠。」《易經》第一
個卦孔子做的《象辭》說：「天行健，君子以自強不息。」你看他只

〔註81〕梁啓超：《趣味教育與教育趣味》，《飲冰室合集・文集之三十八》，中華書局
1989 年版，第 12 頁。

〔註82〕梁啓超：《學問之趣味》，《飲冰室合集・文集之三十九》，中華書局 1989 年版，
第 15 頁。

〔註83〕李澤厚：《實用理性與樂感文化》，生活・讀書・新知三聯書店 2005 年版，第
364 頁。

〔註84〕李澤厚：《論語今讀》，生活・讀書・新知三聯書店 2008 年版，第 223 頁。

是教人對於自己的職業忠實做去不要厭倦。……對於自己所活動的對境感覺趣味，用積極的話語來表他，便是「樂」，用消極的話語來表他，便是「不厭不倦」。〔註85〕

孔子表白他自己的生活，並沒有特別過人之處，不過是「學而時習之，不亦悦乎！有朋自遠方來，不亦樂乎！人不知而不慍，不亦君子乎！」什麼「悦」啦，「樂」啦，「不慍」啦，可以說是孔子全生活的總量。我們看他對於自己的工作，鎮日的「發憤忘食，樂以忘憂」，「學而不厭，誨人不倦」，他教人亦復如此：「子路問政……請益。子曰：毋倦。」「子張問政，子曰：居之無倦，行之以忠。」，處處都是教人對於自己的職業忠實做去不要厭倦。孔子所以成就如此偉大，就是因爲他「不厭不倦」，他爲什麼「不厭不倦」？就是因爲對於自己所活動的對境感覺趣味。〔註86〕

梁啓超認同並繼承古代的「樂感文化」，認爲自古相傳的一句通行話「人生行樂耳」，「這句話的本質並沒有錯，而且含有絕對的真理」。在梁氏看來，人生的本質和目的就是快樂，他說：「試問人生不該以快樂爲目的？難道該以苦痛爲目的嗎？」〔註87〕因此他認爲，「厭倦是人生第一件罪惡，也是人生第一件苦痛。」而要根本救治厭倦，就是「要從自己勞作中看出快樂」。梁啓超把這種從勞作中得到的快樂，叫做「自己田地」。〔註88〕也就是說，這種快樂是人本身所具備的，「別人要幫也幫不來，要搶也搶不去。」〔註89〕

梁啓超所說的快樂，不是時俗所說的「及時行樂」，而是指向整個生命的過程和質量。他總結快樂有三個特點：一是繼續的快樂，「若每日捱許多時候苦才得一會的樂，便不算繼續。」二是徹底的快樂，「若現在快樂伏下將來苦痛根子，便不算徹底。」三是圓滿的快樂，「若拿別人的苦痛來換自

〔註85〕梁啓超：《教育家的自家田地》，《飲冰室合集·文集之三十九》，中華書局1989年版，第9～10頁。
〔註86〕梁啓超：《學問的趣味和趣味的學問》，《〈飲冰室合集〉集外文》（中），北京大學出版社2005年版，第1025～1026頁
〔註87〕梁啓超：《教育家的自家田地》，《飲冰室合集·文集之三十九》，中華書局1989年版，第13頁。
〔註88〕梁啓超：《教育家的自家田地》，《飲冰室合集·文集之三十九》，中華書局1989年版，第10頁。
〔註89〕梁啓超：《教育家的自家田地》，《飲冰室合集·文集之三十九》，中華書局1989年版，第10～11頁。

己的快樂，便不算圓滿。」〔註90〕梁氏所說的快樂，也不是物質上的快樂，而是精神上的快樂。他首先否定物質上的快樂，認爲這不是真正的快樂。他說：「燕窩魚翅，或者真比粗茶淡飯好吃，吃的時候果然也快活，但快活的不是我，是我的舌頭。我操多少心弄把戲，還帶着將來擔驚受怕，來替這兩寸來大的舌頭當奴才，換他一兩秒鐘的快活，值得嗎？綾羅綢緞掛在我身上，和粗布破袍有什麼分別？不過旁人看着漂亮些。這是圖我快活呀，還是圖旁人快活呢？須知凡物質上快活，性質都是如此。這種快活，其實和自己渺不相干，自己只有賠上許多苦惱。」〔註91〕他認爲真正的快樂是精神上的快樂。他說：「我們真相信『行樂主義』的人，就要求精神上的快活。孔子的『飯蔬食，飲水，曲肱而枕之，樂亦在其中』，顏子的『一簞食，一瓢飲，在陋巷……不改其樂』，並非騙人的話，也並不帶一毫勉強。」〔註92〕這樣，梁啓超的「樂」又回到了孔顏之「樂」。

人生怎樣才能獲得快樂而不厭倦呢？梁啓超認爲，是「對於自己所活動的對境感覺趣味」〔註93〕，在趣味中獲得快樂。於是他從「快樂主義」走向了「趣味主義」。不過，「趣味主義」本質上仍是「快樂主義」，因爲趣味本身即蘊含着快樂，趣味的目的指向快樂。因此，梁氏的趣味主義人生觀仍是古代「樂感文化」在現代的演化。不過，其哲學的核心概念已由「樂」轉向了「趣味」，其內容也有了較大的豐富和發展，體現了梁啓超的創造。

趣味主義人生觀是從外在的功利追逐回到內心的生命感受，以生命過程的趣味性、愉悅性、審美性和無功利性爲旨歸。梁啓超的這種人生哲學雖然注重個人內在的生命感受，但又不是躲進象牙塔的獨善其身，而是全面融入生活，與生活息息相關，是一種生活哲學、大眾哲學，是每個人都可以躬行的。

什麼是趣味呢？首先，梁啓超認爲，「趣味是生活的原動力。」他說：「趣味是活動的源泉，趣味乾竭，活動便跟着停止。好像機器房裏沒有燃料，發

〔註90〕梁啓超：《教育家的自家田地》，《飲冰室合集·文集之三十九》，中華書局1989年版，第13頁。
〔註91〕梁啓超：《教育家的自家田地》，《飲冰室合集·文集之三十九》，中華書局1989年版，第13頁。
〔註92〕梁啓超：《教育家的自家田地》，《飲冰室合集·文集之三十九》，中華書局1989年版，第13～14頁。
〔註93〕梁啓超：《學問的趣味和趣味的學問》，《〈飲冰室合集〉集外文》（中），北京大學出版社2005年版，第1026頁。

不出蒸汽來，任憑你多大的機器，總要停擺。停擺過後，機器還要生銹，產生許多毒害的物質哩。人類若到把趣味喪失掉的時候，老實說，便是生活得不耐煩。」〔註94〕於是梁氏又認為，人需要生活在趣味中。他說：「問人類生活於什麼？我便一點不遲疑答道『生活於趣味』。這句話雖然不敢說把生活全內容包舉無遺，最少也算把生活根芽道出。」〔註95〕又說：「我以為，凡人必常常生活於趣味之中，生活才有價值。若哭喪着臉捱過幾十年，那麼，生命便成沙漠。」〔註96〕這樣，梁啓超將趣味和生活緊密聯繫起來。可以說，生活即是趣味，趣味即是生活，趣味是生活的本質。

因此，反過來說，無趣便不成生活。梁啓超說：「人若活得無趣，恐怕不活着還好些，而且勉強活也活不下去。」〔註97〕又說：「趣味的反面，是乾癟，是蕭索。……我以為這種情緒，是再壞沒有的了。無論一個人或一個社會，倘若被這種情緒侵入彌漫，這個人或這個社會算是完了。」〔註98〕這種無趣的生活有兩種情況：「第一種，我叫他做石縫的生活，擠得緊緊的沒有絲毫開拓餘地，又好像披枷帶鎖，永遠走不出監牢一步。第二種，我叫他做沙漠的生活，乾透了沒有一毫潤澤，板死了沒有一毫變化；又好像蠟人一般，沒有一點血色；又好像一株枯樹，庾子山說的『此樹婆娑生意盡矣』。」〔註99〕梁啓超的這種無趣不成生活的看法，與他的「快樂主義」相關。因為他認為，快樂是生活的本質；而這種生活根本無快樂可言，故不成其為生活。

其次，趣味是徹底的。梁啓超說：「趣味的性質，總要以趣味始趣味終。」〔註100〕即一種趣味必須以趣味始趣味終，才算是真正的趣味。他說：「怎麼樣纔算『趣味』，不能不下一個注腳。我說，『凡一件事做下去不會生出和趣

〔註94〕梁啓超：《趣味教育與教育趣味》，《飲冰室合集·文集之三十八》，中華書局1989年版，第13頁。
〔註95〕梁啓超：《美術與生活》，《飲冰室合集·文集之三十九》，中華書局1989年版，第22頁。
〔註96〕梁啓超：《學問之趣味》，《飲冰室合集·文集之三十九》，中華書局1989年版，第15頁。
〔註97〕梁啓超：《美術與生活》，《飲冰室合集·文集之三十九》，中華書局1989年版，第22頁。
〔註98〕梁啓超：《趣味教育與教育趣味》，《飲冰室合集·文集之三十八》，中華書局1989年版，第13頁。
〔註99〕梁啓超：《美術與生活》，《飲冰室合集·文集之三十九》，中華書局1989年版，第22頁。
〔註100〕梁啓超：《學問之趣味》，《飲冰室合集·文集之三十九》，中華書局1989年版，第15頁。

味相反的結果的，這件事便可以爲趣味的主體。』賭錢趣味嗎？輸了怎麼樣；
吃酒趣味嗎？病了怎麼樣；做官趣味嗎？沒有官做的時候怎麼樣。……諸如
此類，雖然在短時間內像有趣味，結果會鬧到俗語說的『沒趣一齊來』，所
以我們不能承認他是趣味。」〔註 101〕因此，梁啓超認爲，下等的趣味，不
是眞正的趣味，不能做趣味的主體。這不是從道德家的眼光看，而是從徹底
的「趣味主義」出發。而只有高等的趣味，才是眞正的趣味，因爲它們能以
趣味始趣味終。因此，梁啓超認爲，「能爲趣味之主體者，莫如下列的幾項：
一、勞作，二、游戲，三、藝術，四、學問。」〔註 102〕梁啓超這種趣味觀，
強調的是整個生命過程的趣味性、愉悅性，體現了「趣味主義」人生哲學作
爲過程哲學的特點。

　　如何在生活中實現「趣味主義」呢？這是梁啓超的趣味主義人生觀最重
要的問題。統而觀之，其「趣味主義」在三個層面上展開：一是到學問或文
藝美術中尋找趣味，二是在職業中貫徹「趣味主義」，三是對任何事都持「趣
味主義」的態度；貫穿兩條原則：一是「無所爲而爲」，二是責任心和趣味相
調和。

　　梁啓超認爲，物質生活的人們，至少要尋得一二件精神生活，他的生活
才不至於乾燥無味。有了這種精神生活，工作時也會興會淋漓，效率必加倍
增多。「人人如此，必能組成一個興趣豐富快樂的社會。」梁氏所說的精神
生活，就是在學問或文藝美術中尋找趣味。但一般人不容易在學問中找到趣
味，於是他引導人們如何在其中尋找趣味，如研究要持續不息、不斷深入、
科學與文藝交替進行以及與朋友交流等，這樣趣味就會越引越濃。當然，在
梁啓超看來，最能引發人的趣味的，不是一般的學問，而是文藝美術。他認
爲，對於現在環境的不滿，是人類的普通心理。在同一環境下生活久了，自
然會生厭，這便是苦惱的根源。但人的精神卻常常對於環境宣告獨立，於是
產生了想像的世界，進入自由的天地。這樣人生就充滿了趣味。〔註 103〕這
種趣味活動實際上是一種審美活動，無論何人都會發動，而文藝美術就專門
誘發人的這種趣味，並使其感覺器官變得銳利。

〔註 101〕梁啓超：《學問之趣味》，《飲冰室合集·文集之三十九》，中華書局 1989 年版，
　　　　　第 15 頁。
〔註 102〕梁啓超：《學問之趣味》，《飲冰室合集·文集之三十九》，中華書局 1989 年版，
　　　　　第 15 頁。
〔註 103〕梁啓超：《美術與生活》，《飲冰室合集·文集之三十九》，中華書局 1989 年版，
　　　　　第 23 頁。

　　除尋找學問或文藝美術之類的趣味外，梁啓超還將「趣味主義」進一步推廣到職業中，並認為，「人生能從自己職業中領略出趣味，生活才有價值。」在梁氏看來，做工雖苦，但要善於從勞苦中找出快樂來，「須知苦樂全在主觀的心，不在客觀的事。」如何找出快樂？就是在職業中尋找趣味。在梁氏看來，「凡職業都是有趣味的，只要你肯繼續做下去，趣味自然會發生，」當然也自然會得到快樂。為什麼呢？「第一、因為凡一件職業，總有許多層累曲折，倘能身入其中，看他變化進展的狀態，最為親切有味。第二、因為每一職業之成就，離不了奮鬥，一步一步的奮鬥前去，從刻苦中得快樂，快樂的分量加增。第三、職業的性質常常要和同業的人比較駢進，好像賽球一般，因競勝而得快樂。第四、專心做一職業時，把許多游思妄想杜絕了，省却無限閑煩惱。」因此梁啓超認為，如果能在職業中找到趣味和快樂，那麼「這種生活，真算得人類理想的生活了」。〔註104〕

　　最後，梁啓超將趣味的範圍全面放大，提出對任何事都持「趣味主義」的態度。他說：「我們無論遇着什麼事，都當作客觀有趣味的資料。」在梁氏看來，持這種「趣味主義」態度，能夠坦然面對困難。一般人困難當前，易消極頹唐，而在「趣味主義者」看來，以為研究的機會到了，「事愈多，學問就可以越發更多；越困難，趣味就可以隨之發生。」梁啓超認為，陸王的學問就是依這種方法做成的。陸子常的學問，全從人情事變上作工夫；王陽明的「致良知」，就是將「良知」推致到事事物物。梁氏充分肯定陸王的這種「趣味主義」的態度。他說：「惟能像陸王派的學問家，把客觀的事實，都當作趣味資料，優游涵泳，怡然自得，保全自己的生活元氣，庶可以老而彌健，自強不強呢！」〔註105〕持這種態度的人，應該是一個徹底的「趣味主義者」。這樣，梁啓超將「趣味主義」推向了極致。

　　「無所為而為」是梁啓超「趣味主義」的一條最重要的原則。他說：「趣味主義最重要的條件是『無所為而為』。」〔註106〕所謂條件，也可以說是原則。所謂「無所為而為」，就是為趣味而趣味，為生活而生活，超越成敗，超越功

〔註104〕此節引用均見：梁啓超：《敬業與樂業》，《飲冰室合集・文集之三十九》，中華書局1989年版，第28頁。
〔註105〕此節引用均見：梁啓超：《學問的趣味和趣味的學問》，《〈飲冰室合集〉集外文》（中），北京大學出版社2005年版，第1028～1029頁。
〔註106〕梁啓超：《學問之趣味》，《飲冰室合集・文集之三十九》，中華書局1989年版，第16頁。

利。具體來說，包括兩個方面：「知不可而爲」主義與「爲而不有」主義。梁氏說：「『知不可而爲』主義與『爲而不有』主義，都是要把人類無聊的計較一掃而空，喜歡做便做，不必瞻前顧後。所以歸併起來，可以說這兩種主義就是『無所爲而爲』主義。」〔註107〕這兩種主義是梁啓超通過對孔子、老子人生哲學的闡發而總結出來的。

「知不可而爲」主義，是梁啓超對孔子「知其不可而爲之」的精神的發揮。他說：「『知不可而爲』主義，是我們做一件事明白知道他不能得着預料的效果，甚至於一無效果，但認爲應該做的便熱心做去。換一句話說，就是做事時候把成功與失敗的念頭都撇開一邊，一味埋頭埋腦的去做。」〔註108〕就是說，「知不可而爲」主義超越成敗，在乎的是生命過程的樂趣，即從外在的追求回到內心的感受。何以能超越成敗呢？梁啓超認爲，成敗是相對的，沒有絕對的成功和失敗；進一步說，宇宙間的事絕對沒有成功，只有失敗，因爲宇宙「未濟」，沒有終止的時候，我們平常所說的成功與失敗只不過是人類活動的一個小片段，因此我們沒有絕對成功的時候。這樣看起來，人人都失敗，但是，「許多的『失敗』加起來卻是一個『大成功』。」因此儘管每個人看起來都失敗，但人生仍可爲。在梁啓超看來，「『知不可而爲』的人，只知有失敗，或者可以說他們用的字典裏，從沒有成敗二字。那末，還有什麼可惑可憂可懼呢？所以他們常把精神放在安樂的地方。所以一部《論語》，開宗明義便說，『不亦樂乎』，『不亦悅乎』。」〔註109〕而「算盤打得精密的人，看着要失敗的事都不敢做，而爲勢所迫，又不能不勉強去做。故常說『要失敗啦，我本來不願意做，不得已啦。』他有無限的憂疑，無限的驚恐，終日生活在搖蕩苦惱裏。」「算盤打得不精密的人，認爲某件事要成功，所以在短時間內歡喜鼓舞的做去，到了半路上忽然發見他的成功希望是空的，或者做到結尾，不能成功的眞相已經完全暴露。於是千萬種煩惱悲哀都湊上來了。」〔註110〕這兩種人，都是「不知不可而爲」的人，算計着成敗，

〔註107〕梁啓超：《「知不可而爲」主義與「爲而不有」主義》，《飲冰室合集·文集之三十七》，中華書局1989年版，第68頁。

〔註108〕梁啓超：《「知不可而爲」主義與「爲而不有」主義》，《飲冰室合集·文集之三十七》，中華書局1989年版，第61頁。

〔註109〕梁啓超：《「知不可而爲」主義與「爲而不有」主義》，《飲冰室合集·文集之三十七》，中華書局1989年版，第63、65頁。

〔註110〕梁啓超：《「知不可而爲」主義與「爲而不有」主義》，《飲冰室合集·文集之三十七》，中華書局1989年版，第64頁。

有無數的煩惱，不能得着生活的樂趣。梁啓超認爲，孔子正是踐行了這種「知不可而爲」主義，所以事事變得「不亦樂乎」、「不亦悅乎」，成就了最高尙最圓滿的人生。「我們如果能領會這種見解，即令不可至於樂乎悅乎的境地，至少也可以減去許多『惑』、『憂』、『懼』，將我們的精神放在安安穩穩的地位上，這樣才算有味的生活，這樣才値得生活。」〔註111〕

　　「爲而不有」主義，是梁啓超對老子的「爲而不有」〔註112〕思想的闡述。梁氏認爲，「『爲而不有』這句話，羅素解釋的很好，他說人有兩種衝動：（一）占有衝動，（二）創造衝動。這句話便是提倡人類的創造衝動的。」「占有的衝動」是說「爲而有」，「常人每做一事，必要報酬，常把勞動當作利益的交換品。這種交換品只准自己獨有，不許他人同有，這就叫做『爲而有』。」「創造的衝動」，則「不以所有觀念作標準」，只是「爲勞動而勞動，爲生活而生活」。〔註113〕就是說，「爲而不有」是超功利的，只在意創造過程本身的快樂，將生活藝術化、趣味化。這也是從外回到內。梁啓超生平最服膺曾國藩的兩句話「莫問收穫，但問耕耘」。這兩句話是「爲而不有」的另一種表達。梁氏認爲，如能這樣做，可謂「無入而不自得，而於社會亦總有多少貢獻」。〔註114〕雖然梁啓超對於當時社會能否實行這種主義，持有保留態度，認爲「必須到社會組織改革之後，對於公眾有種種供給時，才能實行這種主義」。但又認爲，「我們一方面希望求得適宜於這種主義的社會，一方面在所處的混濁的社會中，還得把這種主義拿來寄託我們的精神生活，使他站在安慰清涼的地方。」〔註115〕

　　梁啓超「趣味主義」的另一條原則是趣味與責任心相調和。梁氏儘管是一個徹底的趣味主義者，但另一方面又強調責任心，不過是用趣味去調和責任心。他說，「我自己的人生觀是拿兩樣事情做基礎，（一）『責任心』，（二）『興味』（按：即趣味）。」對此，他解釋說：「『責任心』強迫把大擔子放在

〔註111〕梁啓超：《「知不可而爲」主義與「爲而不有」主義》，《飲冰室合集·文集之三十七》，中華書局1989年版，第66頁。
〔註112〕按：《老子》中，沒有「爲而不有」這句話，只有「生而不有，爲而不恃」等類似的話。「爲而不有」是梁啓超對老子類似的話的一個提煉。
〔註113〕梁啓超：《「知不可而爲」主義與「爲而不有」主義》，《飲冰室合集·文集之三十七》，中華書局1989年版，第66頁。
〔註114〕丁文江、趙豐田：《梁啓超年譜長編》，上海人民出版社1983年版，第1116頁。
〔註115〕梁啓超：《「知不可而爲」主義與「爲而不有」主義》，《飲冰室合集·文集之三十七》，中華書局1989年版，第68～69頁。

肩上是很苦的，興味是很有趣的。二者在表面上恰恰相反。但我常把他調和起來。」〔註116〕就職業而言，責任心是敬業，趣味是樂業。梁啓超「確信敬業樂業四個字是人類生活的不二法門」〔註117〕，強調兩者的調和。

　　梁啓超深信趣味主義人生觀，認爲「趣味主義」是「人生最合理的生活」〔註118〕。他對這種人生哲學身體力行。他說：「我生平對於自己所做的事，總是做得津津有味，而且興會淋漓。什麼悲觀咧厭世咧這種字面，我所用的字典裏頭，可以說完全沒有。我所做的事，常常失敗——嚴格的可以說沒有一件不失敗——然而我總是一面失敗一面做。因爲我不但在成功裏頭感覺趣味，就在失敗裏頭也感覺趣味。我每天除了睡覺外，沒有一分鐘一秒鐘不是積極的活動，然而我絕不覺得疲倦，而且很少生病。因爲我每天的活動有趣得很，精神上的快樂，補得過物質上的消耗而有餘。」〔註119〕又說：「我覺得天下萬事萬物都有趣味，我只嫌二十四點鐘不能擴充到四十八點，不夠我享用。我一年到頭不肯歇息，問我忙什麼？忙的是我的趣味。」〔註120〕這種人生哲學讓人充滿了生命的活力，在梁啓超的身上得到了生動的體現。

　　對於這種人生哲學，梁啓超不僅自己躬行實踐，而且還極力向外推行。他說：「我常常想運動別人也學我這樣生活（按：即趣味主義生活）。」〔註121〕又說：「我生平最受用的有兩句話，一是『責任心』，二是『趣味』。我自己常常力求這兩句話之實現與調和，又常常把這兩句話向我的朋友強聒不捨。……我深信人類合理的生活總該如此。我盼望諸君（按：這裡指他的學生）和我同一受用。」〔註122〕梁啓超在向朋友和學生推行這種人生觀的同時，也希望自己的子女能踐行。如他看到梁思成學建築太專門，怕他「把生活也弄成近

〔註116〕梁啓超：《「知不可而爲」主義與「爲而不有」主義》，《飲冰室合集·文集之三十七》，中華書局1989年版，第60頁。
〔註117〕梁啓超：《敬業與樂業》，《飲冰室合集·文集之三十九》，中華書局1989年版，第25頁。
〔註118〕梁啓超：《學問之趣味》，《飲冰室合集·文集之三十九》，中華書局1989年版，第15頁。
〔註119〕梁啓超：《趣味教育與教育趣味》，《飲冰室合集·文集之三十八》，中華書局1989年版，第12頁。
〔註120〕梁啓超：《學問之趣味》，《飲冰室合集·文集之三十九》，中華書局1989年版，第15頁。
〔註121〕梁啓超：《學問之趣味》，《飲冰室合集·文集之三十九》，中華書局1989年版，第15頁。
〔註122〕梁啓超：《敬業與樂業》，《飲冰室合集·文集之三十九》，中華書局1989年版，第28～29頁。

於單調」，而「太單調的生活，容易厭倦，厭倦即為苦惱，乃至墮落之根源」，〔註123〕因此敦促他學習文學、美術，以增加生活的趣味。不僅如此，梁啟超還希望學校實行「趣味教育」，「趁兒童或青年趣味正濃而方向未決定的時候，給他們一種可以終身受用的趣味。這種教育辦得圓滿，能彀令全社會整個永久是有趣的。」〔註124〕因此，梁啟超最大的願望當是希望國人都踐行這種人生哲學，從而使整個社會充滿趣味和活力。

〔註123〕丁文江、趙豐田：《梁啟超年譜長編》，上海人民出版社 1983 年版，第 1152 頁。
〔註124〕梁啟超：《趣味教育與教育趣味》，《飲冰室合集·文集之三十八》，中華書局 1989 年版，第 14 頁。

結　論

晚清民國，中國出現了「數千年來未有之大變局」。中國的政治、經濟、文化在變革中得到了較大的發展，但作為中國人精神支柱和處世原則的古代人生哲學，卻遭到了重創，至今未恢復其元氣和活力，古與今嚴重斷裂。所幸的是，在西化、世俗化、意識形態化的浪潮中，仍有一些思想家意識到喪失自己民族立身處世之根本的嚴重性，於是挺立古代人生哲學，一面在踐行，一面在推揚，一面在闡釋、傳承，一面在創造、更新，力挽其衰落和流失之頹運。他們的精神、人格、思想，已經化作這一哲學的一部分，成為新的「經典」，延續著其命脈，在歷史的長河中，綿綿不絕。當我們今天驚呼人心不古、世風日下的時候，曾國藩、康有為、章太炎、梁啓超、梁漱溟、熊十力、馬一浮等大師的名字，在思想的天空中熠熠閃光，喚醒著我們的良知、靈魂。

他們所面臨的困境和問題（核心問題是，如何在發展現代化的同時，又保留我們民族的優秀文化傳統），沒有過去，依然在困撓著我們。因此，他們的探索和經驗，不會隨他們的逝去而風流雲散，反而成為我們寶貴的思想財富，是我們新的起點。只有建立在他們的基礎上，我們才能真正起步，才能走得更遠。

於古代人生哲學而言，他們留給了我們什麼？其一，是堅定的踐行。他們是用生命行為在踐行這一哲學，並成就了一生的人格。其二，是推己及人的功夫和成就。他們通過人格影響、教育事業、現代傳媒等將這一哲學推向家庭、學校、社會，成就了不少德業兼備的優秀人才。此二者是這一哲學仍有現代價值的最有力的證明。因此，我們不能簡單地認為它已不能適應現代生活而棄之如敝屣，或放進圖書館，僅作學術研究之用，而應讓它重新融進

我們的生命和靈魂，使之成爲一個中國人在世界上的標誌。他們一些行之有效的修身方法（如一天抽出一定的時間靜坐、爲學與爲道相結合等），我們仍可結合自身依之切實用功，並向外推行。其三，是古典的闡釋和傳承。他們對這一哲學進行了現代闡釋，如梁啓超對此進行大量而豐富的闡釋，並極力挖掘其修養論或修身功夫，使其在現代得到傳承。他們創造了獨到的文化闡釋之路向，如梁啓超的體證躬行之路，此與胡適知識論之路迥異。其四，是哲學的再創造。他們在古代人生哲學的基礎上，創造了新的人生哲學，如梁啓超創立了人格主義哲學、精神自由價值觀、趣味主義人生觀。最有價值的是，他們不是先有了西方的「先驗」知識，然後到中國古典中求論證，並加以所謂的創造，而是從生命實踐出發，然後將悟證的東西用西學的構架表現出來（如熊十力）。就算是用隨筆、書信、講義等方式表現出來的，也有很大的價值。這兩種學術思路，才是古代人生哲學研究的新生之路。但是，它們在現代學術中闇而不彰，有待我們進一步發揚光大。

　　遺憾的是，他們的努力未能挽救古代人生哲學衰落的命運，這當然與學術、教育的轉型甚至政治、經濟的變革有著複雜的關係。但是，他們的學問、行爲也值得我們反思。首先，他們與宋明儒者不同，講明多於踐行，學問與行爲仍有一定的分離。宋明儒者（特別是陸王一派），是在踐行中講明，學問全從生命中開出，知行合一。而現代人文學者基本偏離了這一路向，像康有爲、梁啓超以及現代新儒家雖然還主要是陸王之路，但講明仍然多於踐行，思想大於行爲，他們等身的著作和陸王的不重著述且成對照。因此，晚清民國未出現象王陽明這樣影響全國的精神領袖以及一大批如影隨形的門人弟子，這多少削弱了他們的影響力。因此筆者認爲，作爲一個中國現代人文學者，應回歸陸王之路，走出書齋，在生命實踐和社會實踐中開出自己的學問。其次，他們在現代教育的夾縫中，沒有成功走出古代書院和現代教育相結合之路，使古代人生哲學在教育中存活、延續。他們在這方面進行了可貴的實踐探索，如清華國學院、復性書院的創辦以及梁漱溟的教育實踐。儘管他們取得了不小的成績，但似乎沒有找到兩者恰到好處的結合融會、相生相長之處。如清華國學院，雖然梁啓超等人在其中融進了一定的書院教育精神，但主要還是一個學術性研究機構，人格方面的教育沒有真正得到制度性的體現和保證。而復性書院，馬一浮似乎更強調古制，沒能和現代教育結合起來。這是他們留給我們當代學人沒有完成的事業，值得進一步探索。

　　當前，國學重新走進了現代課堂（如全國許多大學辦起了國學院），一些有識之士也在默然前行，但是古代人生哲學還主要停留在書本上，課堂上，電視上，並沒有真正在中國人的心靈裏生根安家，而拜金主義、市儈主義橫行霸道，啃噬著我們的靈魂，腐蝕著社會的肌體。因此，如何使中華民族的核心智慧——古代人生哲學重獲生機和活力，依然是一個嚴峻的課題。

　　曾子曰：「士不可以不弘毅，任重而道遠。」吾與同道共勉之。

主要參考文獻

一、專　著

1. 〔美〕艾愷著，王宗昱、冀建中譯：《最後的儒家——梁漱溟與中國現代化的兩難》，江蘇人民出版社 2003 年版。

2. 〔德〕魯道夫·奧伊肯著，張源、賈安倫譯：《新人生哲學要義》，中國城市出版社 2002 年版。

3. 〔法〕亨利·柏格森著，姜志輝譯：《創造進化論》，商務印書館 2004 年版。

4. 〔法〕亨利·柏格森著，吳士棟譯：《時間與自由意志》，商務印書館 2004 年版。

5. 〔俄〕別爾嘉耶夫著，張百春譯：《論人的使命》，上海人民出版社 2007 年版。

6. 蔡尚思：《孔子哲學之眞面目》，啓智書局 1935 年版。

7. 曹礎基：《莊子淺注》，中華書局 1982 年版。

8. 陳鼓應：《老莊新論》（修訂版），商務印書館 2010 年版。

9. 陳來：《宋明理學》（第二版），華東師範大學出版社 2004 年版。

10. 陳來：《傳統與現代：人文主義的視界》，生活·讀書·新知三聯書店 2009 年版。

11. 陳景馨：《中國近代教育史》，人民教育出版社 2004 年版。

12. 陳獨秀：《獨秀文存》，《民國叢書》（第一編第 92 冊），上海書店，1989 年版。

13. 陳其泰：《梁啓超評傳》，廣西教育出版社 1996 年版。

14. 〔日〕村瀨裕也著，王守化等譯：《戴震的哲學》，山東人民出版社 1995年版。

15. 丁文江、趙豐田：《梁啓超年譜長編》，上海人民出版社 1983 年版。

16. 丁文江、趙豐田：《梁任公先生年譜長編》（初稿），中華書局 2010 年版。

17. 〔清〕戴震：《戴震集》，上海古籍出版社 1980 年版。

18. 董德福：《梁啓超與胡適——兩代知識分子學思歷程的比較研究》，吉林人民出版社 2004 年版。

19. 董方奎：《新論梁啓超》，華中師範大學出版社 2007 年版。

20. 方立天：《中國佛教哲學要義》，中國人民大學出版社 2002 年版。

21. 方立天：《佛教哲學》，長春出版社 2006 年版。

22. 〔德〕費迪南·費爾曼著，李健鳴譯：《生命哲學》，華夏出版社 2000 年版。

23. 封祖盛編：《當代新儒家》，生活·讀書·新知三聯書店 1989 年版。

24. 戈公振：《中國報學史》，生活·讀書·新知三聯書店 1955 年版。

25. 郭齊勇、龔建平：《梁漱溟哲學思想》，北京大學出版社 2011 年版。

26. 郭齊勇：《熊十力哲學研究》，人民出版社 2011 年版。

27. 郭齊勇：《中國哲學智慧的探索》，中華書局 2008 年版。

28. 〔晉〕郭象注、〔唐〕成玄英疏：《莊子注疏》，中華書局 2011 年版。

29. 賀麟：《五十年來的中國哲學》，商務印書館 2002 年版、上海人民出版社 2012 年版。

30. 賀麟：《近代唯心論簡釋》，上海人民出版社 2012 年版。

31. 侯外廬：《中國近代啓蒙思想史》，人民出版社 1993 年版。

32. 〔德〕胡塞爾著，張慶熊譯：《歐洲科學危機和超驗現象學》，上海譯文出版社 1988 年版。

33. 胡適：《戴東原的哲學》，安徽教育出版社 1999 年版。

34. 胡適：《中國哲學史大綱》上海古籍出版社 1997 年版。

35. 胡適著，唐德剛譯：《胡適口述自傳》，華文出版社 1992 年版。

36. 胡治洪：《儒哲新思》，中華書局 2009 年版。

37. 黃克武：《一個被放棄的選擇：梁啓超調適思想之研究》，（臺北）中央研究院近代史研究所 1994 年版。

38. 〔清〕黃宗羲：《明儒學案》，中華書局 2008 年版。

39. 蔣廣學：《梁啓超和中國古代學術的終結》，江蘇教育出版社 2001 年版。

40. 蔣廣學：《梁啓超評傳》，南京大學出版社 2005 年版。

41. 金敏、周祖文：《儒家大學堂：長江流域的古代書院》，浙江大學出版社 2005 年版。

42. 金雅：《梁啓超美學思想研究》，商務印書館 2005 年版。

43. 康有爲：《長興學記　桂學答問　萬木草堂口説》，中華書局 1988 年版。

44. 康有爲：《康有爲全集》，中國人民大學出版社 2007 年版。

45. 康有爲：《康有爲自編年譜》（外二種），中華書局 1992 年版。

46. 賴光臨：《中國近代報人與報業》，臺灣商務印書館 1980 年版。

47. 郎擎霄：《孟子學案》，商務印書館 1926 年版。

48. 〔美〕約瑟夫・阿・勒文森著，劉偉、劉麗、姜鐵軍譯：《梁啓超與中國近代思想》，四川人民出版社 1986 年版。

49. 李才棟：《中國書院研究》，江西高校出版社 2005 年版。

50. 李國俊：《梁啓超著述繫年》，復旦大學出版社 1986 年版。

51. 李石岑：《人生哲學》（卷上），商務印書館 1941 年版。

52. 李維武：《中國哲學的現代轉型》，中華書局 2008 年版。

53. 李喜所、元青：《梁啓超傳》，人民出版社 1993 年版。

54. 李育民：《曾國藩傳統文化思想研究》，湖南師範大學出版社 2006 年版。

55. 李澤厚：《論語今讀》，生活・讀書・新知三聯書店 2008 年版。

56. 李澤厚：《實用理性與樂感文化》，生活・讀書・新知三聯書店 2005 年版。

57. 〔宋〕陸九淵：《陸九淵集》，中華書局 1980 年版。

58. 梁啓超：《飲冰室合集》（林誌鈞編），中華書局 1989 年版。

59. 梁啓超：《〈飲冰室合集〉集外文》（夏曉虹輯），北京大學出版社 2005 年版。

60. 梁啓超：《梁啓超家書》（張品興編），中國文聯出版社 2000 年版。

61. 梁啓超：《梁啓超家書》（林洙編），中國青年出版社 2009 年版。

62. 梁啓超輯：《節本明儒學案》，商務印書館 1916 年版。

63. 梁啓超輯：《曾文正公嘉言鈔》，商務印書館 1916 年版、中國書店 2012 年版。

64. 梁啓超：《德育鑒》，北京大學出版社 2011 年版。

65. 梁紹輝：《曾國藩評傳》，南京大學出版社 2006 年版。

66. 劉邦富：《梁啓超哲學思想新論》，湖北人民出版社 1994 年版。

67. 劉長林：《中國人生哲學的重建——陳獨秀、胡適、梁漱溟人生哲學研究》，華東師範大學出版社 2001 年版。

68. 劉放桐等：《新編現代西方哲學》，人民出版社 2000 年版。

69. 羅檢秋：《新會梁氏・梁啓超家族的文化史》，中國人民大學出版社 1999 年版。

70. 牟宗三主講，蔡仁厚輯錄：《人文講習錄：中西哲學的會通》，廣西師範大學出版社 2008 年版。

71. 牟宗三：《中國哲學十九講》，上海古籍出版社 2005 年版。

72. 牟宗三：《生命的學問》，廣西師範大學出版社 2005 年版。

73. 歐陽禎人：《先秦儒家性情思想研究》，武漢大學出版社 2005 年版。

74. 彭樹欣：《梁啓超文獻學思想研究》，光明日報出版 2010 年版。

75. 錢穆：《孟子研究》，開明書店 1948 年版。

76. 錢穆：《陽明學述》，九州出版社 2010 年版。

77. 錢穆：《宋明理學概述》，九州出版社 2010 年版。

78. 丘爲君：《戴震學的形成——知識論述在近代》，（臺北）聯經出版事業股份有限公司 2004 年版。

79. 璩鑫圭、童富勇編：《中國近代教育史資料彙編・教育思想》，上海教育出版社 2007 年版。

80. 譚嗣同：《譚嗣同全集》（增訂本），中華書局 1981 年版。

81. 唐浩明：《唐浩明評點梁啓超輯曾國藩嘉言鈔》，嶽麓書社 2007 年版。

82. 湯志鈞、陳祖恩、湯仁澤編：《中國近代教育史資料彙編・戊戌時期教育》，上海教育出版社 2007 年版。

83. 王國維：《觀堂集林》（外二種），河北教育出版社 2001 年版。

84. 〔明〕王陽明：《王陽明全集》，上海古籍出版社 1992 年版。

85. 聞繼寧：《胡適之的哲學》，上海三聯書店 1999 年版。

86. 吳銘能：《梁啓超研究叢稿》，臺灣學生書局 2001 年版。

87. 吳其昌：《梁啓超傳》，百花文藝出版社 2004 年版。

88. 吳先伍：《現代性的追求與批評——柏格森與中國近代哲學》，安徽人民出版社 2005 年。

89. 武東生：《現代新儒家人生哲學研究》，遼寧大學出版社 1994 年。

90. 〔日〕狹間直樹編：《梁啓超・明治日本・西方——日本京都大學人文科學研究所共同研究報告》（修訂版），社會科學出版社 2012 年版。

91. 夏曉虹編：《追憶康有爲》（增訂本），生活・讀書・新知三聯書店 2009 年版。

92. 夏曉虹編：《追憶梁啓超》（增訂本），生活・讀書・新知三聯書店 2009 年版。

93. 蕭公權著，汪榮祖譯：《康有爲思想研究》，新星出版社 2005 年版。

94. 謝無量：《孔子》，中華書局 1926 年版。

95. 謝無量：《陽明學派》，中華書局 1928 年版。

96. 解璽璋：《梁啓超傳》，上海文化出版社 2012 年版。

97. 徐復觀：《中國人性論史》，上海三聯書店 2001 年版。

98. 曾國藩：《曾文正公全集・曾文正公家訓》，上海世界書局 1936 年版。

99. 楊大膺：《孟子學說研究》，中華書局 1937 年版。

100. 楊國榮：《王學通論》，華東師範大學出版社 2003 年版。

101. 楊國榮：《心學之思》，中國人民出版社 2009 年版。

102. 張彬主編：《浙江教育史》，浙江教育出版社 2006 年版。

103. 〔美〕張灝著，崔志海、葛夫平譯：《梁啓超與中國思想的過渡》，江蘇人民出版社 1993 年版。

104. 張朋園：《梁啓超與清季革命》，吉林出版集團有限公司 2007 年版。

105. 章太炎：《章太炎講演集》，河北人民出版社 2004 年版。

106. 章太炎：《章太炎全集》，上海人民出版社 1985 年版。

107. 張世英：《境界與文化——成人之道》，人民出版社 2007 年版。

108. 張之洞：《勸學篇》，上海書店出版社 2002 年版。

109. 〔梁〕眞諦譯，高振農校釋：《大乘起信論》，中華書局 1992 年版。

110. 鍾泰：《中國哲學史》，東方出版社 2008 年版。

111. 周予同：《中國現代教育史》，福建教育出版社 2007 年版。

112. 〔宋〕朱熹、呂祖謙編：《朱子近思錄》，上海古籍出版社 2000 年版。

113. 〔宋〕朱熹集注：《四書》，上海古籍出版社 1995 年版。

114. 左玉河：《從四部之學到七科之學——學術分科與近代知識系統之創建》，上海書店出版社 2004 年版。

二、論 文

1. 蔡尚思：《論梁啓超的舊傳統思想體系》，《光明日報》1961 年 9 月 15 日。

2. 陳望衡：《評梁啓超的趣味主義人生觀》，《湖南大學學報》（社會科學版）2000 年第 2 期。

3. 李建：《關於梁啓超論孟子遺稿》，《學術研究》1983 年第 5 期。

4. 李錦全：《評梁啓超關於教育思想和人才學觀點的重要遺稿》，《學術研究》1983 年第 6 期。

5. 李喜所：《剖析梁啓超晚年的思想走向──以〈歐遊心影錄〉爲中心》，《社會科學研究》2003 年第 5 期。

6. 梁啓超：《梁啓超論孟子遺稿》，《學術研究》1983 年第 5 期。

7. 劉東：《照照任公留下的人格鏡子──梁啓超〈德育鑒〉新序》，《清華大學學報》（哲學社會科學版）2011 年第 5 期。

8. 彭樹欣：《現代學術轉型中國學資源的流失──從梁啓超的國學分類說起》，《光明日報》（國學版）2009 年 5 月 11 日。

9. 湯志鈞：《梁啓超論孟子》，《史林》2007 年第 3 期。

10. 天祥：《梁啓超人生哲學思想初探》，（《鄭州大學學報》（社會科學版）1989 年第 3 期。

11. 王左峰：《梁啓超後期哲學中的人格主義》，《哲學研究》1983 年第 11 期。

12. 吳寧寧：《梁啓超中西合璧的現代人格修養論》，《南通大學學報》（社會科學版）2009 年第 4 期。

13. 徐水生：《日譯西學與中國哲學的近代轉型──以居日期間的梁啓超爲中心》，《武漢大學學報》（人文科學版）2010 年第 6 期。

後　記

　　這本書是在我的博士後出站報告的基礎上修改而成的。2010 年 6 月底，我的博士後出站報告評審會在武漢大學哲學學院舉行，合作導師郭齊勇教授和評審委員會專家李少軍教授、徐水生教授、胡治洪教授、歐陽禎人教授提出了寶貴的修改意見。此次修改吸收他們的主要意見，在原來的基礎上略有所提升。在此，對諸位先生致以深深的謝意！

　　從事哲學研究，純粹是因我的「葉公好龍」。我原來學的是文學和文獻學，但一直懷有對哲學的濃厚興趣。所以在博士畢業後，儘管沒有經過哲學的專業訓練，但還是毅然選擇了跨行從事哲學博士後研究。幸運的是，能得到恩師郭齊勇先生智慧的點撥，能在武大哲學院呼吸自由的學術空氣。恩師有教無類，讓我這個哲學門外漢忝列門牆。先生乃當今儒學研究之領軍人物，名滿天下，且執掌武大哲學院。但先生和藹長者，每每以「知之者不如好之者，好之者不如樂之者」相勖勵，使我受教先生門下，有如沐春風之感。武大哲學院有濃厚的學術氛圍，名師輩出，我珍惜這難得的機緣，在博士後期間，還旁聽了恩師齊勇先生、鄧曉芒先生、李維武先生、田文軍先生、麻天祥先生等老師的課。武大哲學院還是一個國內外學術交流非常頻繁的平臺，我也有幸享受了許多來自海外、臺港和大陸一流學者的思想盛宴。只是我天生愚鈍，至今在哲學研究上進步較小，這本還不太成熟的書幾乎是我交出的唯一一份答卷。

　　發自心靈的無限感恩，要獻給恩師郭齊勇先生和武漢大學哲學院！

　　我的學術之路，和梁任公先生接下了不解之緣，碩士、博士論文以及博士後出站報告皆以梁啓超（字任公）為題，幾乎是十年磨劍於任公先生。雖

然學無所成，但也深受其智慧、情感和人格的浸潤。常常爲他視野之開闊、學識之淵博、思想之活躍、情感之真摯、文字之優美，所驚歎，所折服。但也常常感歎，平庸之我輩何能做從事這等學問？然也不敢自棄，仍孜孜以求，力圖接近先哲之思想，以開啟自己愚鈍之心智。偶有與哲人心魂相通，有時也欣然自樂，忘懷俗務，不知人間春秋。其實，此生能作一書生，「與先哲爲知己，汲斯文作聖餐」，將其人生哲學化於自己的生命和靈魂中，於願已足矣，怎能還苛求做出有創新的學問？

學問之路，是寂寞的，所幸今生還能遇到一二知己，慰藉自己心懷。只是你來時無言去絕蹤，在我的生命裏如曇花般閃現。留給我的，是「孤燈熒影伴長夜」，是「此情可待成追憶」，是年年歲歲那個日子的「清淚盡，紙灰起」。任公逝後，林志鈞先生爲其編纂《合集》，感傷「每欲有所商榷是正，獨不能起任公於九原而問之」。我修改本書，也每欲與君商榷，與志鈞先生同一心傷矣！

作爲一個農家子弟，能在今天的大學謀一教職，要深深感謝我的父親彭敏述、母親李春娥、伯父李文經、女兒彭雨晴以及其他親人，是他們給予了我生命的光芒和前行的力量。

感謝我的博士導師高華平先生給我提供這次在臺灣出書的機會和多年來的培養，感謝博士任課老師張三夕先生、王齊洲先生和碩士導師黃鎮偉先生以及同事方寶璋先生的一直關心和指導！

這本書能夠順利出版，還要感謝臺灣花木蘭文化出版社的大陸聯繫人楊嘉樂博士！

壬辰年初秋（西曆 2012 年 9 月）記於江西財經大學某棟蓮花齋

E-mail：treehappy68@sina.com